21世纪经济管理新形态教材·金融学系列

投资学

宋 丽 ◎ 主 编

罗红梅 潘 越 赵燕妮 ◎ 副主编

清华大学出版社

北京

内 容 简 介

本书包括投资基础、投资理论、投资分析和投资评价四部分。投资基础部分从投资的概念、投资的过程、证券投资工具和证券市场交易机制等方面介绍投资学基础知识；投资理论部分从投资收益与风险、资产组合理论、资产定价理论和有效市场假说等方面介绍投资学中的经典理论；投资分析部分从债券、股票和衍生金融产品等方面着重介绍常见证券投资工具的价值分析；投资评价部分从投资组合的业绩评价和投资组合的风险管理两个方面介绍投资最后一个环节涉及的内容。

此外，本书在每章初始部分都配有一个引导案例，在每章均附有拓展阅读、即测即练和综合训练。与本书配套的教学资源还有电子课件、数学大纲、习题答案、模拟试卷和答案。

本书可作为金融学专业本科生的教材，也可作为经济类和管理类其他专业的教材，或者作为对投资学感兴趣的读者的参考用书。

本书封面贴有清华大学出版社防伪标签，无标签者不得销售。

版权所有，侵权必究。举报：010-62782989，beiqinquan@tup.tsinghua.edu.cn。

图书在版编目（CIP）数据

投资学 / 宋丽主编. —北京：清华大学出版社，2020.11（2023.8重印）
21世纪经济管理新形态教材·金融学系列
ISBN 978-7-302-56212-2

Ⅰ.①投… Ⅱ.①宋… Ⅲ.①投资经济学–高等学校–教材 Ⅳ.①F830.59

中国版本图书馆 CIP 数据核字(2020)第 149242 号

责任编辑：张　伟
封面设计：李伯骥
责任校对：王荣静
责任印制：杨　艳

出版发行：清华大学出版社
网　　址：http://www.tup.com.cn，http://www.wqbook.com
地　　址：北京清华大学学研大厦 A 座　　邮　　编：100084
社 总 机：010-83470000　　邮　　购：010-62786544
投稿与读者服务：010-62776969，c-service@tup.tsinghua.edu.cn
质 量 反 馈：010-62772015，zhiliang@tup.tsinghua.edu.cn
课 件 下 载：http://www.tup.com.cn，010-83470332

印 装 者：三河市春园印刷有限公司
经　　销：全国新华书店
开　　本：185mm×260mm　　印　张：14　　字　数：272千字
版　　次：2020年11月第1版　　印　次：2023年8月第2次印刷
定　　价：39.80元

产品编号：088904-01

前 言

金融是现代经济的血液。血脉通,增长才有力。我国要建立稳定、可持续、风险可控的金融保障体系,就要创新投资和融资模式,推广政府和社会资本合作,建设多元化融资体系和多层次资本市场,发展普惠金融,完善金融服务网络。党的十八大以来,习近平总书记高度重视金融在经济发展和社会生活中的重要地位与作用,多次指出金融是现代经济的核心。保持经济平稳健康发展,一定要把金融搞好。

随着市场经济日益全球化,各行各业面临的风险越来越复杂,竞争也越来越激烈。如何在复杂的市场竞争中开展投资活动、如何衡量投资活动的风险和收益、如何选择合适的风险收益组合就显得尤为重要。投资学就是研究如何把个人、机构的有限资源分配到诸如股票、国债、不动产等(金融)资产上,以获得合理的现金流量和风险/收益率的学科。经过半个多世纪的发展,经过学者们的不懈努力,投资学已经发展成了科学、结构严密的学科。目前,投资学已经成为高等院校经济和管理专业设置的主要课程之一。

本书分四篇,总共十章,系统地介绍了投资学所涉及的基本概念、基本理论,包括投资基础、投资理论、投资分析和投资评价四部分。在投资基础部分,第一章从投资的概念和投资的过程两方面对投资做基本阐述;第二章从证券投资工具和证券市场交易机制两方面介绍证券投资的基本环境。在投资理论部分,第三章介绍投资过程中收益与风险的衡量问题;第四章介绍了如何利用资产组合理论构建最优投资组合;第五章介绍资本资产定价模型、套利定价理论、因素模型等经典资产定价理论;第六章介绍有效市场假说,这是对市场价值的进一步诠释。在投资分析部分,第七章介绍债券投资分析;第八章介绍股票投资分析;第九章介绍衍生金融产品的价值分析。在投资评价部分,第十章从投资组合的业绩评价和投资组合的风险管理两个方面介绍投资最后一个环节所涉及的内容。此外,为便于读者的学习,本书在每章初始部分都配有一个引导案例作为知识导入,在每章都附有拓展阅读、即测即练和综合训练作为练习巩固。

本书的编写得到了齐鲁工业大学（山东科学院）教务处和金融学院的大力支持。

在本书的编写过程中，宋丽负责全书的内容组织、框架设计和教辅资料，并编写了第三、四、五、九、十章，罗红梅编写了第一、六章，潘越编写了第七、八章，赵燕妮编写了第二章。全书最后由宋丽统稿。此外，编者参考了大量的著作、文献和互联网资料，在此向诸位作者表示敬意和感谢！

由于时间仓促，加之编者水平有限，书中不足之处在所难免，恳请读者批评指正，我们将不胜感激！

编　者

2020 年 5 月

目 录

第一篇 投 资 基 础

第一章 投资概述 ... 3
- 本章学习目标 ... 3
- 引导案例 ... 3
- 第一节 投资的概念 ... 3
- 第二节 投资的过程 ... 11
- 即测即练 ... 14
- 本章小结 ... 14
- 综合训练 ... 15

第二章 投资环境 ... 16
- 本章学习目标 ... 16
- 引导案例 ... 16
- 第一节 证券投资工具 ... 17
- 第二节 证券市场交易机制 ... 22
- 即测即练 ... 30
- 本章小结 ... 30
- 综合训练 ... 31

第二篇 投 资 理 论

第三章 投资收益与风险 ... 35
- 本章学习目标 ... 35
- 引导案例 ... 35
- 第一节 利率与收益率 ... 36
- 第二节 单项资产的投资收益与风险 ... 40

第三节　资产组合的投资收益与风险 ……………………………………… 47
　　即测即练 …………………………………………………………………………… 52
　　本章小结 …………………………………………………………………………… 52
　　综合训练 …………………………………………………………………………… 52

第四章　资产组合理论 …………………………………………………………… 55
　　本章学习目标 ……………………………………………………………………… 55
　　引导案例 …………………………………………………………………………… 55
　　第一节　风险态度与效用 ………………………………………………………… 57
　　第二节　资本配置 ………………………………………………………………… 62
　　第三节　最优资产组合 …………………………………………………………… 68
　　即测即练 …………………………………………………………………………… 75
　　本章小结 …………………………………………………………………………… 75
　　综合训练 …………………………………………………………………………… 76

第五章　资产定价理论 …………………………………………………………… 77
　　本章学习目标 ……………………………………………………………………… 77
　　引导案例 …………………………………………………………………………… 77
　　第一节　资本资产定价模型 ……………………………………………………… 79
　　第二节　套利定价理论 …………………………………………………………… 86
　　第三节　因素模型 ………………………………………………………………… 93
　　第四节　套利定价模型、资本资产定价模型以及因素模型的比较 ………… 98
　　即测即练 ………………………………………………………………………… 100
　　本章小结 ………………………………………………………………………… 101
　　综合训练 ………………………………………………………………………… 101

第六章　有效市场假说 ………………………………………………………… 104
　　本章学习目标 …………………………………………………………………… 104
　　引导案例 ………………………………………………………………………… 104
　　第一节　有效市场假说概述 …………………………………………………… 105
　　第二节　有效市场假说检验 …………………………………………………… 109
　　第三节　不同市场有效性下的投资策略 ……………………………………… 115

即测即练	121
本章小结	121
综合训练	121

第三篇 投资分析

第七章 债券投资分析 125

本章学习目标	125
引导案例	125
第一节 债券的价值分析	126
第二节 债券的久期与凸性	131
即测即练	143
本章小结	143
综合训练	143

第八章 股票投资分析 144

本章学习目标	144
引导案例	144
第一节 股息贴现模型	145
第二节 相对定价模型	150
即测即练	157
本章小结	157
综合训练	157

第九章 衍生证券价值分析 159

本章学习目标	159
引导案例	159
第一节 远期和期货的价值分析	160
第二节 互换的价值分析	169
第三节 期权的价值分析	174
即测即练	188
本章小结	188

综合训练 ··· 189

第四篇　投资评价

第十章　投资评价 ··· 195
　　本章学习目标 ··· 195
　　引导案例 ··· 195
　　第一节　投资组合的业绩评价 ·· 196
　　第二节　投资组合的风险管理 ·· 202
　　即测即练 ··· 209
　　本章小结 ··· 209
　　综合训练 ··· 209

参考文献 ·· 211

附录 ·· 213

第一篇 投资基础

第一章 研究基础

第一章

投资概述

【本章学习目标】

通过本章的学习，学员应能够：
1. 掌握投资的定义、投资与延迟消费的关系、投资收益率的决定因素；
2. 理解投资理论的演变及发展深化进而更加熟悉投资内涵；
3. 了解投资学的研究内容；
4. 掌握投资的五个主要过程。

引导案例：一个投资家的婚礼

投资家要结婚了，他对太太说："婚纱照我们不拍了，有更好的办法向你表达浪漫。"投资家的想法是这样的：出同样的钱，请一位现在还默默无闻的画师来给两人画一幅婚礼盛装的油画。这样两人仍然拥有纪念婚礼的浪漫，同时又创造了一个期权：画师、投资家及其太太三人中间，只要有一个人将来出名了，那么这幅油画就会价值连城。因为油画比照片更像金融工具，能吸收更多市场信息，承载着更多有关三人是否出名的不确定性。

第一节 投资的概念

一、投资的定义及内涵

投资有多种定义，这些定义有助于读者从不同的角度理解投资的内涵。

（一）投资与消费的关系

威廉·夏普（William F. Sharpe，1990年诺贝尔经济学奖获得者）认为投资是为了获得可能但并不确定的未来（消费）值（future value）而作出牺牲确定的现（消费）值（present value）的行为。

从该定义可看出，投资是一种延迟消费行为，需要将一定的货币转换为资产，在一定的时间内获取收益、承担风险。

（二）从历史角度看投资

保罗·萨缪尔森（Paul A. Samuelson）在其《经济学》中认为：对于经济学者而言，投资的意义总是实际的资本形成——增加存货的生产，或新工厂、房屋和工具的生产，只有当物质资本形成生产时，才有投资。

美国著名的投资学家德威尔在《投资学》中认为：广义的投资是指以获利为目的的资本使用，包括购买股票和债券，也包括运用资金以建筑厂房、购置设备、原材料等从事扩大生产流通事业；狭义的投资是指投资人购买各种证券，包括政府公债、公司股票、公司债券、金融债券等。

从上述定义中可看出投资的内涵经历了一个历史演进过程。在金融市场不发达时期，经济主体直接运用生产资料和资本从事生产、流通活动，早期的投资主要是实物投资。生产力和商品经济发展起来后，资本的所有权和使用权相分离，日益扩大的投资规模突破了自身资本范围，银行信用得到迅速发展，股份制经济应运而生，金融投资成为现代投资的重要组成部分。所以，除了狭义上的金融投资外，广义上的投资包含实物投资和金融投资。

总之，投资是指人们为了得到一定的未来收益或实现一定的预期目标，而将一定的价值或资本投入经济运动过程中的行为。随着社会的发展，投资的内涵必将不断演化。

二、投资的理解：延迟消费

延迟消费，即当期消费与将来消费之间存在跨时关系。投资发生的条件为跨时消费的效用大于或等于当期（不跨时）消费的效用。

假设存在两期情况，某人本期所得 50 000 元，明年所得 60 000 元。金融市场的存在让这个人的消费不再局限于各期所得，即通过资本市场的借贷，这个人得以调整其两期的消费选择。图 1-1 中，点 Y 表现这个人两期所得，线段 AB 表现这个人通过借贷所能选择的两期消费组合的边界，区域 OAB 中的跨期消费组合亦是这个人可能的选择集合（他为何不选？）。

假设金融市场投资的年收益率为 r。

首先，图 1-1 中点 A 是这个人在下一期所能消费的最高金额：$A = 60\,000 + 50\,000 \times (1+r)$。若 r 为 10%，则本期所能消费最高金额（点 A）就等于

$$60\,000 + 50\,000 \times (1+10\%) = 115\,000 (元)$$

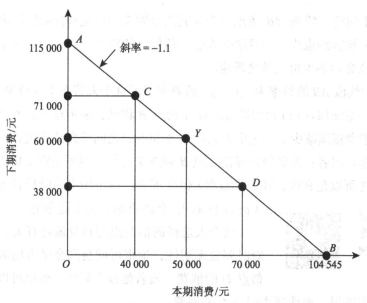

图 1-1 跨期消费组合

即这个人先借出本期的所得 50 000 元，下一期再取回本金加利息收入：

$$50\,000 \times (1+10\%) = 55\,000(元)$$

并作为下一期消费支出的财源。加上下期已有的 60 000 元所得，下一期可消费的最高金额就等于：$60\,000 + 55\,000 = 115\,000$（元）。

其次，图 1-1 中点 B 表示这个人在本期所能消费的最高金额。为了让本期消费金额最大，这个人先到金融市场中借钱，将所借金额全部用于本期消费，下一期再偿清此项借款。由于下一期这个人有 60 000 元所得可供清偿债务，所以，本期可举借的最大金额 X 加上应支付的利息不得超过 60 000 元，即满足 $X \times (1+r) \leq 60\,000$ 元。

显然，这个人本期最高的举借金额为

$$X = \frac{60\,000}{1+r}$$

这个人在本期举借 $60\,000/(1+r)$ 元后，他今年可能消费的最高金额为

$$B = 50\,000 + 60\,000/(1+r)$$

若 r 为 10%，则点 B 的金额为：$50\,000 + 60\,000/(1+10\%) \approx 104\,545$（元）。

此亦为线段 AB 在横轴的截距。当然，这个人的跨期消费的选择不只局限于点 A 或点 B。如图 1-1 中，点 C 表示这个人本期借出 10 000 元后，本期消费变为：$50\,000 - 10\,000 = 40\,000$（元）。而下一期消费金额变为：$60\,000 + 10\,000 \times (1+10\%) = 71\,000$（元）。

同样地，这个人亦可在本期到金融市场借入 20 000 元，其本期消费变为：$50\,000 + 20\,000 = 70\,000$（元）。而下一期消费则变为：$60\,000 - 20\,000 \times (1+10\%) = 38\,000$（元），此为图 1-1 中的 D 点。

综合以上讨论，线段 AB 表现这个人利用金融市场所能选择的跨期消费组合，也可称为两期的预算约束线，一旦这个人选定所偏好的跨期消费组合，这个人在金融市场借或贷以及金额多少也就随之确定。

图 1-1 中线段 AB 的斜率为 $-(1+r)$，该斜率表示这个人若在本期减少 1 元的消费，则他可在下一期增加 $(1+r)$ 元的消费。点 A 向点 B 移动，表示这个人本期消费逐渐增加，下一期消费逐渐减少。若这个人选择点 A 和点 Y 之间跨期消费组合，表示他是金融市场的资金贷出者；若消费选择落在点 B 和点 Y 之间，则他是资金借入者。最后，预算约束线之所以是直线，在于收益率 r 保存不变，即市场中的借贷者为价格接受者（price taker），金融市场为完全竞争的。

拓展阅读 1-1：央行调查报告：延迟消费意愿略有下降 全日制学生最低

这个人选择的消费点与自身偏好有关。假设这个人对时间较无耐性，他很可能会到金融市场借钱，选择类似点 D 的消费。假若他较有耐性，他也可以到金融市场贷出部分当期所得，而选择类似点 C 的消费。

当然，跨期消费选择除了取决于这个人的偏好外，还须视均衡利率而定。假设均衡利率由 r 上升至 r'，而这个人的两期所得维持不变，则图 1-1 中的预算约束线就会改变，见图 1-2。预算约束线由线段 AB 变为 $A'B'$。

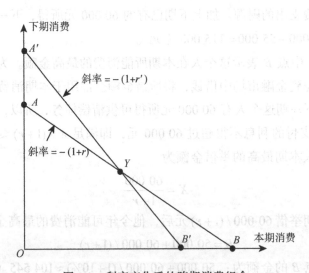

图 1-2 利率变化后的跨期消费组合

三、投资收益的构成及投资收益率的决定因素

投资收益主要包括投资期内的收益以及投资品卖出后的资本利得，即投资收益=投资期内的收益+资本利得。前者依赖于投资品的盈利能力，如投资股票而获得的股息。后者主要取决于市场在供需方面的属性，这些属性通常用流动性、波动性等来刻

画。可见，投资收益来源的两个方面是相互关联的。

投资收益率由三部分组成，即投资收益率=无风险实际利率+预期的通货膨胀率+投资的风险报酬率。在实践中，无风险实际利率通常用短期国债的收益率替代。通货膨胀率用消费者价格指数（CPI）或GDP（国内生产总值）平减指数替代。风险报酬指的是对风险的补偿，投资风险越大，风险报酬率应越高。风险严格来说应包含通胀风险，因通胀对投资影响的普遍性，在收益率的组成中，把预期的通胀率单列，风险报酬率单指对投资客体独有的风险进行补偿。为吸引人们投资，潜在的投资机会必须提供一个正的回报率。

案例分析1-1：小白的投资经历

四、投资学的内容

投资学是研究投资规律的一门学科。所谓投资规律，主要指资产价值的形成、变动规律，投资行为与资产价值间关联的规律，市场规则对于资产价值的影响等。资产既可以指单一资产，也可以指资产组合（也称投资组合，portfolio）。

投资中的规律，既包括理论规律，也包括经验规律。例如，资产价值是市场对于未来预期收益的累积折现值，折现率根据未来预期收益的风险确定，这就是理论规律。资产价值会随着对未来预期收益的变化而变化，也会随着市场对于风险偏好的变化而变化。而现实中，投资者也会根据历史经验，对于资产价值的波动寻找出某种历史规律性，如某些技术分析中的波动规律，很多技术趋势属于经验规律。通过经验规律，投资者只能认识现象，很难或者根本无法准确判断现象背后的原因。不可否认，经验规律在某些投资实践中起着极其重要甚至关键性的作用。实际上，很可能在每一种市场波动和市场现象背后都有深刻的原因，只是人们尚未认识而已。浩瀚宇宙中，人类所知甚少。缤纷的投资世界中，又何尝不是如此。不论如何，本书的投资学理论主要指投资中已经认知的理论规律。投资学课程的主要研究内容如图1-3所示。

投资学知识首先帮助投资者评估金融资产价值。金融理论认为，在市场有效的状态下，市场价格反映价值。在现实世界中，市场有效是个理想状态，即使出现，也非常态。市场出现错误定价，则是家常便饭。投资者利用市场的错误定价，低买高卖，可以实现财富增值。利用投资学的知识，可以更好地掌握评估资产价值的方法，洞悉资产价值的影响因素。其次，投资学知识可以帮助投资者更好地权衡投资收益与风险，进行合理的投资组合选择。在资本市场中，收益与风险是孪生兄弟，进行投资，势必需要进行收益与风险规划。最后，投资学能够帮助投资者更科学地评价投资结果，找出投资失败原因，以利于未来更好地进行投资。

应用投资学知识进行科学的投资，不仅有利于增加个人财富，也有利于整个社会经济的健康发展。投资活动的场所是资本市场，无论是有形还是无形，基本规律相同，即有效资本市场有助于有效的资源配置。而有效的资源配置有利于社会资源更有效利用，从而提高社会财富水平和社会福利水平。资本市场有效，既与资本市场制度、结构有关，也与投资者对于金融资产的认识有关。投资者提高对于优良资产的识别水平，不仅是个人投资成功的前提，在客观上也通过资本市场为优秀企业提供更多可用资源，促进社会资源向优秀企业流动，从而为社会经济发展作出贡献。无论以何种形式参与资本市场，规则制定者、市场监管者、基金经理、个人投资者等，通过学习投资学，掌握其中的规律，以一己之力为社会作出应有的贡献，也是每一个社会人应该具备的基本素质。

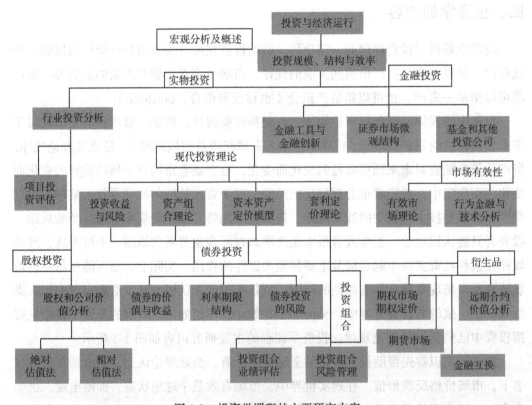

图 1-3 投资学课程的主要研究内容

五、投资理论的演变及发展

金融投资学是研究金融投资的基本原理即金融资产投资运动及其经济关系的规律性、金融投资的决策方法，以及金融投资调控与管理的一门应用理论科学。金融投资是金融资产的投资活动，因而是资金运动在投资领域中的反映，它不同于一般的媒介商品的资金运动，它是以货币增值为目的的资金运动，存在着自身特殊的运动规律和运行机理，金融投资学应对这些规律性的问题进行充分的论述，揭示其经济关系的本质。金融投资学从金融投资的决策策略、操作方法技巧上对投资者提供应用指导。同时，金融投资中的管理体制及其管理方式、方法等，也是金融投资学的重要研究内容。金融投资学在微观层面的发展主要历经了如图1-4所示的发展过程。

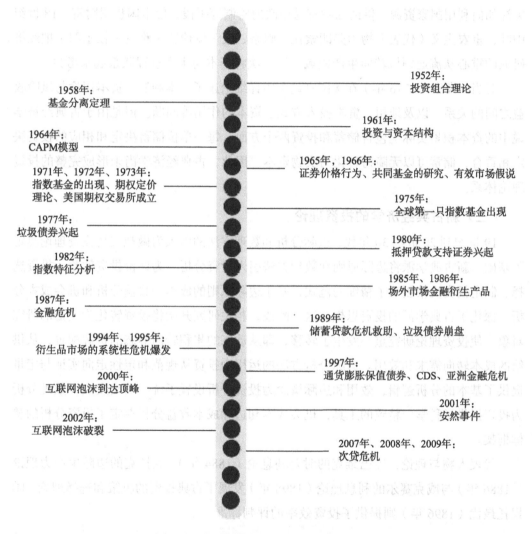

图1-4 金融投资学理论在微观层面的发展

追溯投资理论的演变及发展，可深化投资内涵的理解。投资思想的萌芽可追溯到16世纪前，投资理论散见于各经济思想中，直到20世纪60年代现代投资理论的出现，才形成了完整的投资理论体系。

（一）投资思想萌芽时期

16世纪以前，西方还是简单的自给自足的资本经济结构的时候，投资的"产出大于投入"的基本思想就已经被部分人觉察到了，如互惠的交换、价值的增量比较等。

（二）前古典、古典经济学的投资思想

16世纪到18世纪中叶，投资理论的雏形——资本理论形成。投资是流量，其所对应的存量即资本。16世纪初期，重商主义（代表人物为孟克列钦、柯尔培尔）学者关注如何利用国家资源，借助国际贸易或政府管制等手段，使本国积累财富。18世纪中叶，重农主义（代表人物为弗朗索瓦·魁奈、安·罗伯特·雅克·杜尔阁）把经济研究的重心从流通领域转向生产领域，第一次将资本与生产过程联系起来考察。

亚当·斯密（1776年）在《国富论》中详细论述了资本利润、资本用途与风险收益之间的关系，以及地租、资本投入方式、资本的作用等问题。但是由于古典经济学说中的资本积累实际上包含储蓄和投资两个方面，每一单位储蓄决定和相应的投资决定相重合，储蓄可以无障碍转化为实物资本。因此，古典经济学尚未形成完整的投资理论体系。

（三）新古典经济学的投资理论

19世纪到20世纪30年代，边际分析和数理方法的引入为微观实物投资理论奠定了基础。新古典学派将边际原则和数理方法引入投资分析，为评价投资效益、投资选择、制定投资决策创建了精细的范式，基于边际原则的成本—收益分析和机会成本分析，深化了古典学派的投资思想。这一阶段，相关研究开始将投资转化为实证的研究对象，使投资理论研究重心发生了转移，即从动态的累积转向静态的资源配置，从供给的成本转向需求和效用。边际分析方法的运用为投资从规范和定性走向实证与定量提供了基本的分析逻辑，效用和边际概念为投资分析设置了统一的出发点，数理分析为投资提供了科学、精致的工具，机会成本和边际成本收益分析奠定了投资分析的整体框架。

代表人物与理论：庞巴维克的时差利息论（1884年），克拉克的边际生产力理论（1886年）与威克赛尔的利息理论（1898年）发展了古典投资的决策和选择理论，帕累托最优（1896年）则提供了投资效率的评判标准。

（四）凯恩斯投资理论

20世纪30年代，世界范围的经济危机爆发，凯恩斯（1936年）一反古典学派关于"经济人"个量类推方式，改变了投资主体利润最大化的简单假设，建立了总量分析投资活动的方法论，开始以有效需求不足解释总量投资，将投资置于其理论分析的核心地位，极大地促进了投资理论的发展，并使之成为经济学研究的焦点问题。

《就业、利息和货币通论》（1936年）中，凯恩斯在朴素加速器理论基础上形成了宏观投资乘数效应理论。同时，凯恩斯以新古典主义资本理论（代表人物为庞巴维

克、费雪）和新古典主义厂商理论（代表人物为马歇尔）作为其理论基础，形成了凯恩斯的微观投资理论。

自此，西方关于"投资理论"的完整体系初步形成。

（五）后凯恩斯投资理论

20 世纪 30 年代至 60 年代，在原凯恩斯思想体系下，对宏观投资理论的微观基础的深化及总量宏观投资理论研究兴起。这一时期的投资理论继续沿着"宏观投资"和"微观投资"两个方向发展，并一改早期凯恩斯主义以"实物的宏观投资"研究为主的倾向，开始重视宏观投资理论微观基础的研究（代表人物为乔根森和托宾），发展出了多样化的动态投资模式、技术经济理论及其发展、间接投资的投资决策问题。

在宏观层面，哈罗德与多马（1948 年）以凯恩斯的有效需求理论为基础，将凯恩斯的投资理论动态化和长期化，奠定了现代宏观投资理论的基本框架；索洛（1956 年）等学者则把新古典学派的边际生产力理论引入宏观动态理论之中，运用总量生产函数安排投资的要素结构，并通过要素市场的价格机制调节资本与劳动，进而动态调节资本与产出比例以克服"哈罗德刃锋"，保证稳定均衡增长；通过将技术水平和人力资本内生化进一步催化了"新增长理论"（代表人物为罗伯特·卢卡斯，1988 年）和"内生增长理论"（代表人物为保罗·罗默，1986 年，1990 年）的诞生。

（六）现代投资理论

随着 20 世纪 60 年代第一、二次华尔街革命的爆发，金融资本迅疾发展，使西方投资理论研究关注的焦点脱离了原凯恩斯的理论框架，并向着"金融的微观投资"研究领域进一步深化，而后，高度发展的金融投资理论的思想又反哺于实物领域，促成了两者的融合。

拓展阅读 1-2：金融学与华尔街革命

第二节 投资的过程

一般来说，一项完整的投资过程包括如下几个环节：投资目标的设定、投资策略的选择、资产的价值分析、投资组合的构建、投资组合的业绩评价。本书重点以证券投资为例，来介绍投资的过程。

一、投资目标的设定

投资目标的设定作为投资过程的第一阶段，确定了投资的路径和投资的风格。

在投资目标的确定过程中，有两个非常重要的决定因素：投资者行为偏好，以及对风险和收益的衡量。在对投资定义的分析中，我们曾经指出，投资者的行为偏好通过自选择过程，把不同偏好的投资者区分开来，并在不同的金融市场中进行投资。在既定的投资者行为偏好下，投资者展开对风险和收益的衡量，并通过对可选择的投资项目的风险和收益的权衡，进行投资决策，同时确定投资目标。所以，投资目标的设定事实上是对投资机会的一个认识过程。在这个认识过程中，投资者行为偏好以及对风险和收益的权衡这两个因素相互影响，并最终决定投资目标。

二、投资策略的选择

投资目标设定以后，接下来就是选择投资策略。投资策略的选择与市场属性、投资者具备的条件和其他投资者的状况密切关联，只有理解这三个条件，才能够作出最优的投资策略选择。

从市场属性的角度看，对市场的认识构成对投资环境的基本认识。对一个市场来说，其微观结构由五个关键的部分组成：技术、规则、信息、市场参与者和金融工具。市场的属性和市场的特征是客观存在的，并随上述五个因素的变化而变化。但是，人们对市场的认识是有区别的。在不同的市场认识理论中，最优的投资策略是不一样的。例如，有效市场理论认为，从长久来看，投资者不可能击败市场，其隐含的投资策略是被动投资策略。然而，当市场并非有效时，价格行为就具有某种可预测性，那么就应该选择主动投资策略。所以，对市场的认识决定着投资策略的选择。

从投资者对自己和其他投资者认识的角度看，其知己知彼的程度对投资策略的选择有着重要影响。在一定的投资市场环境下，由于一项交易事实上是作为市场参与者的交易双方之间的博弈，所以投资策略的选择是一种动态调整的过程，并且随着交易的进行而彼此互动。在这种策略互动的过程中，投资者需要不断地通过他人、市场、政策等方面获取信息并通过贝叶斯学习过程而调整投资策略。市场微观结构理论认为，由于信息对价格存在重要影响，知情交易者将利用自身的信息垄断优势而在交易中获取最大收益，同时未知情交易者一方面要尽量避免信息劣势导致的交易损失，另一方面要尽可能地达到自己的交易目的，所以两者的投资策略存在显著差异。

三、资产的价值分析

投资过程的第三个阶段是资产价值的分析，反映到证券投资中就是证券价值的分析，即对具体的可供选择的投资产品进行精确的价值计算，通过与其市场价格做比较，判断高估或者低估，从而为投资品的选择奠定基础。

以证券投资为例。证券价值的分析主要包括债券价值分析、股票价值分析以及衍生证券价值分析。从原理上看，证券价值分析方法与投资收益分析方法，都以预期收益的折现为基础。在时间价值分析方法中，证券价值分析的关键是确定证券产品在未来的所有收益和用于折现的市场利率。在本质上，证券价值的分析是一种预测行为，并且是用对未来现金流的预测去分析资产的未来价值，这种证券价值分析的各种理论中，一直存在着关于价格的可预测性以及可预测性的时间属性等的争论。尽管如此，对于具体的投资实践来说，我们仍然需要进行与投资目标和投资策略相匹配的证券投资价值分析，否则就属于"不选择也是一种选择"的投资。

在债券的价值分析中，我们将着重介绍收入资本化法与债券价值分析、债券的凸性和久期以及如何利用凸性和久期实施免疫策略等内容；在普通股价值分析中，我们将着重阐述收入资本化法和普通股价值分析、股息贴现模型、市盈率模型、市净率模型等内容；在衍生证券的价值分析中，我们将着重介绍远期与期货价值分析、互换价值分析、期权价值分析等内容。这些内容从资产类别的角度概括了证券价值分析的各种基本方法，并且有助于理解一般的资产价值分析方法。

四、投资组合的构建

上述三个阶段之后，就需要进行投资组合的构建，以实现投资收益—风险的最优匹配。构建投资组合之前，首先需要进行投资组合的价值分析。与第三个阶段中资产的价值分析不同的是，组合中各种资产在收益和风险方面的不同相关性，使得投资组合的价值有别于各种资产价值的简单加总。所以，有必要对各种资产的相关性进行分析，并在此基础上以实现最大组合价值为目标进行投资组合构建。

以证券投资组合的构建为例。投资组合的理论一直处于一种发展状态，并指导着不同阶段的投资实践。在理论发展脉络中，经典的投资组合理论主要包括马科维茨（Markowitz）的投资组合理论、资本资产定价模型（CAPM）、套利定价模型和因素模型。这四种理论都在不同程度上把有效市场假说和投资者理性作为两项基础的理论假设。

五、投资组合的业绩评价

为了检验投资的业绩是否与预期的投资目标相吻合，有必要进行投资过程的第五个步骤——业绩评价。从时间上看，业绩评价可以分为过程评价和事后评价两种。过程评价是一种阶段性的评价，为投资过程的动态调整提供了必要的信息。事后评价是一种检验性和总结性评价，为以后的投资提供了必需的经验性信息。事实上，两种业绩评价在投资过程中是不断交替进行的。业绩评价最重要的作用是为投资者的投资组合调整提供指导。在现代投资实践中，由于品种繁多、市场复杂且专业分工细密，绝大多数的投资是由职业投资经理通过委托—代理关系代表投资者进行的。如何评价职业投资者的职业经验和投资业绩，不仅成为投资者选择投资代理的必要参考信息，也是约束和激励职业投资者的重要手段。所以，业绩评价为投资过程的良性循环提供必要的检验和支持。

当业绩评价完成后，一个完整的投资过程就结束了。需要强调的是，在投资实践中，投资过程五个步骤的工作并不是机械地进行的，而是应该根据投资实践的动态变化不断地作出适应性调整。上述五个步骤之间的关系是一种动态反馈—调整的关系，而投资过程就在这种反馈—调整循环中不断地进行着。

即 测 即 练

本 章 小 结

投资是对消费的延迟行为。跨时消费—投资决策就是在一生的预算约束下求解个人效用最大化。我们发现跨时消费分析与最基本的投资分析方法和投资收益率贴现法是一致的，所以跨时消费—投资决策分析框架可以用来分析各种投资决策。投资收益率由无风险的实际利率、预期的通货膨胀率和投资的风险报酬率组成，它是对延迟消费的补偿，具有内生性。投资者的偏好是影响投资的重要因素，不同偏好导向下的供需关系汇总就形成了不同的市场。投资收益包括投资期内的收益和投资产品卖出后的资本利得。

拓展阅读 1-3: "4 万亿投资计划"

一个完整的投资过程分为五个步骤：投资目标的设定、投资策略的选择、资产的价值分析、投资组合的构建以及投资组合的业绩评价。投资者的行为偏好和对风险收益的权衡相互影响，最终确立投资目标。市场的属性、投资者具备的条件和其他投资者状况都将影响到投资策略的选择。通过对具体的可供选择的投资产品进行精确的价值计算，为投资品的选择奠定基础，并通过对各种资产

拓展阅读 1-4: 中国投资的现状（2017—2019 年）

的相关性进行分析，以实现最大化组合价值为目标进行投资组合构建。为了检验投资的业绩是否与预期的投资目标相吻合，必须进行业绩评价，主要包括对组合的风险评价和业绩评价。从时间上看，又可以分为过程评价和事后评价两种。以上五个步骤之

间是一种动态反馈—调整的关系，投资就是在这种反馈—调整循环中不断地进行着。

综 合 训 练

1. 简述如何从延迟消费的角度理解投资。
2. 什么是投资？
3. 列举几种你所熟知的投资品。
4. 简述影响投资收益率的因素。
5. 简述投资学的主要内容。
6. 简述现代投资理论的发展过程。
7. 简述投资的五个主要环节过程及基本内容。

第二章

投资环境

【本章学习目标】

通过本章的学习，学员应能够：

1. 初步了解股票、债券、证券投资基金等主要金融工具以及其他金融衍生工具的概念、特性等相关基础知识；

2. 掌握证券市场交易机制的核心、做市商制度和竞价制的特点、竞价制下的证券交易过程；

3. 了解证券的交易程序和交易方式、证券交易机制的研究目的和设计。

引导案例：杨百万的第一桶金

杨百万，真名杨怀定，自称"散户工会小组长"第一股民，是中国第一个靠资本市场发财的普通人。1988年，"杨百万"通过国库券买卖挣到第一个100万元时，万元户还是个稀罕事物。

杨怀定是原上海铁合金厂职工，在从事被市场忽略的国库券买卖中赚取其人生第一桶金。1988年4月，辞职赋闲在家的杨怀定从《解放日报》上看到了一则消息：从当年4月21日开始，中央开放了上海、合肥等七个城市的国库券转让业务试点。他的眼皮狠狠地跳了一下，意识到这可能是他"发财"的一个机会。

当时全国已有七个城市开放了国库券交易，国库券行情属于国家机密。他通过在合肥工作的弟弟打听到在合肥的银行国库券买卖价为96~98元，而自己所在的上海则为100~103元，之间有5元差价可赚。第二天，杨怀定取出全部储蓄，又向亲戚借了一些，凑了10万元，坐火车直奔合肥。他在合肥的银行的门口吃进10万元国库券，然后倒给上海的银行，前后三天获利6 000元。在随后的一个月里，杨怀定日夜兼程，把上海之外的其他六个开放城市跑了一个遍，当时上海的银行国库券日成交额约70万元，他一人就占去1/7。"钱包"从小包换成大包，继而用旅行箱携现款。他的第一个百万历程，是在国库券交易中完成的。这时距他辞职刚刚一年。

这一章是学习"投资学"这门课的基础。金融工具就是金融资产，是证券投资的投资对象，而证券市场则是证券投资的投资场所。

第一节　证券投资工具

一、股票

（一）股票的概念与特征

股票是一种有价证券，是股份公司为募集资金而公开发行的，用来证明投资者的股东身份和权利，并根据股票持有人所持有的股份数享有相应权益和承担相应义务的、可转让的书面凭证，它代表了股东对股份公司的所有权。

股票作为一种有价证券，具有以下五个基本特征。

（1）收益性。股东购买股份公司发行的股票是为了在将来取得收益，包括股息、红利和资本利得等。收益性是股票最基本的特征。

（2）风险性。股东购买股票后能取得多少股息、红利或资本利得等收益是无法预先确定的，这就是购买股票的投资风险。一般而言，股票的风险是与收益相对应的，风险越大，收益也越大，股东的收益在很大程度上是对其所承担的风险的补偿。

（3）长期性。股票的有效期是无限期的，它反映着股东与公司之间比较稳定的经济关系。股东一旦购买了股票，只要股份公司存在，就不能退股。如果股票持有人想把股票变现，只能在股票市场上转让给别人。对于认购者来说，只要持有股票，公司股东的身份和股东权益就不能改变。

（4）流通性。股票是一种流通性很强的金融资产，在股票市场上，股票可以很方便地买卖。

（5）经营决策参与性。股票持有人是发行股票公司的股东，有权出席股东大会，通过选举董事会来实现对股份公司的控制，参与公司的经营决策。

（二）股票的分类

按照股东拥有权利和承担风险的大小的不同，可以将股票分为优先股和普通股两类，这是股票最重要的分类方式。

优先股是指股份公司在筹集资本时给予认购者某些优先条件的股票。优先股有以下几个特征。

（1）固定股息率。一般在招股说明书中对优先股所获得的股息数量有明确规定，其收益与公司的经营状况无关，并且优先股股东的收益先于普通股股东支付。

（2）一般不能上市交易。优先股的流通性受到一定的限制，不能在二级市场上流通。当优先股股东确实需要卖掉股份时，可以按照公司的有关规定由公司赎回。

（3）表决权受限制。优先股股东一般没有参与公司治理的投票权，只有当公司没有按照约定的股息率支付股息时，优先股股东才具有投票权。

（4）剩余资产优先清偿。股份公司破产清算时，优先股股东对剩余资产的分配要优先于普通股股东。

普通股是股票最基本、最普遍的形式，它是构成股份公司股东的基础。普通股的持有人具有以下权利。

（1）经营参与权。普通股股东可以参与公司的经营管理，拥有选举表决的权利。对于每个股东来讲，持有的股份数越多，享有的表决权也就越多。

（2）收益分配权。普通股股东有权凭其所持有的股份分配公司的盈利，其收益与公司经营状况直接相关，具有不确定性，而且普通股的盈利分配顺序后于优先股。

（3）认股优先权。如果股份公司增发普通股票，原有普通股股东有权优先认购新发行的股票，以保证其对公司的持股比例保持不变。

（4）剩余资产分配权。股份公司破产清算时，在其清偿债务和分配给优先股股东之后，剩余资产可按普通股股东所持有股份进行分配。目前在我国沪、深两地上市的A、B股均为普通股，未上市流通的国有股、法人股也基本上属于普通股。

除上述分类方法之外，股票还可以按照是否记载股东姓名分为记名股票和不记名股票；按照是否有票面金额分为有面额股票和无面额股票；按股款是否全部付清分为付清股和未付清股；按持有人的数量分为单有股和共有股；按股票的绩效可分为蓝筹股、成长股、收入股、投机股等。

（三）我国特有的股票类型

一般而言，我国上市公司的股票按照投资主体的不同性质又可分为国有股、法人股、社会公众股以及外资股。

拓展阅读2-1："股权分置改革"书写断代史　开启全流通新时代

国有股是指以国有资产向股份公司投资形成的股权。国有股的股权所有者是国家，由国有资产管理机构或其授权单位、主管部门行使国有资产的所有权职能。国有股股权的转让，应该按照国家的有关规定进行。

法人股指企业法人或具有法人资格的事业单位和社会团体，以其依法可经营的资产向公司非上市流通股权部分投资所形成的股份。法人股包括国有法人股和社会法人股。如果该法人是国有企业、事业及其他单位，那么该法人股为国有法人股，国有法人股属于国有股权；如果是非国有法人资产投资于上市公司形成的股份则为社会法人股。

社会公众股是指社会公众依法以其拥有的财产投入公司时形成的可上市流通的股份。在社会募集方式下，股份公司发行的股份除了由发起人认购一部分外，其余部分应该向社会公众公开发行。

外资股是指经批准，股份有限公司向外国和我国香港、澳门、台湾地区投资者发行的股票。这是我国股份有限公司吸收外资的一种方式。

二、债券

（一）债券的概念与特征

债券是一种有价证券，是社会各类经济主体为筹集资金而向债券投资者出具的承诺按一定利率定期支付利息并到期偿还本金的债权债务凭证。

债券作为证明债权债务关系的凭证，必须标明票面价值、偿还期限、利率和发行者名称，上述四个要素是债券票面的基本要素，但在发行时并不一定全部在票面印制出来。在很多情况下，债券发行者是以公告或条例形式向社会公布债券的期限和利率。

债券作为一种重要的融资手段和金融工具主要具有以下特征。

（1）偿还性。债券一般都规定有偿还期限，发行人必须按约定条件偿还本金并支付利息。

（2）流通性。债券一般都可以在流通市场上自由转让。

（3）安全性。债券通常规定有固定的利率，与企业绩效没有直接联系，收益比较稳定，风险较小。另外，企业破产时，债券持有者享有优先于股票持有人对企业剩余资产的索取权。

（4）收益性。债券的收益性主要体现在两个方面，一是投资债券可以给投资者定期或不定期地带来利息收入；二是投资者可以利用债券价格的变动，买卖债券赚取差额。

（二）债券的分类

对债券可以从不同角度进行分类，并且随着人们对融通资金需要的多元化，会有各种新的债券形式不断产生。目前，债券的类型大体有以下几种。

（1）按照发行主体的不同，可以分为政府债券、金融债券和企业债券。其中政府债券的风险最小，金融债券次之，企业债券再次之；与之对应，政府债券的利率较低，金融债券的利率高于政府债券，企业债券的利率最高。

（2）按照偿还期限的不同，可以分为短期债券、中期债券和长期债券。各国对短、中、长期债券的期限划分不完全相同。一般的标准是：短期债券的期限为 1 年或者 1 年以下；中期债券的期限为 1 年以上、10 年以下；长期债权的期限为 10 年以上。

（3）按照计息方式的不同，可以分为附息债券和贴现债券。附息债券是指在债券券面上附有息票的债券，或是按照债券票面载明的利率及支付方式支付利息的债券。贴现债券是指债券券面上不附有息票，在票面上不规定利率，发行时按规定的折扣率、以低于债券面值的价格发行，到期按面值支付本息的债券。

（4）按照债券的利率是否浮动，可以分为固定利率债券和浮动利率债券。固定利率债券是将利率印在票面上并按其向债券持有人支付利息的债券。该利率不随市场利率的变化而调整。浮动利率债券的息票率是随市场利率变动而调整的利率，浮动利率债券可以较好地抵制通货膨胀风险。

（5）按照有无抵押担保，可以分为信用债券和担保债券。信用债券是不以任何发行者的财产作为担保，完全凭信用发行的债券。担保债券是以发行者的一定财产作为担保的债券，按抵押品的不同又可以分为一般抵押债券、不动产抵押债券、动产抵押债券和证券信用抵押债券。

三、证券投资基金

（一）证券投资基金的概念和特征

证券投资基金（简称基金）是一种间接的证券投资方式，基金管理公司通过发行基金单位，集中投资者的资金，由基金托管人托管，由基金管理人管理和运用资金从事股票、债券等金融工具投资，共担投资风险、分享投资收益。

证券投资基金具有以下特点。

拓展阅读 2-2：奖金发了 118 年，资产增长 10 000%！诺贝尔基金会如何"滚雪球"？

（1）专业理财。基金资产由专业的基金管理公司负责管理。基金管理公司一般拥有强大的研究团队，能够更好地对证券市场进行全方位的跟踪与分析。将资金交给基金管理人管理使中小投资者也能享受到专业化的投资管理服务。

（2）组合投资，分散风险。证券投资基金通过汇集众多中小投资者的资金，形成雄厚的实力，可以同时分散投资于很多种股票，分散了对个股集中投资的风险。

（3）方便投资，流动性强。证券投资基金最低投资量起点要求一般较低，可以满足小额投资者对于证券投资的需求。

（二）证券投资基金的相关关系人

证券投资基金相关关系人主要由基金份额持有人、基金管理人和基金托管人组成。

基金份额持有人，是指持有基金份额或基金股份的自然人和法人，也就是基金的投资人。他们是基金资产的实际所有者，享有基金信息的知情权、表决权和收益权。基金的一切投资活动都是为了增加投资者的收益，一切风险管理都是围绕保护投资者利益来考虑的。因此，基金份额持有人是基金一切活动的中心。

基金管理人，是指凭借专门的知识与经验，运用所管理基金的资产，根据法律、法规及基金章程或基金契约的规定，按照科学的投资组合原理进行投资决策，谋求所管理的基金资产不断增值，并使基金持有人获取尽可能多收益的机构。基金管理人是负责基金的具体投资操作和日常管理的机构。

案例分析 2-1：大成惠福纯债债券型证券投资基金更新招募说明书之重要提示

基金托管人，是指根据基金合同的规定直接控制和管理基金财产并按照基金管理人的指示进行具体资金运作的基金当事人。基金托管人是投资人权益的代表，是基金资产的名义持有人或管理机构。

为了保证基金资产的安全，基金应按照资产管理和保管分开的原则进行运作，并由专门的基金托管人保管基金资产。基金托管人应该是完全独立于基金管理机构、具有一定的经济实力、实收资本达到一定规模、具有行业信誉的金融机构。《中华人民共和国证券投资基金法》（2015 年修正）》规定基金托管人由依法设立的商业银行或者其他金融机构担任。商业银行担任基金托管人的，由国务院证券监督管理机构会同国务院银行业监督管理机构核准；其他金融机构担任基金托管人的，由国务院证券监督管理机构核准。截止到 2020 年 5 月，我国共有包括银行和券商在内的 47 家金融机构获得基金托管资格。

四、金融衍生工具

（一）金融衍生工具及其功能

金融衍生工具又称"金融衍生产品"，是与基础金融产品相对应的一个概念，指建立在基础产品或基础变量之上，其价格随基础金融产品的价格（或数值）变动的派生金融产品。基础产品可以是股票、债券、货币和其他金融资产，或者这些资产的组合。衍生工具是双方或多方建立的一种合同关系，根据事先约定的事项进行支付。

金融衍生工具主要具有以下三种功能。

（1）套期保值。套期保值是指风险资产持有者为消除风险而利用一种或多种金融工具进行反向对冲交易。套期保值是金融衍生工具最基本的作用，也是金融衍生工具赖以存在、发展的基础。

（2）价格发现。价格发现是指大量的购买者和出售者通过竞争性的公开竞价后形成的市场均衡价格。金融衍生工具之所以具有价格发现的作用，是因为这些金融衍生工具的交易集中了各行各业的市场参与者，带来了成千上万种关于衍生工具基础资产的供求信息和市场预期，所形成的金融衍生工具的价格反映了人们对利率、汇率、股指期货等价格走势变化和收益的预测以及对目前供求状况的综合看法。

（3）促进信息流动。金融衍生工具的价格发现作用可以降低信息不对称性，有利于提高信息透明度。金融衍生工具的交易市场吸引了大量的市场参与者，他们根据基础金融工具市场的供求情况，对金融衍生工具的未来价格趋势作出判断和预期，从而给出自己的交易报价。金融衍生工具市场参与者尽可能地收集来自各方面的信息，使这些信息迅速地体现在金融衍生工具的价格波动上，因而金融衍生工具的价格形成也有利于提高信息透明度。

（二）金融衍生工具的种类

金融衍生工具的类型丰富多彩，从其交易方式来看，最基本、最常见的金融衍生工具主要是远期合约、金融期货、金融期权和金融互换。

（1）远期合约。远期合约是关于在未来的某一时刻由一方交易者按照约定价格向另一方交易者买入或者卖出某一标的的资产的合约。远期合约和即期合约的区别在于即期合约所约定的交易会立即执行，而远期合约所约定的交易则会在约定的未来某一时刻发生。

（2）金融期货。金融期货是指以金融工具作为标的物的期货合约，合约上承诺在未来特定日期或期间内，以事先约定的价格买入或卖出特定数量的某种金融商品。金融期货交易具有期货交易的一般特征，但与商品期货相比，其合约标的物不是实物商品，而是金融商品，如外汇债券、股票指数等。

（3）金融期权。金融期权是赋予其购买者在规定期限内按双方约定的价格或执行价格购买或出售一定数量某种金融资产的权利的合约。根据期权的所有者拥有的权利不同，可分为看涨期权和看跌期权两种类型。

（4）金融互换。金融互换是指在未来某一时点互换特定资产的一种协议，它可以被看作具有多个交割日期的期货合约的组合。互换主要包括货币互换、利率互换和商品互换。金融互换是20世纪80年代以来国际资本市场上出现的一种新型金融衍生产品，是国际金融形势动荡不安、金融自由化与电子化发展的必然产物。与其他金融衍生产品一样，金融互换产生的原始动因也是规避市场风险、逃避政策管制和套利。金融互换的迅猛发展，对国际金融市场与各参与主体均产生了重大影响。随着我国加入WTO（世界贸易组织），经济全球化、金融一体化对我国经济、金融的影响必将越来越大，金融互换将成为我国金融市场的一种重要工具。

除了上述介绍的金融衍生工具外，还有其他一些形式的金融衍生工具，如股票指数期货、存托凭证、认股权证和备兑凭证等。

第二节　证券市场交易机制

前文已经对投资的定义进行了全方位的审视，并且描述了一个完整的投资过程。投资过程是在具体的投资环境下进行的，而不同的投资环境以及环境中的规则和内部关系的变化，都将引起投资过程的调整，所以投资环境是任何一项投资计划开始前所必须熟悉的内容。由于证券市场交易机制从市场微观结构的角度对证券市场的内在结构、制度和运行特点进行剖析，揭示了投资环境中的证券市场交易结构，所以本节从证券交易机制的角度介绍投资环境。

证券交易机制是证券市场具体交易制度设计的基础，如上海证券交易所（以下简称"上交所"）和深圳证券交易所（以下简称"深交所"）的集合竞价与连续竞价，其设计依据就是定期交易和连续交易的不同机制。证券交易制度是对证券市场上证券的买卖流程的一种描述，一般包括买卖双方在交易过程的作用、交易中介的组成和作用、交易价格的形成、交易的交割和结算、交易系统的组成和作用等内容。在学术层面上，证券交易制度分为指令驱动制度和报价驱动制度。而报价驱动制度中，做市商制度是比较重要的制度。

证券交易规则是指为了维护证券交易市场而颁布的具有法律依据的规则，主要包含集中竞价交易规则、大宗交易制度和金融期货交易规则三方面。

从微观角度来讲，证券市场由五个组成部分组成：技术、规则、信息、市场参与者和金融工具。广义的交易机制就是市场的微观结构；狭义的交易机制特指市场的交易规则和保证规则实施的技术，以及规则和技术对定价机制的影响。

证券交易机制以交易价格的形成过程为主线，主要包括六个方面的内容：交易委托方式、价格形成机制、委托匹配原则、信息披露方式、市场稳定措施、其他选择性手段。前三项内容是证券交易机制所必须具备的基本要素，其中价格形成机制则是证券交易制度的核心。价格形成机制主要有两种基本方式：做市商制和竞价制。竞价制又包括连续竞价和集合竞价两种方式。

一、证券交易机制的分类与比较

（一）报价驱动的做市商制度

做市商（market maker）是指通过提供买卖报价为金融产品制造市场的证券商。报价驱动是一种连续交易商市场，或称"做市商市场"。在这一市场中，证券交易的买价和卖价都由做市商给出，做市商将根据市场的买卖力量和自身情况进行证券的双向报价。投资者之间并不直接成交，而是从做市商手中买进证券或向做市商卖出证券。做市商在其所报的价位上接受投资者的买卖要求，以其自有资金或证券与投资者交易。做市商的收入来源是买卖证券的差价。

做市商制度具有以下优点：①交易连续性。在指令驱动市场上，常常发生买卖指令不均衡的现象，做市商这时可以承接买单或卖单，使投资者不用等待交易对手的买卖指令，而是可以按做市商报价立即进行交易，从而可以保持证券交易的连续性，达到即时成交的效果。②价格稳定。做市商报价受交易所规则约束，同时它对于大额指令可以及时处理，在买卖盘不均衡时可以进行干预，这些都可以平抑价格过大的波动。③抑制股价操纵。做市商对某种股票持仓做市，对操纵者形成了一定的制衡作用。④服务于市场参与者。由于做市商在市场交易中处于信息优势，它也可为市场参与者提供更好的价格信息，提供拍卖师服务，维护市场秩序和公正。⑤价格发现功能。实行做市商制度，每只股票都有若干个做市商提供价格，价格会向真实标准靠拢。因为如果某一做市商报价距其他竞争对手差别太大，则交易量受到影响，那么就会被淘汰出局。

同时，做市商报价驱动制度也存在以下缺点：①缺乏透明度。买卖信息从做市商手中到发布给整个市场的时间相对滞后。为抵消大额交易对价格的可能影响，做市商还可要求推迟发布或豁免发布大额交易信息，这更进一步降低了透明度。②增加投资者负担。做市商承担做市义务，会对其提供的服务和所承担的风险要求补偿，如交易费用及税收宽减等，这将会增大运行成本，也会增加投资者负担。③增加监管成本。做市商经纪角色与做市功能可能存在冲突，做市商之间也可能合谋串通。因而需要制定详细的监管制度与做市商运作规则，并动用资源监管做市商活动。

（二）指令驱动的竞价交易制度

指令驱动是一种竞价市场，也称为"订单驱动市场"。在竞价市场中，证券交易价格是由市场上的买方订单和卖方订单共同驱动的。如果采用经纪商制度，投资者在竞价市场中将自己的买卖指令报给自己的经纪商，然后经纪商持买卖订单进入市场，市场交易中心以买卖双向价格为基准进行撮合。

竞价方式最主要的功能就是确定证券的价格。证券价格的确定，实际上是证券所代表的资产价格的确定。证券市场的有效运行，使得价格可以通过证券需求者和证券供给者的竞争形式确定，从而能较为充分地反映证券市场的供求状况。通过竞价方式，证券买卖双方能在同一市场上公开竞价，充分表达自己的投资意愿，直到双方都认为已经得到满意合理的价格，撮合才会成交。所以，竞价方式在投资者充分表达自己意愿的基础上，通过撮合成交最终确定了证券的交易价格，具备了定价的功能。

竞价分为集合竞价和连续竞价。集合竞价（间断性竞价）：买卖订单不是在收到之后立即予以撮合，而是由交易中心将在不同时点收到的订单累积起来，到一定时刻再进行撮合。连续竞价：在交易日的各个时点连续不断地进行，只要存在两个匹配的订单，交易就会发生。

这两种交易机制也有着不同的特点。指令驱动的特点有：第一，证券交易价格由买方和卖方的力量直接决定；第二，投资者买卖证券的对手是其他投资者。报价驱动的特点有：第一，证券成交价格的形成由做市商决定；第二，投资者买卖证券都以做市商为对手，与其他投资者不发生直接关系。

二、交易执行过程

证券在证券交易所的交易程序一般包括开户、委托买卖、竞价成交、清算交割、过户等步骤。

（一）开户

开户即投资者在证券经纪商处开立证券交易账户，包括证券账户和资金账户。证券账户用来记载投资者所持有的证券种类、数量和相应的变动情况，资金账户则用来记载和反映投资者买卖证券的货币收付和结存数额。交易所并不直接面对投资者办理证券交易，其中上交所实行全面指定交易制度，深交所实行托管券商制度。

开立证券账户和资金账户后，投资者买卖证券所涉及的证券、资金变化就会从相应的账户中得到反映。例如，某投资者买入甲股票 1 000 股，包括股票价格和交易税费的总额为 10 000 元，则投资者的证券账户上就会增加甲股票 1 000 股，资金账户上就会减少 10 000 元。

（二）委托买卖

在证券交易市场，投资者买卖证券是不能直接进入交易所办理的，而必须通过证券交易所的会员来进行，换而言之，投资者需要通过经纪商的代理才能在证券交易所买卖证券。在这种情况下，投资者向经纪商下达买进或卖出证券的指令（order），称为"委托"。经纪商立即传达给派驻在交易所内的代表（代理）。开户后，投资者就可以在证券营业部办理证券委托买卖。

委托的内容主要包括证券名称、买卖数量、指令类型（出价方式与价格幅度）、委托有效期等。委托指令有多种形式，可按照不同的依据来分类。从各国（地区）情况看，一般根据委托订单的数量，有整数委托和零数委托；根据买卖证券的方向，有买进委托和卖出委托；按委托价格限制，有市价委托和限价委托（我国现采用）；根据委托时效限制，有当日委托、当周委托、无期限委托、开市委托和收市委托等。

（三）竞价成交

交易制度是市场微观结构的核心，而价格的确定是交易制度的核心。价格确定的基本方式对交易价格形成影响。集合竞价与连续竞价在交易的连续性和信息效率方面都存在不同。20 世纪 80 年代，世界主要证券市场实现了（电子）自动交易机制。

1. 竞价机制

1）集合竞价

集合竞价是指对一段时间内接收的买卖申报一次性集中撮合的竞价方式。以我国竞价交易制度为例，集合竞价时成交价格的确定原则是：成交量最大；高于基准价格的买入指令和低于基准价格的卖出指令全部成交；等于基准价格的买入指令或卖出指令至少有一方全部成交。若有两个以上的价位符合上述条件，上交所采取其中间价成交价，深交所取距前价格最近的价位成交。

集合竞价的程序：所有有效买单按照价格由高到低的顺序排列，所有有效卖单按照价格由低到高排列，委托价格相同者按照时间先后顺序排列。

【例题 2-1】 集合竞价程序

假如交易系统收到了 11 份买入订单和 12 份卖出订单。将买单和卖单分别按价格由高到低和由低到高排列后如表 2-1 所示。

表 2-1　交易系统中买单和卖单顺序表

编号	买单价格	股数	编号	卖单价格	股数
(1)	9.20	10 000	(1)	7.91	400
(2)	9.20	10 000	(2)	7.98	600
(3)	9.20	5 000	(3)	8.09	2 000
(4)	8.51	2 000	(4)	8.20	8 000
(5)	8.45	1 000	(5)	8.29	2 000
(6)	8.35	800	(6)	8.35	1 000
(7)	8.20	1 000	(7)	8.40	1 800
(8)	8.11	5 000	(8)	8.50	5 000
(9)	8.10	500	(9)	8.89	200
(10)	7.99	1 000	(10)	9.19	100
(11)	7.91	500	(11)	10.50	2 000
			(12)	13.50	2 000

按照集合竞价的原则可知，第（1）～（3）号买单与第（1）～（10）号卖单配对成交，共计 21 100 股。第（1）、（2）号买单全部成交。第（3）号买单成交 1 100 股。9.19～9.20 元的价位均可以使第（1）～（10）号卖单全部成交，最大成交量价位为 9.195 元（上海证券交易所）。

2）连续竞价

连续竞价的原则是逐笔撮合，即报入一笔撮合一笔，不能成交的委托按照"价格优先、同价位时间优先"的原则排队等待。在中国，连续竞价在开盘后一直到收盘这段时间内采用。连续竞价的价格确定：一个新的有效买单，其买入限价高于或者等于卖出订单序列的最低卖出价格，与卖出订单序列顺序成交，成交价格取卖方报价。对新进入的一个卖出有效委托，若不能成交，则进入卖出委托队列等候成交；若能成交，即其委托卖出限价低于或等于买入委托队列的最高买入限价，与买入委托队列顺序成交时,其成交价格取买方叫价。在任何一个时间点上,成交价格唯一!

2. 订单匹配的基本原则

价格优先:优先满足较高(低)价格的买进(卖出)订单。

时间优先:同等价格下,优先满足最早进入交易系统的订单。

按比例分配:价格、时间相同,以订单数量按比例分配,如美国纽交所。

数量优先:价格、时间相同,优先满足:①较大数量订单;②最能匹配数量的订单。

客户优先原则:公共订单优先于经纪商自营的订单。以减少道德风险和利益冲突,保护中小投资者利益。如纽约证券交易所。

做市商或经纪商优先原则:做市商为活跃市场,应当优先照顾,如NASDAQ(纳斯达克市场)。

以上的这些订单匹配原则中,世界各地证券市场的匹配优先性存在一定差异。我国采用价格优先和时间优先原则。

(四)清算交割

清算交割是指证券买卖双方在证券交易所进行证券买卖成交以后,通过证券交易所将证券商之间的证券买卖数量和金额分别予以轧抵,其差额由证券商确认后,在事先约定的时间内进行证券和价款的收付了结行为。它反映了投资者证券买卖的最终结果,它是维护证券买卖双方正当权益、确保证券交易顺利进行的必要手段。

证券成交后,买卖双方对应收应付的证券和价款进行核定计算,即资金和证券结算。清算包括证券经纪商之间的清算、证券经纪商与投资者之间清算。交割(delivery)是指买方付出现金取得证券,卖方交出证券获得价款。交割方式:当日交割:$T+0$(资金);次日交割:$T+1$(股票);n日交割:$T+n$等。上海、深圳证券交易所A股股票、基金、债券及其回购,实行$T+1$交割制度,即在委托买卖的次日(第二个交易日)进行交割,投资者委托买卖证券成交与否应以第二天的交割单为准,当日的成交回报仅作为参考。B股股票实行$T+3$交割制度,即在委托买卖后(含委托日)的第四个交易日进行交割。证券如未成交,则不能办理交割手续。

(五)过户

证券过户是指证券的所有者向新所有者转移有关证券全部权利的记录行为。证券过户是完成证券交易的最后程序,但并非所有的证券交易都必须办理过户手续。例如,无记名证券无须办理过户手续,清算和交割完成后,证券交易结束。但对于股票和记名债券而言,必须完成最后一道手续——过户。

只有办理完过户手续,证券新的持有人才能享受股东、红利、债券本息等权益,若不立即过户可能会有损失。我国上市股票实现无纸化交易，过户和交割同时完成，无须到发行公司办理过户手续。

三、证券市场交易机制的设计

（一）交易机制设计的政策目标

衡量证券市场的质量有流动性、透明度、稳定性、高效率、低成本和安全性六个主要标准，这六个标准构成设计证券交易机制政策目标的六个方面。证券交易机制设计的政策目标之间存在既对立又统一的辩证关系。

（1）流动性。流动性是证券市场的生命力所在。没有流动性，市场也就失去存在的必要。流动性指投资者根据市场的基本供给和需求状况，以合理的价格迅速成交的能力。市场的流动性越高，则进行即时交易的成本越低。一般而言，流动性主要包括两方面的内容：以交易时间体现的交易速度，以交易成本体现的价格折扣。

（2）透明度。透明度是维持证券市场公开、公平、公正的基本要求。从维护市场公平的角度看，透明度指证券交易信息的透明，即有关证券买卖的价格、数量等信息的公开披露以及能够影响交易行为的信息，如上市公司信息的及时和准确披露。高透明度的证券市场是一个信息尽可能完全的市场，要求信息的时间和空间分布无偏性，即信息能够及时、全面、准确并同时传送所有的投资者。

（3）稳定性。稳定性是指证券价格的稳定性，即证券价格短期波动程度及其平衡调节的能力。稳定性通常以市场指数的方差进行衡量。方差越大，则市场波动性越大而稳定性越差；方差越小，则相反。一般来说，宏观经济状况、上市公司表现、市场规则变化等外部信息是影响市场价格的主要原因，但是交易机制也在一定程度上影响证券价格的稳定性。保持价格的相对稳定，防止证券价格大幅度波动，是证券市场健康运行的内在要求。

（4）高效率。从交易机制角度看，证券市场的效率主要指信息效率、价格决定效率和运行效率。信息效率也称价格效率，指证券价格准确、迅速和充分地反映可得信息的程度，也就是法玛（Fama）有效市场假说所指的效率。

（5）低成本。证券交易成本包括直接成本和间接成本。直接成本指佣金、交易所手续费、过户费、印花税等由投资者承担，向经纪商、交易所和政府缴纳的费用。间接成本指与证券交易有关，但并非直接由投资者缴纳的相关成本，主要包括买卖价差、搜索成本、延迟成本和市场影响成本。

（6）安全性。安全性指交易技术系统在信息处理方面的安全性。其主要内容包括：交易信息的储存和备份；数据的完整性，如确保数据不被破坏、不被更改、不丢失等；数据的加密性，如确保数据不被窃取、不被滥用以及确保访问控制和身份认证等；信息操作安全等。

交易机制设计的上述六大政策目标都是证券市场健康运行所必需的，然而各目标之间往往存在着矛盾，表现为目标之间往往存在着不可兼得的权衡关系。所以，同时实现这些政策目标是不现实的，实践中只能在充分权衡的基础上对它们进行协调和选择。

（二）信息披露制度

信息披露制度亦称"信息公开制度"。上市公司为保障投资者利益和接受社会公众的监督而依照法律规定必须公开或公布其有关信息与资料的规定，可分为发行市场信息披露制度和流通市场信息披露制度。前者是指以申领填报"有价证券申报书"的形式向投资者公开证券发行者的经营情况和财务情况；后者是指以填报"有价证券报告书"的形式公布上市公司经营情况及某些重大事项。

拓展阅读 2-3：中美资本市场上市公司信息披露大对比

信息披露制度在各国的证券法规中都有明确的规定。实行信息披露，可以了解上市公司的经营状况、财务状况及其发展趋势，从而有利于证券主管机关对证券市场的管理，引导证券市场健康、稳定地发展；有利于社会公众依据所获得的信息，及时采取措施，作出正确的投资选择；也有利于上市公司的广大股东及社会公众对上市公司进行监督。

（三）市场稳定措施

合理的市场机制设计可以降低超额波动的可能性。从交易机制看，稳定市场的措施主要包括提高市场透明度和价格限制措施。

提高市场透明度主要是依靠信息披露制度的完善来实现。在信息披露有效的市场上，投资者一方面可以根据交易信息及时地进行委托价格调整，另一方面可以根据影响股票价格变动的信息及时调整交易策略，因此可以避免突发性和大幅度的价格波动。

价格限制措施主要包括价格涨跌幅限制和断路器规则两种。国际证券市场上对价格涨跌的限制措施主要包括三种：①委托限价，即一笔委托订单报价不能高于或低于某个特定成交价格的一定幅度，否则委托无效，以防止股价在某段时间内涨跌过度，但是交易并不停止，委托价格低于限价的订单可以继续进行交易。②委托延期撮合。例如，纽约证券交易所规定，当标准普尔指数期货交易下跌12点时，所有计算机程序自动报出的市价委托订单推迟5分钟后再进入撮合系统。③涨跌停板制度，即某只股票或者整个股市的指数涨跌到一定幅度时，就暂停该只股票或整个股市的交易。我国上海证券交易所和深圳证券交易所自1996年12月16日起，分别对上市交易的股票(不包括特别处理的股票)和基金采取当日涨跌幅不超过10%的价格限制（首日上市证券除外）。断路器规则是指当市场指数变化超过一定幅度时，对交易进行暂停等限制措施，类似于涨跌停板制度中的股市大盘情况。

  这些措施都有助于维持市场的稳定性，并且增强了交易所处理紧急情况的能力。但是，稳定性是一个相对的概念，适度的波动性本身是市场流动性的基础，对于特定的市场结构和规模而言，理论上存在着一个最优稳定性水平。

拓展阅读 2-4：富翁巴菲特的思维方式：自我的教育投资才是最保险的投资

  总的来说，市场交易机制的设计目标是要使市场的社会福利效应得到充分的发挥。所以，有关市场交易机制的效率和社会福利效应之间的联系，也就成为市场微观结构研究的重点课题。如果市场价格能够快速、准确和有效地反映资产的潜在真实价值，也就达到了最佳的资源配置。

即 测 即 练

本 章 小 结

  本章主要介绍了证券市场常用的金融工具，包括股票、债券、证券投资基金和金融衍生品等内容。其主要涉及：股票的概念、特征、分类和我国特有股票；债券的概念、特征、分类；证券投资基金的概念、特征、分类和基金相关关系人；金融衍生品的功能和主要类型等内容。

  除此之外，投资总是在具体投资环境下进行的，并随着环境的变化而调整。因此本章还从证券市场的交易机制对投资环境进行了描述。交易机制指市场的交易规则和保证规则实施的技术以及规则和技术对定价机制的影响。价格形成机制是交易机制的核心，包括做市商机制和竞价机制两种基本方式，竞价机制又分为连续竞价和集合竞价两种方式。证券交易程序是交易机制的有形的、程序化的表现，包括开户、委托买卖、竞价成交、清算交割和过户五个阶段。交易机制还包括信息披露制度和市场稳定措施。衡量证券市场质量的六个主要标准（流动性、透明度、稳定性、高效率、低成本和安全性）构成了证券交易制度设计的主要政策目标。市场交易机制的设计最终就是要使社会福利效应得到充分的发挥。

综合训练

1. 简述优先股和普通股各自的特点。
2. 简述债券的主要特点。
3. 简述债券和股票的区别。
4. 简述证券投资基金的概念和特征。
5. 简述衍生金融工具的功能。
6. 简述证券的交易程序。
7. 简述证券交易机制设计的政策目标。
8. 请列举金融市场中的订单匹配原则。
9. 下面是某股票价格的部分信息（表 2-2），假设该股票在做市商市场进行交易。

表 2-2 某股票价格信息

买方报价/美元	卖方报价/美元
55.25	55.50

请问：

（1）假设你已向经纪人发出了一条市场委托买入指令，该指令的执行价格将是多少？

（2）假设你已向经纪人发出了一条市场委托卖出指令，该指令的执行价格将是多少？

（3）假设你已向经纪人发出了一条 55.37 美元的限价买入指令，将会发生什么？

（4）假设你已向经纪人发出了一条 55.62 美元的限价卖出指令，将会发生什么？

第二篇 投资理论

第二篇 钱币评介

第三章

投资收益与风险

【本章学习目标】

通过本章的学习，学员应能够：
1. 了解实际利率和名义利率的概念、关系；
2. 熟悉不同持有期的收益率并能够进行相互转化；
3. 掌握单项资产的收益与风险的度量方法、资产组合的收益与风险的度量方法。

引导案例：从年化收益率和年利率的差别说起

随着越来越多的人紧跟潮流加入理财的行列之中，有不少用户因为理财产品到期后发放的收益而闹过"乌龙"。原来，用户在购买理财产品前，没有充分了解过年化收益率和年利率的差别，导致购买的短期理财产品带来的收入与预期有差距。

张先生曾经就闹过这样的"乌龙"，他在银行购买了一个 90 天的理财产品，到期后，张先生拿着明细单到银行来投诉，说给他少算了利息。该理财产品所标示的利率为年化收益率 4%，张先生一共投入 10 万元进去，到期后，张先生认为自己的收益应该有 4 000 元的利率，却只收到了 986.3 元。

原来是张先生误把年化收益率当成年利率，所以他只能拿到

$$100\ 000 \times 4\% \times \frac{90}{365} \approx 986.3(元)$$

而年利率则是存满 1 年以后的利率，张先生只投入 90 天，就只能拿到 90 天的利息。银行存款、国债这些固定收益类的产品，就使用"年利率"的说法。

现实中，年化收益率在余额宝等"宝宝"类产品和 P2P（点对点）中较为常见，打开余额宝能看到两项数据，一个是万份收益 1.053 5，一个是七日年化 3.921 0。万份收益中一份即 1 元，10 000 元，每天的收益只有 1.053 5。而七日年化率，这个七日代表的是货币基金近七天的平均收益率，同样也是年化收益率。

年化收益率是变化的。它根据当前的收益，如日收益率、周收益率、月收益率，换算成年收益率来计算，是一种理论收益，并非投资者真正能够取得的收益。只有在

未来收益一直保持不变的情况下,年化收益率才会等于年收益利率。

从 2018 年开始,余额宝的收益率持续降低,连 4% 都不到了。而银行存款的年利率也实在是低,现在市场中各项理财产品层出不穷,如较为稳健的稳利精选组合、诺亚方舟 NPA 等理财产品,根据投资期限的不同,年化率也随之在变化,相比起各类"宝宝"类产品,也是一种值得投资的理财产品。

在购买理财产品时,短期的产品应留意年化收益率,长期的应注意年利率。例如一款理财产品一个月的年化收益率为 7%,你投入了 10 万元,一个月后的收益就只有 575.3 元,而非 7 000 元。年利率则是该产品一年期产品固定收益率为 7%,则投资满一年后,能获得 7 000 元的收益。

投资者应该仔细分辨二者,谨慎投资,为自己的钱包保驾护航。

(资料来源:搜狐网)

第一节 利率与收益率

利率水平及未来利率的预测是做投资决策时诸多环节中非常重要的一个环节。假定你的存款账户中有 10 000 元,银行以短期利率作为参照(如 30 天短期国库券利率)向你支付浮动的利息,而你也可以选择将这部分钱转作以固定利率支付利息的长期存款凭证。

你的决策显然根据你对利率的未来预期而定。如果你认为利率在未来会下降,你就会希望通过购买期限较长的定期存单来把利率锁定在当前较高的水平上。相反,如果你预期利率上升,你一定会选择推迟长期储蓄存单的购买计划。

众所周知,预测利率无疑是应用宏观经济学中最为困难的部分之一。然而即使如此,利率水平仍然由一些基本要素决定。

(1)存款人(主要是家庭)的资金供给。

(2)企业投资工厂车间、设备以及存货的融资需求。

(3)央行运作调整后政府的净资金供给或资金需求。

我们首先区别实际利率与名义利率。

一、实际利率和名义利率

(一)实际利率与名义利率

利率是指在一定期限内(1 个月、1 年、20 年期或更长)因持有一定量某种计价单位(人民币元、美元、欧元甚至购买力)而承诺的回报率。因此,当我们说到利率水平时,必须明确说明它的记账单位和期限。

假设不存在违约风险,我们便可以把以上承诺的利率看作该计价单位特定期限的无风险利率。无风险利率必须对应一种计价单位和一个时间期限。举例来说,用人民币元计价时的无风险利率在使用购买力计量时就会因为通货膨胀的不确定性而存在风险。

考虑期限为1年的无风险利率,假设一年前你在银行存了1 000元,期限为1年,利率为10%,那么现在你可以得到1 100元现金。但这笔投资的实际收益取决于现在的1 100元以及1年前的1 000元分别可以购买多少东西,而消费者价格指数衡量了城镇家庭一篮子商品服务消费的平均价格水平。

假定上一年的通货膨胀率(CPI的变化百分率)为6%,也就是说你手中货币的购买力在这一年中下降了6%,每一元能购买的商品下降了6%。利息收益的一部分将用于弥补由于6%的通货膨胀率导致的购买力下降。以10%的利率计,除掉6%的购买力损失,最终你只能增加4%的购买力,所以,必须区别名义利率(nominal interest rate)和实际利率(real interest rate),前者为资金量增长率,后者为购买力增长率。设名义利率为R,实际利率为r,通货膨胀率为i,则有式(3-1)近似成立:

$$r \approx R - i \tag{3-1}$$

或者说,实际利率约等于名义利率减去通货膨胀率。

严格上讲,名义利率和实际利率之间有式(3-2)成立:

$$1 + R = (1 + r) \times (1 + i) \tag{3-2}$$

货币量增长值$1+R$等于购买力增长值$1+r$乘以新的价格水平,即$1+i$。由式(3-2)推导得到名义利率与实际利率之间的换算关系:

$$r = \frac{R - i}{1 + i} \tag{3-3}$$

显然可以看出由式(3-1)得出的近似值高估了实际利率近$1+i$倍。

【例题3-1】 近似的实际利率

假设一年期储蓄存单的利率为8%,预期下一年内通货膨胀率为5%,利用近似公式(3-1)可以得到实际利率为$r = 8\% - 5\% = 3\%$,利用精确公式(3-3)可以计算出实际利率为$r = \dfrac{8\% - 5\%}{1 + 5\%} \approx 2.86\%$。由此可以看到,近似公式得出的实际利率高估了14个基点(0.14%),通货膨胀较低并采用连续复利度量时,近似公式较为准确。

在做投资决策之前,投资者应该明确名义利率是多少,从中去除预期通货膨胀率才能得到投资的实际收益率。

已发生的通货膨胀率通常在国家统计局网站或者经济指标网站可以查询到,但是将来的实际利率人们往往不知道,人们不得不依赖预期。也就是说,由于未来有通货膨胀的风险,即使当名义利率是无风险,实际利率仍旧是不确定的。

（二）税收与实际利率

税赋是基于名义收入的支出，税率则由投资者的税收累进等级决定。同价格指数联系的税收累进制度并没有将个人收入的纳税完全同通货膨胀率分离开来，假设税率为 t，名义利率为 R，则税后名义利率为 $R(1-t)$。税后实际利率近似等于税后名义利率减去通货膨胀率，即

$$R(1-t)-i \approx (r+i)(1-t)-i = r(1-t)-it \tag{3-4}$$

因此，税后实际利率随着通货膨胀率的上升而下降，投资者承受了相当于税率乘以通货膨胀率的通胀损失。例如，假定投资者的税负为 30%，投资收益为 12%，通货膨胀率为 8%，那么税前实际利率为 4%，在通胀保护税收体系下，税后利率为 $4\% \times (1-30\%) = 2.8\%$。但是税法并没有认识到收益中的前 8% 不足以补偿通胀（而不是实际收入）带来的损失，因此，税后收益减少了 $8\% \times 0.3 = 2.4\%$。这样，投资者的税后实际利率就变成了 0.4%，几乎全部丧失了。

二、比较不同持有期的收益率

收益率（rate of return）是指投资的回报率，一般以年度百分比表达。投资者出钱，经营者出力，如果生产出来的商品或服务非常有竞争力，可以以较高的价格销售出去，那么投资者和经营者就为社会作出了贡献、创造了价值，社会就回馈给他们利润作为奖赏。相反，如果生产出来的商品或服务非常不理想，甚至根本没有生产出来，那么投资者和经营者浪费了社会资源却没能创造价值，会得到负的收益（亏损）作为惩罚。

因此，投资收益的本质是投资者和经营者为社会创造的价值，投资收益率代表了他们为社会创造价值的能力。而投资收益会在投资者和经营者之间进行分配，谁的能力和资源更强，谁作出的贡献更大，谁就会获得更多的收益。

（一）年化收益率

一般来讲，一项投资活动的持有期越长，总收益率越高。我们应该怎样比较不同持有期的投资收益呢？这就需要我们将每一个总收益换算成某一常用时期的收益率。我们通常把所有的投资收益表达为有效年利率（effective annual rate，EAR），即一年期投资价值增长百分比。

对于一年期的投资来说，总收入（1+EAR）是每一元投资的最终价值。对于期限少于 1 年的投资，我们把每一阶段的收益按复利计算到 1 年。

通常用 $r^{(m)}$ 表示一年结转 m 次利息的名义利率，则每次结转利息的实际利率为 $\dfrac{r^{(m)}}{m}$。对于每一元的投资，1 年末的累积值为 $\left(1+\dfrac{r^{(m)}}{m}\right)^m$，应等于以实际利率 EAR 计

算的年末的累积值（1+EAR），即

$$\left(1+\frac{i^{(m)}}{m}\right)^m = 1+\text{EAR} \tag{3-5}$$

对于投资期长于1年的投资来说，通常把有效年利率作为年收益率。我们将持有期为T年的总收益率记为r(T)，把有效年利率与总收益率r(T)联系在一起，运用下面的公式计算持有期为T时的回报：

$$1+\text{EAR} = [1+r(T)]^{\frac{1}{T}} \tag{3-6}$$

（二）年化百分比利率

短期投资（通常情况下，$T<1$）的收益率是通过简单利率而不是复利来计算的。这被称为年化百分比利率（annual percentage rate，APR）。例如，当涉及月收益率时，年化百分比利率是通过12个月的月利相加来计算的。通常说来，如果把一年分成n个相等的期间，并且每一期间的利率是$r(T)$，其中$T=\frac{1}{n}$，那么，$\text{APR}=n\times r(T)$。反之，我们可以通过年化百分比利率得到每个期间的实际利率$r(T)=T\times \text{APR}$。

概括一下，对一个期限为T的短期投资来说，每年有$n=\frac{1}{T}$个复利计算期。因此，复利计算期、有效年利率和年化百分比利率的关系可以用下面的公式来表示：

$$1+\text{EAR} = (1+T\times \text{APR})^{\frac{1}{T}} \tag{3-7}$$

即

$$\text{APR} = \frac{(1+\text{EAR})^T - 1}{T} \tag{3-8}$$

（三）连续复利

我们发现随着复利计算频率的变化，年化百分比利率和有效年利率会产生差异。随之而来的问题就是，随着计算利息的频率不断提高，年化百分比利率和有效年利率的差异可以达到多大？换句话说，当T不断变小的时候，

拓展阅读3-1：爱因斯坦：复利的威力比原子弹还可怕

$(1+T\times\text{APR})^{\frac{1}{T}}$的极限是多少？当T趋近于零，得到连续复利（continuous compounding，记为r_{cc}），并且可以用下面的指数函数得到有效年利率与年化百分比利率的关系：

$$1+\text{EAR} = e^{r_{cc}} \tag{3-9}$$

式中，e为无理数，大约为2.718 28。

尽管计算连续复利看起来很烦琐，但在很多情况下运用这种利率会简化预期回报和风险的计算。尤其是在衍生金融产品中，会大量使用连续复利。

【例题 3-2】 连续复利利率

当给定有效年利率为 5.8%时，连续复利计算的年化百分比利率r_{cc}为 5.638%，与按日复利计算的年化百分比利率差不多。但对复利频率较低的利率来说，如半年，为了得到相同的有效年利率，年化百分比利率的值竟然高达 5.718%。也就是说当计算复利频率较低时，得到相同有效回报所需的年化百分比利率会更高。

第二节 单项资产的投资收益与风险

投资活动的一个基本原理就是风险和收益正相关，也就是高风险的投资就必须给投资者更高的潜在收益，因为总体上讲，投资者是厌恶风险的。厌恶风险有两个基本含义：首先，为了规避风险，人们愿意支付一些钱，如购买保险，通过支付保费将风险转移到保险公司；其次，人们只有在某种诱因的刺激下，才会主动承担风险。

风险和收益是投资学中最核心的问题。投资者将当前的收入换成将来的预期收益，但任何投资都是有风险的。无论是选择投资工具还是评估投资工具，对风险和收益的理解都是至关重要的。从本节开始将介绍投资收益的来源、如何衡量单个资产及资产组合的投资收益、各种不同类型的投资风险、如何衡量投资风险，以及风险和必要收益率之间的关系。

人们对风险的观念把握就是风险意识。风险意识包括两个方面的内容：一是人们对风险现象所持有的理解与态度，二是人们对风险现象的理论认识与把握。

这两个方面既相互区别又相互联系。就区别而言，前者是对风险低层次的非系统的把握，主要属于社会心理的方面，在人类社会形成伊始它就出现了；后者则是对风险的系统化、理论化的反映和把握，它是社会生活的风险发展到一定阶段上才出现的理论观念。为了便于研究和叙述，把前者称为风险意识，把后者称为风险理论。就联系而言，在风险理论出现后，二者相互影响，风险意识的发展促进了风险理论的发展，风险理论的进展反过来促进了风险意识的变革。

一、投资收益与投资风险

（一）投资收益

投资收益（return on investment）是指投资者在一定期间内进行投资所获取的净收益。投资收益的表现形式分为股票的红利、债券利息以及资本利得。股票的红利或者债券利息是投资者在持有投资工具期间所获得的分配收入，资本利得是投资者在投期末卖出投资工具与期初买入时的价差。

投资收益可以使用绝对值表示，也可以用相对值表示，使用相对值表示称为投资收益率（rate of return），即投资期内，单位资本投资获得的收益。本书有时也会将投资收益和投资收益率两个概念混用。

投资收益率的一般计算公式为

$$r = \frac{P_1 - P_0 + C_1}{P_0} \quad (3\text{-}10)$$

式中，r 为投资收益率；P_0 为投资期初投资者购买投资品的投入；P_1 为投资期末投资者出售投资品所获得的收入；C_1 为投资期间投资者所获得的股票的红利或者债券利息。

【例题 3-3】 投资收益率

投资者购买了一只股票，在投资期内获得了每股分红 0.2 元，购买股票时支出 12.8 元，出售股票时获得 13.6 元。

则此投资期内，投资者的投资收益率计算如下：

$$r = \frac{P_1 - P_0 + C_1}{P_0} = \frac{13.6 - 12.8 + 0.2}{12.8} = 7.81\%$$

在【例题 3-3】中，投资者在期初的投入等于购买投资品的价格，在期末的收入等于出售投资品的价格。在投资时，如果投资品期末出售的价格小于期初购买的价格，投资收益率就有可能是负值。

（二）投资风险

投资风险（risk on investment）是指投资者面临的未来投资收益的不确定性[①]，不确定性程度高，风险高；反之，则风险低。所谓收益不确定，指实现的收益率不确定，而不是期望收益率不确定。例如，购买股票以后，没有人能够准确获知投资期末实现的收益率会是多高。投资债券也是如此。虽然债券投资者可以明确知道预期收益，但并不能确定债券发行人是否能够百分之百偿还债务。投资期货与期权等衍生工具的不确定性收益特征更明显。

实现的投资收益出现不确定性波动是大多数投资过程的必然现象。人们根据现有信息预测未来。人们现在掌握的信息可能不完全，也可能人们对于信息的理解不准确。即使掌握完全信息，具备完美计算能力，现实世界仍然可能出现不可预知的变化。所有这些因素，都会导致资产价格的不确定性变化，从而会或多或少地影响投资收益率。

[①] 严格来说，风险和不确定性是有区别的。不确定性指事前知道有不同的结果出现，但是哪种结果会出现无法判断，出现的概率也无法预知。而风险则指事前知道有不同的结果出现，尽管哪种结果会出现无法准确判断，但是出现的概率可以预知。

在本书中，投资风险主要指实现收益率围绕预期收益率的双向波动。尽管任何投资的实现收益都无法准确预知，但是根据收益率的历史信息以及对于未来经济状况的判断，可以估计出一个收益率的预期值，或者平均值、期望值。期望值可以预先判断，实现的投资收益率会表现出以预期收益率为基准的上下波动，但具体数据无法预知。实现收益率可能高于预期收益率，也可能低于预期收益率。所以，当投资者面临投资风险时，不一定仅指承担经济损失。

投资风险具有一定程度的可测性。根据历史经验，投资实现收益经常表现出一定的规律性。例如，可以根据历史经验以及对未来的判断，推测收益率可能实现的最高值与最低值，多数情况下投资收益会落在最高值与最低值之间。再如，偏离预期收益率越小的实现收益率出现的可能性越大，偏离越大的实现收益率出现的可能性越小。根据投资收益率的规律性，可以使用某些数学变量描述随机波动性。当然，在出现规律变化的同时，也会出现一些无规律的变化。投资风险具有可测性，不是指一切变化都可测。

测量投资风险就是测量投资收益随机变量的波动特征。随机变量的波动特性可以使用多种方法描述，实现收益率的标准差（standard deviation）是一种常用的方法。使用标准差描述投资风险具有如下三个方面特点：第一，标准差用于描述随机变量取值围绕其均值的波动情况，表现了投资风险的双向波动特性；第二，标准差综合反映了随机变量取值与期望值之间的偏差以及出现的概率，较全面地反映了投资收益变动信息；第三，投资组合中有多个资产收益率随机变量，可以利用数学中关于随机变量组合方法计算标准差，因此有利于投资组合风险的测量。

接下来，了解单项资产的投资收益与风险的度量。单项资产的收益与风险包括两类，即历史的收益与风险（historical return and risk）和预期的收益与风险（expected return and risk）的衡量。前者用于确定单项资产以往投资的收益与风险，后者用于确定单项资产未来的收益与风险。

二、单项资产历史的收益与风险的度量

（一）单项资产历史收益率的计算方法

单项资产在某投资期（通常是 1 年，也可是 1 个月或 1 个季度）的收益率等于投资期内的收益/期初的本金，即可采用式（3-10）来度量单项资产历史的收益。

分析了单项资产单一期限的收益率计算问题，但实际上投资者可能更多地会遇到多期限的投资收益率问题，即在某些年份可能获得高收益，在另外的年份获得低收益，甚至出现负收益。因此，要对投资收益有一个总体的认识，就必须度量一段时期内投资的平均收益率。此外，当投资者持有两种以上的资产时，还涉及对投资组合在 1 年

或若干年中的平均收益率进行度量的问题。

有时已知一段时间内多个时期内的收益率，我们希望计算多个时期内平均每一个时期的收益率，计算方法主要有两种：算术平均法和几何平均法。

算术平均法下，将多个时期中的每一个时期都看成一次独立的投资，平均收益率的计算公式为

$$\overline{r_i} = \frac{1}{n}\sum_{t=1}^{n} r_{it} \qquad (3-11)$$

式中，$\overline{r_i}$ 为第 i 种资产的算术平均收益率；r_{it} 为第 i 种资产在第 t 期的收益率，$t = 1, 2, \cdots, n$。

从货币的时间价值来看的话，算术平均收益率并不能真实反映资金的投资情况。因此，我们有必要引入几何平均收益率。几何平均法将投资看成在各单个时期的循环性投资，即利滚利，每一个时期结束，上一个时期的本利和作为下一个时期的本金。几何平均法下，几何平均收益率的计算公式为

$$\hat{r}_i = \sqrt[n]{(1+r_{i1})\cdots(1+r_{in})} - 1 = \sqrt[n]{\prod_{t=1}^{n}(1+r_{it})} - 1 \qquad (3-12)$$

式中，$\hat{r}_i$ 为第 i 种资产的几何平均收益率；r_{it} 为第 i 种资产在第 t 期的收益率，$t = 1, 2, \cdots, n$。

【例题 3-4】 算术平均收益率和几何平均收益率

某证券 A 近 3 年的投资数据如表 3-1 所示。

表 3-1 某证券 A 近 3 年的投资数据

年份	期初价值/元	期末价值/元	年持有期收益率/%
2017	1 000	1 150	15
2018	1 150	1 380	20
2019	1 380	1 104	−20

将数值分别代入式（3-11）和式（3-12），则算术平均收益率为

$$\overline{r}_A = \frac{15\% + 20\% + (-20\%)}{3} = 5\%$$

几何平均收益率为

$$\hat{r}_A = \sqrt[3]{(1+0.15)\times(1+0.2)(1-0.2)} - 1 \approx 3.35\%$$

在对不同的投资对象进行比较时，投资者关注的主要是长期收益。由于几何收益率是建立在对期末投资价值和期初投资价值进行比较的基础之上，因而被认为是较理

想的长期平均收益的衡量指标。

虽然算术平均法经常被用来对未来的预期投资收益率进行估计,但当其用于衡量投资的长期收益时,算术平均值偏大。对于波动性强的证券,这种偏差将更加显著。

例如,某证券第 1 年的价格从 50 元上升到 100 元,第 2 年又跌回到 50 元,第 1 年的持有期收益率为 100%,第 2 年的持有期收益率为–50%,则算术平均收益率为 25%,而几何平均收益率为 0。由于 2 年内证券的价值没有发生变化,收益应为 0,即几何平均收益率正确地反映了该证券财富未发生变化的事实。显然,几何平均法计算出来的收益率比算术平均法计算出来的收益率更能说明投资的真实结果。当所有年份的收益率均相等时,算术平均收益率和几何平均收益率是相等的,若各年的收益率不同,则几何平均收益率就会低于算术平均收益率,两者之间的差异取决于各期收益率的变动程度。年收益率变动越大,即年收益率的波动性越大时,两者的差异也越大。

(二) 单项资产历史的风险的度量

一项投资的风险与该项投资预期收到的未来现金流的不确定性有关。如果某一项投资有绝对确定的 5% 的收益率,就说它无风险;如果另一投资可能预期有 7% 的收益率,但在经济不景气时可能下降到–20%,经济环境最好时会上升到 20%,这样就存在风险。风险是投资者由于长期内收益不确定而无法达到投资目标的机会。

投资收益主要来源于收入与价格变化以及收入或价格变化的再投资 (复利),那么随着上述收益来源中的一种或多种变化,投资风险就产生了。由此可见,风险会导致:预期收入的波动 (如股息的变化、没有获得利息支付等);未来资产价格的预期波动 (如由经济条件变化所导致的价格波动);进行再投资数目和收益的波动 (如利率的变化会影响未来的资产收益)。风险用于描述投资收益率的波动性。收益率的波动性越大,投资的风险越大。因此,我们采用收益率的标准差或方差来度量风险的大小,它们都是测量收益率围绕其平均值变化的程度。

资产的历史风险可以用资产收益率围绕其算术平均值的变化情况来测量。对这种变化进行定量测量的指标是方差或者标准差。它们都采用每期收益率对平均收益率的偏离,即离差来计算,离差表示为 $r_t - \bar{r}$,其中 $\bar{r}$ 表示某段时间内收益的算术平均值。

对于数据样本,方差 σ^2 由离差的平方和除以 $n-1$ 得到。在投资分析时,通常使用的是方差的平方根,即标准差 σ。

$$\sigma_i^2 = \frac{1}{n-1} \sum_{t=1}^{n} (r_{it} - \bar{r}_i)^2 \qquad (3-13)$$

式中,σ_i^2 为第 i 种资产的收益率的方差;$\bar{r}_i$ 为第 i 种资产的算术平均收益率;r_{it} 为第 i 种资产在第 t 期的收益率,$t = 1, 2, \cdots, n$。

【例题3-5】 单项资产投资收益历史的方差和标准差

某证券 A 近 3 年的投资数据如表 3-1 所示。根据表 3-1 的数据，我们可以计算出证券 A 的风险，即其收益率在近 3 年间的波动性。

该证券的算术平均收益率为 5%，利用式（3-13）得该证券的收益率方差为

$$\sigma_A^2 = \frac{(15\% - 5\%)^2 + (20\% - 5\%)^2 + (-20\% - 5\%)^2}{3-1} = 0.0475$$

标准差 $\sigma_A = 21.79\%$。

三、单项资产预期的收益与风险的度量

仍旧以某证券 A 为例。在接下来的一年中这只证券的收益是多少，存在很大的不确定性，所以无法确定其最终的投资收益率。如果对市场状况进行情境分析，将其分为四种情况，数据如表 3-2 所示。

表 3-2　某证券 A 在 2020 年末的收益率情境分析

市场状态	繁荣	复苏	萧条	崩溃
状态发生的概率	0.25	0.45	0.25	0.05
年末的投资收益率/%	31	14	−6.75	−52

怎样来评价这种概率分布？在进行投资决策时，可以根据未来影响收益的各种可能结果及其概率分布大小估计预期收益率。

投资者在对未来投资进行评估时，通常要对投资收益率作出预期或预测。投资者或许会认为投资某证券将带来 10% 的收益，但这只是投资者的最有可能的估计，或称为点估计。进一步地，投资者可能知道该点估计收益的不确定性，并能确定各种不确定情形的概率。如在一定条件下，该证券的年投资收益可能有 30% 的概率低至 −10% 或有 20% 的概率高达 25%。这种投资收益的分布特征反映了投资收益的不确定程度。一般来说，预期收益分布的范围越大，投资的风险也就越高。投资收益的不确定性程度是通过分析预期收益的估计值来决定，为此投资者要确定所有可能收益的概率分布。收益率的概率分布是建立在历史投资绩效、同类投资的绩效和投资者对未来预期的修正基础上的主观估计值。投资的预期收益率或者期望收益率可定义为不同状态下收益率以发生概率为权重的加权平均值。其计算公式为

$$E(r_i) = \sum_{s=1}^{n} r_{is} \pi_s \quad (3-14)$$

式中，$E(r_i)$ 为第 i 种资产的预期收益率；π_s 为状态 s 发生的概率；r_{is} 为出现 s 状态时资产 i 取得的收益率，$s=1, 2, \cdots, n$。

一般来说，几乎不存在能够提供确定收益的投资，投资收益会随经济形势的变化而变化。以普通股为例，在出现高经济增长和低通胀的情况下，公司的利润会上升，投资者可能调高对股票投资收益的未来预期，如收益率为20%；如果经济伴随着高通胀而出现衰退，多数公司的盈利会下降，投资者可能会调低对下一年的收益率预期，如−20%；如果经济环境不发生大的改变，来年的收益率可能会稳定在10%的长期平均收益水平上。

实际的投资收益率是高度不确定的。对于风险厌恶的投资者而言，在有风险投资和无风险投资之间会选择后者，即收益更加确定的投资。问题是投资者是不是真的会做这些计算？

如果我们相信未来的收益方式和水平与过去相似，那么上述历史测量对于我们是有帮助的。但如果预期未来的收益行为和过去的收益行为不同，那么可以利用预期收益的一些测量方法来估计未来风险。方差是根据收益对预期收益的偏离得到的。预期收益率的方差越大，可能收益对预期收益的偏离就越大，或者说投资风险的不确定性就越大。预期收益率的方差计算公式为

$$\sigma_i^2 = E[r - E(r_i)]^2$$
$$= E(r_i^2) - [E(r_i)]^2 = \sum_{s=1}^n (r_{is})^2 \pi_s - \left(\sum_{s=1}^n r_{is}\pi_s\right)^2 \quad (3\text{-}15)$$

式中，σ_i^2 为第 i 种资产的预期收益率的方差；$E(r_i)$ 为第 i 种资产的预期收益率；π_s 为状态 s 发生的概率；r_{is} 表示出现 s 状态时资产 i 取得的收益率，$s=1, 2, \cdots, n$。

随机变量的标准差，也称为均方差，是方差的算术平方根，用 σ 表示。计算随机变量标准差需要两种信息：第一，为随机变量的各种取值；第二，为各个随机变量取值的概率。在计算投资风险时，首先预测出未来实现收益率的可能数值，以及各种可能实现收益率出现的概率。

如果投资者认为未来的收益与过去的收益相似，那么也可以从统计学的角度解释标准差，从而告诉投资者收益的可能范围。预期收益的方差或标准差越大，则其分布的范围也就越大，投资的风险也越高。如果收益率分布是连续的而且近似标准正态分布的，那么可以期望，实际收益率偏离的范围为标准差的 1%，即 $(r \pm 1\sigma)$ 的概率为68%，而实际收益率偏离标准差2%之内，即 $(r \pm 2\sigma)$ 的概率为95%。

【例题3-6】 单项资产投资收益的预期收益率和标准差

某股票未来的收益率分布情况如表3-3所示。

表 3-3 某股票未来的收益率分布情况

可能的经济状态	发生的概率	对应的收益率/%
A	0.20	−18%
B	0.25	16%
C	0.30	12%
D	0.25	40%

解 根据式（3-14）得该股票的预期收益率是 14%，根据式（3-15）得该股票的预期收益率的方差为 0.037 6，标准差为 19.39%。

第三节 资产组合的投资收益与风险

现实生活中，投资者通常把资金分散到多种股票、债券和无风险资产上，同时持有若干项资产构成一个投资组合，即以构建证券组合的方式来投资。

拓展阅读 3-2：传音手机出海记——你不知道的非洲之王

假设你的组合仅含有一只股票——传音控股，那么你的风险来自哪里呢？你可能会想到两种不确定性。第一种不确定性来自经济状况，如商业周期、通货膨胀、利率、汇率等，这些因素都无法准确地预测，并且都影响着传音控股股票的收益率。除了这些宏观的因素，第二种不确定性来自公司的影响，如开辟新市场、研发有重大突破或者重大人员变动，这些因素会影响传音控股，但基本不会影响经济体中的其他企业。

现在考虑一个简单的分散化策略，你在组合中加入更多的证券。例如，将你资金的一半投入中国石化，一半投入传音控股。这时组合的风险会怎样呢？因为传音控股公司层面的因素对两个公司的影响不同，分散化便会降低组合风险。例如，当石油价格下降时，冲击了中国石化的价格，但是手机的价格可能在上涨，有利于传音控股公司。这两股力量相互弥补并稳定了组合的收益。

分散化何必止于两家公司呢？如果我们加入更多的证券，我们便会进一步分散掉公司因素导致的不确定性，组合的波动也会继续下降。直到最终增加证券数量也无法再降低风险，因为实际上所有股票都受商业周期等宏观因素的影响，不管我们持有多少种证券都无法避免这些宏观因素的风险敞口。

当所有风险都是公司层面上的，如同图 3-1（a），分散化可以将风险降到低水平。这是因为风险来源是相互独立的，那么组合对任何种风险的敞口降低到了可以忽视的水平。

然而，当普遍性的风险影响所有公司时，即使分散化也无法消除风险。在图 3-1

(b)中，组合的标准差随着证券数量的增多而下降，但无法下降到零。这个无法消除的风险叫作市场风险（market risk）、系统性风险（systematic risk）或不可分散风险（nondiversifiable risk）。相反，可以消除的风险叫作独特风险（unique risk）、公司特有风险（firm specific risk）、非系统性风险（unsystematic risk）或可分散风险（diversifiable risk）。

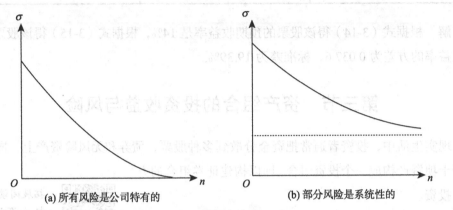

图 3-1 资产组合的风险

下面介绍资产组合的收益率和风险的度量问题。

一、资产组合收益的度量

资产组合的历史平均收益率是以投资组合中单个资产的收益率进行加权平均来衡量，当然也可以用资产组合初始价值的总变动来衡量。

资产组合的历史收益率为单项资产历史收益率的加权平均数，其计算公式为

$$r_{pt} = \sum_{i=1}^{n} w_{it} \times r_{it} \quad (3\text{-}16)$$

资产组合的预期收益率为单项资产预期收益率的加权平均数，其计算公式为

$$E(r_p) = \sum_{i=1}^{n} w_i \times E(r_i) \quad (3\text{-}17)$$

式中，w_{it}、w_i 分别为第 i 种资产在组合中所占的权重，等于第 i 种资产的市场价值除以整个组合的市场价值；r_i、$E(r_i)$ 分别为第 i 种资产的历史收益率和预期收益率；r_{pt}、$E(r_p)$ 分别为资产组合的历史收益率和预期收益率。

【例题 3-7】 资产组合的历史收益率

投资者分别投资于两只股票，两只股票的买入价格分别为 15 元、27 元，卖出价格分别为 16.5 元和 26.7 元，两种股票各购买 100 股，计算投资者在此期间的投资收益率。

解 首先，分别计算两只构成股票的投资收益率：

$$r_1 = \frac{P_{1,1} - P_{1,0}}{P_{1,0}} = \frac{16.5 - 15}{15} = 10\%$$

$$r_2 = \frac{P_{2,1} - P_{2,0}}{P_{2,0}} = \frac{26.7 - 27}{27} = -1.11\%$$

其次，分别计算两只构成股票的权重：

$$w_1 = \frac{P_{1,0}}{P_{1,0} + P_{2,0}} = \frac{15}{15 + 27} = 35.71\%, \quad w_2 = 1 - w_1 = 64.29\%$$

最后，计算该资产组合收益率：

$$r_p = w_1 r_1 + w_2 r_2 = 35.71\% \times 10\% + 64.29\% \times (-1.11\%) = 2.86\%$$

一般情况下，投资组合中资产的权重在0和1之间。当存在买空卖空（融资融券）条件时，某项资产的权重也可以超出0至1的范围，即取大于1或者小于0的数。如投资者资金不足，可以借钱买股票（融资）。如果投资者拥有现金50万元，借入50万元，将100万元购买股票。借钱的利率为8%，通过购买股票的收益率为15%。在这种情况下，投资者总投资为50万元，购买股票100万元，构成了一个投资组合，资产组合中的两项资产分别为股票和现金。按照权重的计算方法，股票投资的权重为200%，现金的权重为-100%（将来要还钱）。投资者资产组合中构成资产的总权重仍然为1。投资组合的收益率可以计算为

$$r_p = w_1 r_1 + w_2 r_2 = 200\% \times 15\% + (-100\%) \times 8\% = 22\%$$

二、资产组合风险的度量

对于由多个证券构成的资产组合，我们在考虑其风险时不能简单地将单项资产的风险以投资比重为权重进行加权平均，因为两种证券之间会出现风险相互抵消的可能性。这就需要引进协方差和相关系数的概念。

拓展阅读3-3：认识风险

（一）协方差和相关系数

协方差是表示两个随机变量之间关系的变量，它是用来确定资产组合收益率方差的一个关键性指标。相关系数可以看成一种标准化的协方差。以A、B两种证券资产为例，则其对应的协方差和相关系数分别为

$$\text{cov}(r_A, r_B) = \sum_{s=1}^{m} \pi_s [r_{As} - E(r_A)][r_{Bs} - E(r_B)] \tag{3-18}$$

$$\rho_{AB} = \frac{\text{cov}(r_A, r_B)}{\sigma_A \sigma_B} \quad (3\text{-}19)$$

式中，r_A、r_B 分别为证券 A、证券 B 的收益率；$E(r_A)$、$E(r_B)$ 为代表证券 A、证券 B 的预期收益率；σ_A、σ_B 分别为证券 A、证券 B 的收益率的标准差；r_{As}、r_{Bs} 分别为证券 A、证券 B 在状态 s 下的收益率；π_s 为状态 s 发生的概率，未来有 m 种状态；$\text{cov}(r_A, r_B)$、ρ_{AB} 分别为证券 A、证券 B 收益率的协方差和相关系数。

（二）资产组合的方差和标准差的计算

资产组合的方差用于度量资产组合的风险，其公式为

$$\begin{aligned}\text{Var}(r_p) = \sigma_p^2 &= \sum_{i=1}^{n}\sum_{j=1}^{n} w_i w_j \text{cov}(r_i, r_j) \\ &= \sum_{i=1}^{n} w_i^2 \sigma_i^2 + 2\sum_{1 \leq i < j \leq n} w_i w_j \text{cov}(r_i, r_j)\end{aligned} \quad (3\text{-}20)$$

式中，w_i、w_j 分别为第 i 种资产和第 j 种资产在资产组合中所占的比重；$\text{cov}(r_i, r_j)$ 为第 i 种资产和第 j 种资产收益率的协方差。

特别需要注意的是，尽管资产组合历史的风险与预期的风险计算的基本公式是相同的，但是它们各自的协方差和方差的计算却不相同。在第二节中我们已经介绍了针对历史的和预期的方差的计算公式，下面我们重点比较协方差的差异。预期的协方差采用式（3-18）进行计算，而历史的协方差计算公式为

$$\text{cov}(r_i, r_j) = \frac{1}{k-1} \sum_{t=1}^{k} (r_{it} - \overline{r}_i)(r_{jt} - \overline{r}_j) \quad (3\text{-}21)$$

说明：

（1）协方差的特点：当 $\text{cov}(r_i, r_j) > 0$ 时，表明两种证券收益率变动方向相同；当 $\text{cov}(r_i, r_j) < 0$ 时，表明两种证券收益率变动方向相反；当 $\text{cov}(r_i, r_j) = 0$ 时，表明两种证券收益率变动不相关。基本的规律是：一般来说，两种证券的不确定性越大，其标准差和协方差也越大；反之亦然。

（2）相关系数，是对协方差的重新标度，以便于同另一对随机变量的相对值进行比较。协方差和相关系数都是反映两个随机变量相关程度的指标，但反映的角度不同；协方差是度量两个变量相互关系的绝对值；相关系数是度量两个变量相互关系的相对数。也就是说两种资产收益的协方差和相关系数均反映了它们收益率变动方向的相关程度，相关系数取值在 $-1 \sim +1$。相关系数为正，表示它们的收益率有同向变动趋势；相关系数为负，表示它们的收益率呈反向变动趋势；相关系数等于 -1，代表两种资产

的收益率完全负相关；相关系数等于+1，代表两种资产的收益率完全正相关；相关系数为 0，代表两种资产的收益率完全不相关。具体如图 3-2 所示。

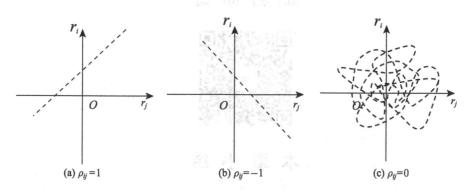

图 3-2 两种资产收益率的相关系数

【例题 3-8】 资产组合的风险

假设某个投资组合 P 由股票 A 和股票 B 构成，它们的预期收益率、方差和标准差以及组合中所占权重的相关数据如表 3-4 所示，两只股票的相关系数为 0.5，求该投资组合的预期收益率和标准差。

表 3-4 股票 A 和股票 B 的投资组合的相关数据

项目	预期收益率/%	方差	标准差	权重/%
股票 A	15	0.05	0.224	70
股票 B	20	0.06	0.245	30

解 根据资产组合的预期收益率公式（3-17），该组合 P 的预期收益率为

$$E(r_p) = 70\% \times 15\% + 30\% \times 20\% = 16.5\%$$

根据资产组合的方差公式（3-20），该组合 P 的方差为

$$\sigma_p^2 = 0.7^2 \times 0.05 + 0.3^3 \times 0.06 + 2 \times 0.7 \times 0.3 \times 0.5 \times 0.224 \times 0.245 = 0.041\,424\,8$$

因此，该资产组合 P 的标准差为 20.35%。

在决定资产组合的方差时，随着资产组合中证券数目的增加，协方差的作用越来越大，而方差的作用越来越小。这一点可以通过考察方差—协方差矩阵得知，在一个由两种资产组成的组合中，有两个加权方差和两个加权协方差。但对一个大的组合而言，总方差主要取决于任意两种资产收益率间的协方差。若一个资产组合进一步扩大到包括所有的证券，则协方差就几乎成了资产组合标准差的决定性因素。

即测即练

本章小结

本章主要介绍在投资过程中，利率和收益率的相关知识，以及如何对单项资产和资产组合的收益与风险进行度量。

利率主要包括利率的影响因素、名义利率和实际利率的关系等内容；收益率主要包括收益率的计算、不同持有期的收益率以及彼此之间的转换关系等内容。

收益和风险部分主要包括：投资收益和投资风险的相关概念以及度量方法，单项资产收益和风险的度量，资产组合收益和风险的度量。

单项资产收益和风险的度量包括历史与预期两类。股票（债券）的历史收益率等于投资期内股票（债券）价格的变化与股息（债券利息）之和，除以期初股票（债券）的价格。利用算术平均数或者几何平均数的公式可以计算单项资产历史的平均收益率。预期收益率等于对未来投资收益率的期望值。资产的风险通常用投资收益率的波动性表示，标准差或方差是衡量收益率波动性的常用统计指标。在计算单项资产的预期收益和风险时，必须考虑未来投资收益率的概率分布。

资产组合的收益率等于组合中各种资产收益率的加权平均数。资产组合的风险也用标准差或方差表示。方差等于组合中各项资产的方差和资产之间协方差的加权平均，其中，不同资产收益率之间的协方差是一个非常重要的变量。单项资产及组合的风险可以分成系统性风险与非系统性风险。系统性风险是不可分散的风险，而非系统性风险是可以通过构建投资组合进行分散的风险。

综合训练

1. 假设通货膨胀率从 3%涨到 5%，是否意味着实际利率下降呢？
2. 假如有如下两种投资方式，可以将 50 000 元投资于利率为 5%的传统一年期银行存单，也可以投资于一年期与通货膨胀率挂钩的大额存单，年收益率为 1.5%加上通货膨胀率。请问：

（1）哪种投资更安全？

（2）哪一种投资期望收益率更高？

（3）如果投资者预期来年通货膨胀率为 3%，哪一种投资更好？

（4）如果观察到无风险名义利率为 5%，实际利率为 1.5%，能推测出市场预期通货膨胀率是 3.5% 吗？

3. 投资者进行投资，一年后，股票 A 的投资收益率为 12%，股票 B 的投资收益率为 23%，是否据此可以判断股票 B 相对于股票 A 是更好的投资标的？请说明理由。

4. 简述资产历史和预期收益率、风险、协方差的区别。

5. 关于组合的方差，如下说法：资产组合的方差是组合中单项资产方差和各项资产之间协方差的加权平均，对吗？请说明理由。

6. 某证券投资基金 2020 年上半年的月度收益率表现如表 3-5 所示。

表 3-5　某证券投资基金 2020 年上半年的月度收益率

月份	1月	2月	3月	4月	5月	6月
收益率/%	3.50	2.25	−2.10	2.50	4.45	−0.05

（1）计算该基金前半年的算术平均月收益率。

（2）计算该基金前半年的几何平均月收益率。

（3）计算该基金前半年收益率的标准差。

7. 某股票一年前的价格为 25 元/股，当年获得股息为每股 0.8 元，现在的市价为 40 元。请计算该股票在本年度获得的股利收益率、资本利得收益率和投资收益率。

8. 股票 X 和股票 Y 的情境分析如表 3-6 所示。

表 3-6　股票 X 和股票 Y 的情境分析

市场状态	熊市	正常	牛市
发生概率	0.2	0.5	0.3
股票 X	−20%	18%	50%
股票 Y	−15%	20%	10%

请问：

（1）股票 X 和股票 Y 的预期收益率分别是多少？

（2）股票 X 和股票 Y 的收益率标准差分别是多少？

（3）股票 X 和股票 Y 的收益率协方差是多少？

（4）假设投资 9 000 元于股票 X，1 000 元于股票 Y，则该资产组合的预期收益率和收益率标准差分别是多少?

9. 某企业投资于 A、B 两项资产,其中投资于 A 资产的预期收益率为 8%,计划投资额为 500 万元;投资于 B 资产的预期收益率为 10%,计划投资额为 1 500 万元。请计算该投资组合的预期收益率。

10. 张先生构建投资组合中包含两只股票 A 和股票 B。股票 A 的预期收益率为 13.6%,标准差为 20%;股票 B 的预期收益率为 24.8%,标准差为 25%。如果两只股票相关系数分别为 0.3 和 −0.3,请分别计算该投资组合的方差,并进行比较。

11. 若一投资组合包含 A、B 两种股票,股票 A 的预期收益率为 14%,标准差为 10%,股票 B 的预期收益率为 18%,标准差为 16%,两只股票的相关系数为 0.4;投资股票 A、B 的权重分别为 30% 和 70%,请计算该投资组合的预期收益率和标准差分别是多少。

12. 已知某种证券收益率的标准差为 0.2,当前的市场组合收益率的标准差为 0.4,两者之间的相关系数为 0.5,请计算两者之间的协方差。

13. 小王持有的一个投资组合中包含两只证券 A 和 B,它们的预期收益、标准差和在组合当中的权重如表 3-7 所示。请问这两只证券的相关系数分别为多少时,可使小王构建的投资组合存在最大和最小的风险?假设 A 和 B 的相关系数为 0.6,小王要如何在两只证券之间进行资金配置以达到最低的风险?

表 3-7 证券 A 和 B 的预期收益、标准差和权重

证券	权重	预期收益率	标准差
A	0.35	10%	20%
B	0.65	15%	25%

第四章

资产组合理论

【本章学习目标】

通过本章的学习,学员应能够:

1. 了解风险与收益之间的正向关系、投资者的风险态度和效用函数以及不同的风险态度所对应的效用函数;
2. 掌握不同风险态度投资者无差异曲线的区别;
3. 熟悉资本配置线、有效组合和有效边界的概念并能够理解在投资组合图中明确的位置和含义;
4. 掌握如何利用资本配置线进行一种风险资产和无风险资产组合的配置;
5. 掌握分散原理、马科维茨的投资组合理论,能利用有效边界选择构建最优投资组合。

引导案例:不要把鸡蛋放在同一个篮子里,真的是智举吗

在经济迅速发展的时代,人人都懂得一些理财的知识。在理财的时候,我们常常要考虑的一个重要问题是,要如何分配我们的财产,也就是投资比例该如何分配,以及如何平衡风险与收益。这个时候大家就会想起耳熟能详的一句话"不要把鸡蛋放在同一个篮子里"。这句话仿佛成了投资理财的金句,它的意思是投资时要学会建立广泛分散的投资组合,从而达到分散风险的目的。通俗来说,就是我们不要把所有的钱都放在同一个投资项目,因为这样所要承担的风险会比较大。

这句话有它所存在的道理,但仁者见仁、智者见智,凡事都没有一个绝对的说法,我们要想做到更加合理的资产配置,还是要具体问题具体分析。"股神"巴菲特和卡耐基对这句话持有不同的看法。作为普通人的我们,也要有自己的想法,接下来我们大家不妨一起分析这句带有强烈争执与异议色彩的话。

我们的投资策略要做到的目标,就是在风险到来的时候,尽可能保管好更多的鸡蛋,在获利的机会到来的时候,尽可能使鸡蛋变多,这里的鸡蛋就是我们的财产。这个理论经常用于投资,但具体选择哪个方案,还是要看实际情况。我们假设有几种情

况，看看不同情况的优劣。

第一种情况是把所有的时间和精力放在同一个篮子里，相对而言，因为你对这个篮子格外关注，所以这个篮子里的鸡蛋发生问题的可能性会很低，但概率低不代表没有发生的可能。一旦出了问题，那么所有的鸡蛋都要遭殃。

第二种情况是把时间和精力分散到多个篮子，可以尽可能地看好每一个篮子，尽量不让它们发生意外。但人的精力是有限的，假设要让我们同时看好多个篮子，让每一个都不发生意外，难度就大很多了。因为在精力分散的情况下，每个篮子得到的照顾会比第一种情况少很多，自然每个篮子出问题的概率会比第一种情况大，但因为我们有很多的篮子，最后实际上出问题的只是其中的一部分，其他篮子里的鸡蛋还是可以保存完好的。所以，也正是这个道理，也有人说"投资组合是大资金理财的首选"。

总之，无论是一个篮子，还是多个篮子，我们还需要从风险的角度出发，因为不同的风险带来的破坏力大小也是不同的。风险可分为系统性风险和非系统性风险。在非系统性风险下，分散风险的多个篮子策略是有效规避风险的方案，可以保住大部分的鸡蛋。然而，发生系统性风险时，全部的篮子都会面临岌岌可危的状况，即使分散了风险，还是有可能存在全部篮子都被打翻的状况，导致血本无归。

除了要区分风险的系统性和非系统性，还需要看这些篮子之间是否具有独立性，如果是有联系的几个篮子，在面对风险时就会一同遭殃。如果这些篮子的性质是互补的，就有点像投资市场里的期货，可以做到在现货市场亏损，同时在期货市场获利，盈亏互补，以此来规避风险。

假设你在投资领域的专业基础知识牢固、投资的眼光也非常好，你有胆量、有自信、有资本，如果你选择全部投入一个项目，那么你的投资获利将是一笔很可观的大数目，但你亏损时的惨痛程度也是不言而喻的。如果你的投资策略就是分散投资，则赚的可能性和亏的可能性都占有一定的概率，综合一下，你不会赚很多，当然也不会亏很多。

总而言之：第一种情况风险大、获利多；第二种情况风险小、获利小，还是回归了投资的铁律"风险与回报是成正比的"。所以，在投资理财的时候清楚明白自己的风险投资偏好以及风险承受能力是非常关键的。"不要把鸡蛋放在同一个篮子里"这句话虽然经常被引用，但并不是绝对正确的。在投资时，我们需要从多个客观角度看问题，做到具体问题具体分析。

拓展阅读 4-1：资产组合选择理论创始人托宾

投资组合理论有狭义和广义之分。狭义的投资组合理论指的是马科维茨投资组合理论；而广义的投资组合理论除了经典的投资组合理论以及该理论的各种替代投资组合理论外，还包括由资本资产定价模型和证券市场有效理论构成的资本市场理论。本书主要从狭义的角度，重点介绍马科维茨的证券投资组合理论。在 20 世纪 80 年代初，大多数人都不知道"资产组合选择"为何物。在庆贺获得诺贝尔经济学奖的耶鲁大学记者招待会上，托宾用最平易的语言来解释其理论：资产组合选择理论的精髓是分散投资风险，"就像是不要把你所有的鸡蛋放在同一个篮子里"。

第一节　风险态度与效用

经济学里，"合乎理性的人"的假设通常简称为"理性人"或者"经济人"。西方经济学家指出，"理性人"是对在经济社会中从事经济活动的所有人的基本特征的一个一般性的抽象。这个被抽象出来的基本特征就是：每一个从事经济活动的人都是利己的。也可以说，每一个从事经济活动的人所采取的经济行为都是力图以自己的最小经济代价去获得自己的最大经济利益。

理性经济人假设是西方经济学家在做经济分析时，对关于人类经济行为的一个基本假定，意思是作为经济决策的主体都是充满理性的，即所追求的目标都是使自己的利益最大化。具体说就是消费者追求效用最大化、厂商追求利润最大化、要素所有者追求收入最大化、政府追求目标决策最优化。因此，从经济学的角度上来讲，千差万别的活生生的人都是理性经济人：不懈地追求满足自身最大利益的理性的人。它包含两层意思：人是自利的，同时人又是理性的。其实这就意味着，每个人做事情都是为了有利于自己，并且每个人都知道做什么事情和怎样做事情才能有利于自己。不过值得一提的是，这里的"理性"指的是有限理性。因为人不是全知全能的，人的行为在现实中会受到各种因素的制约，如占有信息的多少、聪明和理智的程度，以及外部条件的复杂多变使人难以驾驭等。投资环境收益与风险并存，这就意味着我们理性的人在做投资决策时，可以采用期望—方差法去选择具体的投资方式。即首先选择收益率期望值最大的，在期望值相等的情况下，选择方差最小的；或者选择方差（标准差）最小的，在方差（标准差）相等的情况下，选择收益率期望值最大的。

一、收益与风险之间的关系

投资者在进行投资决策时，是为了获取相应的报酬，但同时也需承担一定的风险。其中，"一定的风险"是说风险水平足够影响投资决策。一个投资者也许会因为一项投资产品的潜在收益并不足以弥补它的风险而放弃投资；"相应的报酬"则是指投资有正的风险溢价，即期望收益率高于无风险收益率。

投资的风险源于投资结果的不确定性。一般而言，一项投资会产生多个结果，不同的结果带来的收益不同。当对某一证券或者投资组合从收益和风险两个方面进行评价的时候，投资者当然是希望获得的收益越高越好，承担的风险越低越好。但是，有价证券或者说是能带来收益的各种资产的收益和风险往往表现为同向变动关系。例如国债通常被认为是无风险资产，那么它所得到的收益率也就是无风险收益率；而股票能带来很高的收益，但是它承担的风险比国债要大；风险资本的投资预期收益更高，其风险也非常大。从各种资产收益和风险的特征来看，两者之间存在着正相关关系，即要获得高的收益必须承担较高的风险，这种关系也可以看作对承担较高风险进行的较高收益补偿。收益和风险的这种正相关关系也体现在不同的证券之间，具体如图 4-1 所示。

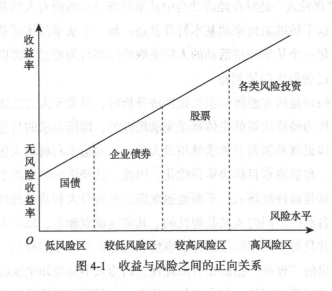

图 4-1 收益与风险之间的正向关系

二、投资者的风险态度

对于收益与风险之间的正向关系，投资者有所认识并持有各种不同的态度，这就是通常所说的投资者的风险特征。根据投资者对投资风险不同的态度我们可以将投资者分为风险偏好（risk seeking）投资者、风险中性（risk neutral）投资者、风险厌恶（risk aversion）投资者三类。

案例分析 4-1：评估风险态度

风险偏好的投资者喜欢投资结果的不确定性，期望收益相同的投资决策中，他们会选择其中风险最大的决策。也就是说对于他们来讲，赚 1 元钱带来的满意程度的上升要大于亏损 1 元钱带来的满意度的下降。风险偏好的投资者把冒风险当成"乐趣"，他们为了享受冒险的乐趣而承担风险，其典型代表就是赌徒。

风险中性的投资者仅根据投资的预期收益这一个指标作出自己的投资决策，他们不关心投资的风险。或者说，对于风险中性的投资者来讲，赚 1 元钱带来的满意度的上升等于亏 1 元钱带来的满意度的下降。因此，风险中性的投资者只要根据预期收益率的高低来选择投资决策就可以了，不关心风险的高低情况。

风险厌恶的投资者则不喜欢投资结果的不确定性，他们更喜欢确定的收益，因此在预期收益相同的投资决策中，他们会选择其中风险最小的决策。对于风险厌恶的投资者来讲，赚 1 元钱带来的满意度的上升小于亏损 1 元钱带来的满意度的下降。风险厌恶的投资者会放弃公平赌局和更差的投资，转而更愿意考虑无风险资产和有正风险溢价的投资品。或者说，当风险厌恶的投资者选择风险资产时，一定会"扣除"风险资产一定的收益率，以弥补其承担的风险。风险越大，"扣除"部分就越大。

拓展阅读 4-2：什么是"黑天鹅"和"灰犀牛"

我们通常假定风险厌恶为根本原则。因为，大部分投资者愿意对规避风险的状态进行支付。例如，我们支付保险费，就是要把拥有房产、开车、意外伤害等风险部分或者全部转移给保险公司。换句话说，除非人们得到适当的风险补偿，大部分人不会心甘情愿地接受风险。风险厌恶型的投资者仅在存有收益时才会愿意承担风险。大致地说，风险厌恶型投资者为补偿所冒风险，按某一百分比降低资产组合的预期收益率。投资者觉得风险越大，降低的幅度就越大。

三、投资者的效用函数

效用被用来度量一个人从某物中得到的精神满足的相对大小，是此人偏好的主观指标。投资决策取决于投资收益率和风险大小，两个维度指标给投资者带来的综合感受即为投资效用。针对投资所获得的收益和承担的风险，每个投资者根据其风险偏好，拥有一个效用计算方法。在投资组合理论中，假定每一投资者可以根据资产组合预期收益与风险的情况，得出不同投资资产组合的福利与效用数值。根据效用数值可以对资产组合进行排序，风险—收益组合越吸引人，资产组合的效用值也就越高。风险相同，预期收益越高，组合的效用数值就越大；预期收益相同，收益的波动性越小的资产组合，其效用值也越大。这意味着投资者决策的依据不是使预期收益率最大化，而且使期望的效用最大化。

投资者效用函数是投资者偏好的反映，如图 4-2 所示。当投资者面临同样的预期收益率 $E(r)$ 时，有两种资产可供选择：高风险资产 H 和低风险资产 L。为简化分析，我们假设每种资产的实现投资收益率只有高和低两种结果，且每种结果实现的概率均为 50%。高风险资产实现的收益率分别记为 r_{HH}，r_{HL}；低风险资产实现的收益率分别记为 r_{LH}，r_{LL}。由于高风险资产的收益率波动较大，因此高低收益率之间的差距也较大,即 $r_{HH} - r_{HL} > r_{LH} - r_{LL}$。

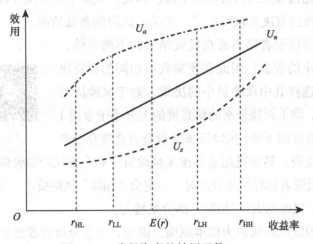

图 4-2 三类投资者的效用函数

图 4-2 中有三条效用函数曲线,U_a 代表风险厌恶投资者的效用函数,U_s 代表风险偏好投资者的效用函数,U_n 代表风险中性投资者的效用函数。对于每一种类型的投资者,每一个实现的收益率对应一个效用值。

首先考虑风险厌恶型投资者。投资于高风险资产的期望效用为

$$E(U_a) = 50\% \times U_a(r_{HL}) + 50\% \times U_a(r_{HH})$$

投资于低风险资产的期望效用为

$$E(U_a) = 50\% \times U_a(r_{LL}) + 50\% \times U_a(r_{LH})$$

通过图 4-2 中的 U_a 效用函数,比较上述两个期望效用,显然后者大于前者。当预期收益率相同时,投资者选择期望效用高的投资机会,因此选择低风险资产。在这种情况下,如果投资者选择了高风险资产,会受到效用损失。在资本市场中,如果投资者都选择低风险资产,高风险资产会受到抛弃。在现实市场中,低风险资产和高风险资产并存。要达到低风险资产和高风险资产的平衡,需要使投资者对于低风险资产和高风险资产感受无差异,此时就要对高风险资产投资给予补偿,资本市场上的补偿方式就是高收益。因此,资本市场中存在高风险高收益的规律。

风险偏好型投资者情况正好相反,当期望收益率相同时,投资者选择高风险资产。而风险中性投资者面临的则是一条直线的效用函数,不论风险多高,期望效用都相同,风险不改变投资结果,也就是投资者对于高风险资产和低风险资产的感受无差异。

实际上,即使针对风险厌恶型投资者,风险规避的程度也有差别,也可以画出无数条效用函数线,只是所有这些效用函数都表现出下凹形状。同理,风险偏好投资者

的效用函数也有无数条，全部表现为下凸。风险中性投资者的效用函数只有一条直线，没有曲率差别。

尽管效用理论的概念十分清晰，可在实际运用中却是十分困难，这是因为建立风险与回报间相互替换的近似关系极为困难。但在金融界有一个广泛应用的测度投资者效用的函数，如果资产或者资产组合的预期收益率是 $E(r)$，收益率方差为 σ^2，则风险厌恶者的效用值为

$$U = E(r) - 0.005A\sigma^2 \tag{4-1}$$

式中，A 为投资者的风险厌恶指数，且在计算时预期收益率和标准差均使用百分率数字，即不代入百分号（%）。

这种方法可以简单解释为假定风险厌恶的投资者要通过一个确定的比率来"惩罚"一个具有风险的资产的预期收益率，其"惩罚"的幅度与投资者对风险的厌恶程度（风险厌恶指数）成正比。对于风险厌恶指数很多公司采用问卷调查的方式来确定，一般认为这个指数介于 2 和 4 之间。

四、效用无差异曲线

投资者在承担更多风险后必然要求有更大的预期收益。因此，对投资者来说，预期收益率和风险是可以相互替换的。预期收益率和风险的各种可能的组合能够实现使投资者得到同样的满足和效用。对某一个特定的投资者而言，无差异曲线是根据他对期望收益率和风险的偏好态度，按照期望收益率对风险补偿的要求得到的一系列效用相同的（无差异）证券组合在均值-方差（或标准差）坐标系中所形成的曲线。一组无差异曲线只针对某个特定的投资者有效。在期望收益-标准差平面内，距离横轴越远的无差异曲线表示的效用水平越高。

无差异曲线的倾斜方向表示投资者所属的风险类型。从左下方向右上方倾斜的曲线表示随着风险的增加，收益补偿也增加，无差异曲线呈这种形态的投资者属于风险厌恶型[图 4-3（a）]。从左上方向右下方倾斜的曲线表示随着风险的增加，要求的收

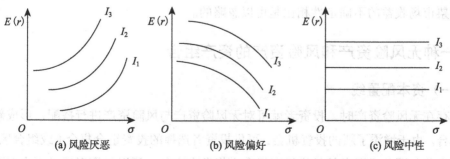

图 4-3　不同风险态度投资者的效用无差异曲线

益补偿越来越小，这是风险偏好的投资者[图 4-3（b）]。水平的无差异曲线表明风险的大小不影响效用水平的高低，因此属于风险中性的投资者[图 4-3（c）]。投资者沿一条无差异曲线走，既不提高他的满足，也不减少他的满足。具体如图 4-3 所示。

第二节　资本配置

资产组合管理人试图找到风险与收益之间的最优的权衡关系。资本配置决策是对整个资产组合中各项资产比例的选择，放在安全但收益低的货币市场证券的资产比例的选择与放在有风险但收益高的证券（如股票）的资产比例的选择。在这一部分，要考虑的是资产配置决策中最广泛的部分，即资产组合中风险资产与无风险资产之间的资本配置。

一、风险资产和无风险资产组合的资本配置

我们都知道，长期债券投资比定期国库券投资具有较高的风险，而普通股的投资风险更高，但是较高风险的投资有较高的期望收益。因此，控制资产组合风险最直接的方法是，部分资产投资于短期国库券和其他安全的货币市场证券，部分投资于有风险的资产上。这一资本配置决策是资产配置选择的一个例子。

记投资者的风险资产的资产组合为 P，无风险资产为 F。假设整个资产组合由两种证券投资基金构成，一种投资于股票，另一种投资于长期债券。现在，对给定的风险资产组合进行分析，并把分析的重点放在它与无风险证券之间的配置上。当我们把财富由风险资产组合转移到无风险资产上时，我们没有改变各种风险资产在风险资产组合中的比例，而只是降低了风险资产组合在整个资产组合中的相对权重，也就是说，我们更偏好于无风险资产了，从而降低了风险组合的整体比例。

一般情况下，我们认为，政府债券没有违约风险，可以作为无风险资产进行投资。它们的短期性造成其价格对利率的波动很敏感。实际上，投资者可以通过购买短期国库券并持有到期来锁定短期名义收益。再者，几周甚至几个月的通货膨胀率的不确定性与股票市场收益的不确定性相比是可以忽略的。

二、一种无风险资产和风险资产的资产组合

（一）资本配置线

当存在无风险资产时，投资者就可对无风险资产与风险资产进行搭配，形成新的投资组合。由于增添了新的投资机会，可供投资者选择的投资组合集合（或组合区域）发生了变化，因此投资者的最优投资组合也将发生变化，所以投资者通常不会对两种

资产采取要么全部持有、要么什么都不要的策略。下面我们首先考察无风险资产和风险资产进行组合时收益与风险的计量及特征。

现在，要考虑如何求出投资预算中投资于无风险资产 F 的投资比例 y，以及风险资产 P 的比例 $(1-y)$。记风险资产 P 的收益率为 r_P，期望收益率为 $E(r_P)$，标准差为 σ_P。无风险资产 F 的收益率为 r_f。由 y 份无风险资产和 $(1-y)$ 份风险资产组成的整个资产组合记为 C，其收益率为 r_C，因此有

$$r_C = y \times r_f + (1-y) \times r_P \tag{4-2}$$

则资产组合 C 的预期收益率为

$$E(r_C) = y \times r_f + (1-y) \times E(r_P) \tag{4-3}$$

资产组合 C 的收益率标准差为

$$\sigma_C = (1-y) \times \sigma_P \tag{4-4}$$

即由无风险资产和风险资产组成的投资组合 C 的标准差等于风险资产的标准差乘以其在资产组合 C 中的权重。

【例题 4-1】 资产组合 C 的收益与风险

如果一组风险资产 P 的预期收益率 $E(r_P) = 18\%$，标准差 $\sigma_P = 25\%$，无风险资产 F 的收益率为 $r_f = 5\%$。假设无风险资产 F 和风险资产 P 按比例 $y:(1-y)$ 构建资产组合 C。

（1）求风险资产 P 的风险溢价；
（2）求资产组合 C 的预期收益率、标准差与 y 的函数关系式；
（3）求资产组合 C 的预期收益率与标准差的函数关系式；
（4）当 $y = 0.5$ 时，求资产组合 C 的预期收益率与标准差；
（5）当 $y = -0.4$ 时，求资产组合 C 的预期收益率与标准差。

解 （1）风险资产 P 的风险溢价为 $E(r_P) - r_f = 18\% - 5\% = 13\%$

（2）资产组合 C 的预期收益率与 y 的函数关系式为

$$E(r_C) = y \times 5\% + (1-y) \times 18\% = 18\% - y \times 13\%$$

资产组合 C 的标准差与 y 的函数关系式为

$$\sigma_C = (1-y) \times \sigma_P = (1-y) \times 25\% = 25\% - y \times 25\%$$

（3）由上述关系式可得，资产组合 C 的预期收益率与标准差的函数关系式为

$$E(r_C) = 5\% + \frac{13\%}{25\%} \sigma_C$$

（4）当 $y = 0.5$ 时，资产组合 C 的预期收益率与标准差分别为

$$E(r_C) = y \times 5\% + (1-y) \times 18\% = 18\% - y \times 13\% = 11.5\%$$

$$\sigma_C = (1-y) \times \sigma_P = (1-y) \times 25\% = 25\% - y \times 25\% = 12.5\%$$

（5）当 $y = -0.4$ 时，资产组合 C 的预期收益率与标准差分别为

$$E(r_C) = y \times 5\% + (1-y) \times 18\% = 18\% - y \times 13\% = 23.2\%$$

$$\sigma_C = (1-y) \times \sigma_P = (1-y) \times 25\% = 25\% - y \times 25\% = 35\%$$

接下来，利用资本配置线（capital allocation line，CAL）来描述将一定量的资本在某一特定的风险资产组合 P 与无风险资产 F 之间进行分配，从而得到的所有可能的新组合的预期收益率与风险之间的关系。

由式（4-4）得

$$y = 1 - \frac{\sigma_C}{\sigma_P} \quad (4\text{-}5)$$

将式（4-5）代入式（4-3），可以推导出资本配置线的函数表达式，即

$$E(r_C) = r_f + \frac{E(r_P) - r_f}{\sigma_P} \sigma_C \quad (4\text{-}6)$$

如图 4-4 所示，对于由风险资产组合 P 与无风险资产 F 构成的新组合 C，其所对应的资本配置线是从无风险资产的对应点 A 出发，经过风险资产组合 P 对应点 M 的一条直线，其截距为 r_f，斜率为

$$k = \frac{E(r_P) - r_f}{\sigma_P} \quad (4\text{-}7)$$

它反映了单位风险所要求的预期回报率。

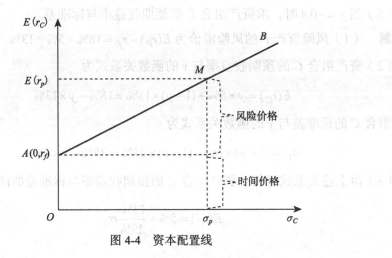

图 4-4　资本配置线

由式（4-6）可以看出，新组合 C 的预期收益率由两部分构成：一是无风险利率，它代表着对放弃流动性的补偿，可以认为是时间价格，且任何资产或组合的时间价格都是相同的；二是组合的收益标准差与单位风险预期回报的乘积，它是对风险的补偿，将因组合而异。

资本配置线，表示的是投资机会集合，即由不同值 y 产生的所有资产组合的可能预期收益率与标准差配对的集合，也就是投资者的所有可行风险收益组合。它的斜率等于选择的资产组合每增加一单位标准差上升的预期收益率，换言之，就是每单位额外风险的额外收益，所以该斜率也被称作报酬—波动性比率。

如图 4-4 所示，A 点和 M 点是投资的两个极端，即投资者或者将全部投资都投向无风险资产（F），或者将全部投资都投向风险资产（P），从 A 点开始沿线右移，线上离 A 点越远的点代表一个拥有更大比例风险资产的资产组合。因此，从资本配置线上可以直观地看到，随着风险资产在全部资产组合中所占比例的不断增长，全部资产组合的风险（标准差）越来越大，而整个组合的预期收益率也同比上升。

若允许投资者按利率 r_f 借入资金（相当于卖空无风险资产），投资者就可以构造出对风险资产 P 进行超额投资的方案。此时 $y<0$，投资者不仅将自有资金投资于风险资产组合 P，还将卖空无风险资产所获得的资金对 P 实行追加投资，这种投资组合的预期收益率将高于点 M 的预期收益率，当然风险也比 M 点高，在资本配置线上它位于 M 的右上方。

在实际中投资者很难以贷出资金的利率 r_f 借入资金，我们假定借贷利率相等只是为了讨论起来简便。若借入利率 r_f' 高于贷出利率，那么当投资者对 P 进行超额投资时，资本配置线 CAL 的斜率 $k=\dfrac{E(r_P)-r_f}{\sigma_P}$ 将变小，CAL 在 M 点以后变成一条较为平坦的折线，如图 4-5 所示。

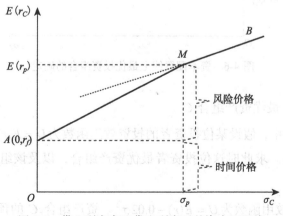

图 4-5 借入利率高于贷出利率时的资本配置线

（二）最优资本配置

通过 CAL 对由风险资产和无风险资产所构成组合的风险收益关系有了比较清晰的认识，但这并没有解决在前面提出来的问题：如何确定最优的投资于无风险资产的比例 y。由于市场上的投资者有不同的风险厌恶程度，所以他们在面临这个问题的时候会作出不同的选择。风险厌恶程度高的投资者可能会选择资本配置线比较靠左的位置，在那里的资产组合的预期收益率较低，面临的风险也较小；而风险厌恶程度较低的投资者可能会选择资本配置线比较靠右的位置，在那里的资产组合的预期收益率较高，面临的风险也较大。确定最优投资组合的标准就是确定一个 y 使投资者的效用函数最大。

由于假设投资者都是风险厌恶的，所以借用风险厌恶投资者的无差异曲线，即可寻找到最优投资组合。在图 4-6 中，根据无差异曲线与资本配置线的切点 E，我们就找到了最优资产组合点，从而确定了无风险资产和风险资产组合的比例。无差异曲线 I_3，I_2，I_1，满足 $I_3 > I_2 > I_1$。无差异曲线 I_3 的效用水平很高，但是在资本配置线 AB 上没有组合可以达到此效用。虽然无差异曲线 I_1 与资本配置线 AB 有交点，但是由于 $I_3 > I_2 > I_1$，所以切点 E 的投资效用是最高的，且有投资组合可以实现此效用。也就是说切点 E 就构成了此时的最优投资组合点。

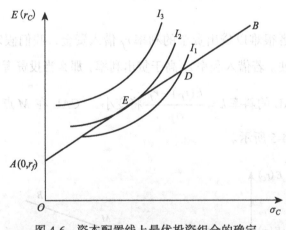

图 4-6 资本配置线上最优投资组合的确定

【例题 4-2】 最优资产组合 C

在【例题 4-1】中，假设某位投资者的投资效用函数为 $U = E(r) - 0.005A\sigma^2$，其中风险厌恶指数 $A = 4$。求此时这位投资者最优资产组合，以及该组合的预期收益率和标准差。

解 投资者的效用函数为 $U = E(r) - 0.02\sigma^2$。资产组合 C 的预期收益率与标准差

的函数关系式为

$$E(r_C) = y \times 5\% + (1-y) \times 18\% = 18\% - y \times 13\%$$
$$\sigma_C = (1-y) \times \sigma_P = (1-y) \times 25\% = 25\% - y \times 25\%$$

代入效用函数后得

$$U = E(r) - 0.02\sigma^2 = 18 - y \times 13 - 0.02(1-y)^2 \times (25)^2$$

在上式中关于 y 求导，并令导数等于 0，可求出 $1-y^* = 0.52$，$y^* = 0.48$。即最优资产组合中，无风险资产占 48%，风险资产组合占 52%。此时该组合的预期收益率和标准差分别为 11.76% 和 13%。

三、消极投资策略和资本市场线

消极投资策略（被动投资策略）就是投资者投资于最能体现市场整体收益、风险状况的一组证券，即投资者只满足于获得市场的平均收益的一种投资策略，也就是我们通常说的跟踪市场策略。我们不必花时间和精力去获取任何个股或一组股票的信息，消极投资策略由于其成本和信息方面的优势，受到很多投资者的欢迎，我们必须采用一个"中性的"分散化策略。

这里，定义 M 为一个市场组合，市场组合指由所有证券构成的组合，在这个组合中，投资于每一种证券的比例等于该证券的相对市值。一种证券的相对市值简单地等于这种证券的市值除以所有证券的市值总和。用短期国债和普通股股票指数（用它来代表市场组合 M）所构造的资产组合就是一个典型的消极投资策略，它的资本配置线我们就称作资本市场线（capital market line，CML），如图 4-7 所示。这条直线不过就是用市场组合 M 来代替了我们前面所提到的风险组合 P，其直线方程为

$$E(r_C) = r_f + \frac{E(r_M) - r_f}{\sigma_M} \sigma_C \tag{4-8}$$

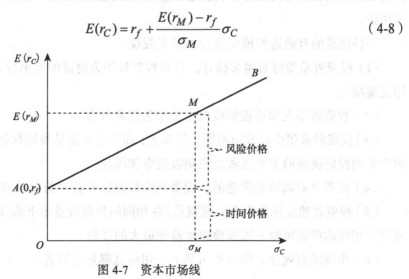

图 4-7 资本市场线

资本市场线代表了市场投资机会集合的一个消极投资策略，那么，为什么投资者寻求消极投资策略是合理的呢？一方面，可供选择的积极投资策略并非是免费的，信息的收集等要花费时间和成本，从而导致积极投资策略的形成都会比消极投资策略更昂贵。消极投资策略仅需要很少的佣金来购买短期国库券（如果直接向政府购买则不需要佣金）及支付向公众提供市场指数基金的基金公司的管理费用。另一方面是"无票乘车"型收益。如果市场中有许多这样的投资者，他们既活跃又有专业知识，能够迅速地使贬值资产的价格上升（通过买入行为），使超值资产的价格下降（通过出售行为）。必然得出这样的结论：在任何时候，绝大多数资产都是公平定价的。因此，一个充分分散化的普通股股票的资产组合将是公平合理的投资，并且消极策略的收益水平不可能比积极策略下投资收益的平均水平更低。

第三节 最优资产组合

人们进行投资，本质上是在不确定性的收益和风险之中进行选择。因此，在不确定性的世界中对风险资产的处理也许是最关键且棘手的问题。本节我们将重点讨论如何确定最优化风险资产比例的问题。

美国经济学家马科维茨于 1952 年首次提出投资组合理论（portfolio theory），并进行了系统、深入和卓有成效的研究，他因此获得了诺贝尔经济学奖。该理论包含两个重要内容：均值-方差分析方法和投资组合有效边界模型。投资组合理论用均值-方差来刻画投资过程中两个关键因素：收益与风险。所谓均值，是指投资组合的期望收益率，它是单只证券的期望收益率的加权平均，权重为相应的投资比例。所谓方差，是指投资组合的收益率的方差。我们把收益率的标准差称为波动率，它刻画了投资组合的风险。

马科维茨的有效边界模型进行了以下假设。

（1）投资者希望财富越多越好，且被投资效用为财富的增函数，但财富的边际效用是递减的。

（2）投资者事先知道投资收益率分布为正态分布。

（3）投资者希望投资效用的期望值最大，而该期望值是预期收益率和风险的函数，因此影响投资决策的主要因素是预期收益率和风险。

（4）投资者对风险是厌恶的，投资风险以预期收益率的方差或标准差来表示。

（5）投资者建立证券组合的原则是：在相同的预期收益率下选择风险最小的证券，或者在相同的投资风险下选择预期收益率最大的证券。

（6）市场的有效性，即对本市场上一切信息都是已知者。

人们在证券投资决策中应该怎样选择收益和风险的组合呢？这正是投资组合理论研究的中心问题。投资组合理论研究"理性投资者"如何选择优化投资组合。所谓理性投资者，是指这样的投资者：他们在给定期望风险水平下对期望收益进行最大化，或者在给定期望收益水平下对期望风险进行最小化。

一、两种风险资产的组合

两种资产的资产组合相对来说易于分析，它们体现的原则与思想可以活用于多种资产的资产组合。我们将考察一个包含两种证券产品的资产组合 P：一个是债券 B，一个是股票 S。假设投资于债券的份额是 w_B，投资于股票的份额是 w_S，则 $w_B + w_S = 1$。这一资产组合 P 的预期收益率 $E(r_P)$ 为

$$E(r_P) = w_B E(r_B) + w_S E(r_S) \tag{4-9}$$

两种资产构成的资产组合 P 的方差 σ_P^2 为

$$\sigma_P^2 = w_B^2 \sigma_B^2 + 2w_B w_S \operatorname{cov}(r_B, r_S) + w_S^2 \sigma_S^2 \tag{4-10}$$

式中，$E(r_B)$，$E(r_S)$ 分别为债券和股票的预期收益率；σ_B，σ_S 分别为债券和股票的收益率标准差；$\operatorname{cov}(r_B, r_S)$ 为债券和股票收益率的协方差。

再由相关系数计算协方差，即根据 $\operatorname{cov}(r_B, r_S) = \rho_{BS} \sigma_B \sigma_S$，有

$$\sigma_P^2 = w_B^2 \sigma_B^2 + 2w_B w_S \rho_{BS} \sigma_B \sigma_S + w_S^2 \sigma_S^2 \tag{4-11}$$

（一）分散化原理

分散原理旨在揭示和说明为什么通过建立证券组合可以分散与降低风险。在式（4-11）中分别取 $\rho_{BS} = -1, 0, 1$，可得

$$\rho_{BS} = -1 时，\sigma_P = \sqrt{(w_B \sigma_B - w_S \sigma_S)^2} = |w_B \sigma_B - w_S \sigma_S| \tag{4-12}$$

$$\rho_{BS} = 0 时，\sigma_P = \sqrt{w_B^2 \sigma_B^2 + w_S^2 \sigma_S^2} \tag{4-13}$$

$$\rho_{BS} = 1 时，\sigma_P = \sqrt{(w_B \sigma_B + w_S \sigma_S)^2} = w_B \sigma_B + w_S \sigma_S \tag{4-14}$$

由此可见，当相关系数从 –1 变化到 1 时，证券组合的风险会逐渐增大。当 $\rho_{BS} = 1$ 时，资产组合的风险 σ_P 最大，此时组合的风险等于组合中两种证券风险的加权平均；当 $\rho_{BS} = -1$ 时，资产组合的风险 σ_P 最小，并且在某种特殊条件下，通过调整资产的比例，σ_P 甚至可以降为 0。由于相关系数在 –1 和 1 之间取值可以推知资产组合的标准差一定小于或等于各项资产标准差的加权平均值，即

$$\sigma_P \leqslant w_B \sigma_B + w_S \sigma_S \tag{4-15}$$

因此，通过构建组合，可以使得组合的预期收益率等于各项资产预期收益率的加权平均，而组合的标准差却小于各项资产标准差的加权平均，这就是资产组合能够分散公司特有风险（非系统性风险）的根本原因。但是由于宏观经济会对所有资产的收益产生影响，导致绝大部分资产的收益都是正相关的，所以利用分散原理无法把组合的风险减少到零，即始终存在系统性风险。

（二）有效组合与有效边界

有效组合（efficient portfolio），是指符合以下两个条件之一的投资组合：其一是同等风险条件下收益最大，其二是同等收益条件下风险最小。在坐标系上将代表有效组合的预期收益率和标准差的点连接而成的轨迹称为有效边界（efficient frontier），也称有效集或者有效前沿。即有效组合是有效边界上的点所对应的证券组合。有效组合具有如下特征：在预期收益率水平相同的组合中，其方差（从而标准差）是最小的；在方差（从而给定了标准差）水平相同的组合中，其预期收益率是最高的。

图 4-8 显示了在不同的相关系数下，两项资产组合 P 的标准差及对应的预期收益率情况。如果用前述的两个特征——预期收益率和标准差（或方差）来描述一种证券，那么任意一种证券可用在以预期收益率和标准差（方差）为坐标的坐标系中的一点来表示。相应地，任何一个证券组合也可以由组合的期望收益率和标准差（方差）确定出坐标系中的一点，这一点将随着组合的权数而变化，其轨迹则是经过 A 和 B 的一条连续曲线。

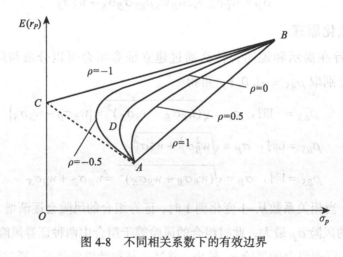

图 4-8　不同相关系数下的有效边界

由图 4-8 可以得出以下几个结论。

（1）随着两个资产之间的相关系数 ρ 从+1 向−1 的不断变化，由这两种证券所组成的资产组合的集合曲线在风险收益二维图中越来越向左边靠拢，意味着随着相关系数的不断减小，资产组合所起到的降低风险的作用越来越明显。

（2）由两种证券构成的资产组合，无论该两种证券之间的相关系数如何，其风险水平永远不会超过连接该两种资产的直线上的资产组合的风险，即不会超过 $\rho=1$ 时的组合风险。

（3）两种证券构成资产组合时，给定相关系数 ρ，可以求出其中风险最小的那一个组合。

关于有效边界，还可以通过图 4-8 看出如下内容。

（1）当 $\rho=-1$ 时，资产组合 P 的预期收益率和标准差所对应的点落在折线段 ACB 上。根据有效组合的概念，风险厌恶者并不会选择在 CA 线段上的组合。因为对于线段 CA 上的任何一个组合，总能在线段 CB 上找到一个风险水平相同而预期收益率较高的组合。因此，当相关系数 $\rho=-1$ 时，针对所有可能的证券组合，只有 CB 线段上的组合才是有效组合，即 CB 构成了此时的有效边界。

（2）当 $\rho=0$ 时，资产组合 P 的预期收益率和标准差所对应的点落在曲线 ADB 上。同理可知，当相关系数 $\rho=0$ 时，针对所有可能的证券组合，只有 DB 段上的组合才是有效组合，即 DB 曲线构成了此时的有效边界。

（3）当 $\rho=1$ 时，资产组合 P 的预期收益率和标准差所对应的点落在线段 AB 上。根据有效组合的定义，线段 AB 上的每一个点都代表着一个有效组合，故而线段 AB 就构成了相关系数等于 1 的有效边界。

（三）最佳投资组合的决定

现在结合有效边界和无差异曲线的概念，分析投资者对风险资产组合的最优选择。

在图 4-9 中，投资者的满意程度由 I_1、I_2、I_3 三条无差异曲线表示，其中曲线 I_3 的

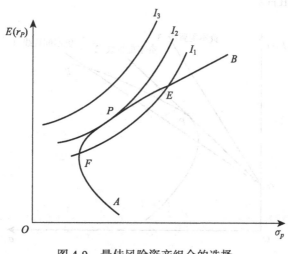

图 4-9　最佳风险资产组合的选择

满意程度高于曲线 I_2，曲线 I_2 又高于曲线 I_1。而在整个投资机会，只有有效边界所表示的资产组合符合投资者的偏好。有效边界以外的点所代表的资产组合都不符合投资者的投资偏好。因此，最佳投资组合必然位于有效边界之上，它应该是无差异曲线与有效边界的切点。如图 4-9 所示，在三条无差异曲线中，曲线 I_1 和 I_2 都与有效边界相接触。其中曲线 I_1 与有效边界有两个交点，分别是 E、F 两点。曲线 I_2 与有效边界只有唯一的一个交点——切点 P。这意味着虽然资本市场上存在着满足无差异曲线 I_1 和 I_2 这两种满意度的投资机会，但由于曲线 I_2 更偏向于左上方，它所代表的投资效用比曲线 I_1 更高。因此，切点 P 就是投资和能获得最大投资效用的最佳资产组合。曲线 I_3 由于与有效边界无接触点，说明现实的资本市场上不存在能达到此效用的投资机会。

二、两种风险资产和一种无风险资产的组合

假设我们处理的是股票、债券和无风险国债的情形，一旦投资者掌握了这些基本的原则，就可以很容易构造出由多种风险资产组成的资产组合。

（一）最优风险资产组合的确定

假设已经描绘出由股票和债券所组成的有效边界，并且可以投资收益率为 r_f 的无风险资产，那么加入无风险资产后的有效边界是什么呢？

如图 4-10 所示，弧线 AB 是股票和债券所组成的有效边界，三条可能的资本配置线由无风险收益率出发。资本配置线 1 与原来的有效边界相交于两点 A、B，资本配置线 2 与原来的有效边界相切于点 P。从图中可以看出，P 的斜率即报酬与波动性比率比 B 的大，可知 P 组合要优于 B 组合。因此，相切的资产组合 P 就是加入无风险资产后的最优风险资产组合。

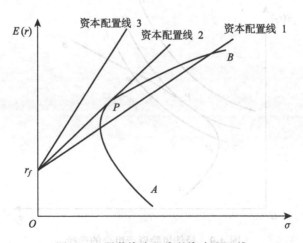

图 4-10 最优资产组合的资产配置线

接着看如何具体求解最优风险资产的配置，换言之，我们的目的是求出某个权重 w_B^* 和 w_S^* 以使资本配置线的斜率最大，目标函数就是斜率：

$$\max k_P = \frac{E(r_P) - r_f}{\sigma_P} \quad (4\text{-}16)$$

将式（4-9）和式（4-10）代入式（4-16）得

$$\max k_P = \frac{w_B E(r_B) + w_S E(r_S) - r_f}{\sqrt{w_B^2 \sigma_B^2 + 2 w_B w_S \operatorname{cov}(r_B, r_S) + w_S^2 \sigma_S^2}} \quad (4\text{-}17)$$

将 $w_S = 1 - w_B$ 代入式（4-17）后求导，并令导数等于 0。然后可求得最优比例 w_B^* 和 w_S^*。我们应注意到按这样的权重配置后的斜率（报酬波动比率）大于任何一个可能的其他组合的斜率。

（二）多种风险资产组合

现实中，投资者往往将资金在多种资产中进行分散投资，以达到特定的分散风险的目的，可以在多种风险资产和无风险资产中进行资产组合的构建。前文已经介绍了资产组合的收益率和方差：

$$E(r_p) = \sum_{i=1}^{n} w_i \times E(r_i)$$

$$\operatorname{Var}(r_p) = \sigma_p^2 = \sum_{i=1}^{n}\sum_{j=1}^{n} w_i w_j \operatorname{cov}(r_i, r_j) = \sum_{i=1}^{n} w_i^2 \sigma_i^2 + 2 \sum_{1 \leqslant i < j \leqslant n} w_i w_j \operatorname{cov}(r_i, r_j)$$

式中，$E(r_i)$ 为第 i 种资产的预期收益率；σ_i^2 为第 i 种资产的收益率的方差；w_i、w_j 分别为第 i 种资产和第 j 种资产在资产组合中所占的比重；$\operatorname{cov}(r_i, r_j)$ 为第 i 种资产和第 j 种资产收益率的协方差。

要在资产组合中找到最优资产配置，首先应确定投资者可能的风险—收益机会，可以用前文提到的风险资产的最小方差边界来表示。马科维茨提出的有效边界表示为在给定预期收益的条件下，可获得的资产组合的最低可能的方差的图形。

所有落在边界上的组合都是可能的最优风险—收益组合，即最优的资产组合。这是因为，对于所有位于最小方差边界内部的组合，总能找到一个与它有相同标准，但预期收益更高的组合。

（三）最优资产配置的总结

综合考虑组合含有三种资产（两种风险资产，一种无风险资产）的配置，并将其扩展到多种资产组合，引入马科维茨的有效边界。资产组合的资产选择过程可分为以下两个阶段。

第一阶段是对风险资产的选择。在这一阶段，投资者对每项风险资产的预期收益和风险状况（标准差或方差）以及各资产间的相关程度（相关系数）进行估计，在此基础上确定风险资产组合集合及其有效边界。随后，投资者从无风险收益点 r_f 向风险资产组合的有效边界引切线，切点 P 所代表的资产组合即投资者应当持有的风险资产组合。在这一阶段内，投资者只需要考虑每项资产的预期收益率、方差和资产之间的相关系数，即只考虑风险资产本身的特性，而无须考虑投资者自身的风险偏好。因此不管投资者之间的风险偏好差异有多大，只要他们对风险资产的特性的判断相同，他们将选择同样的风险资产组合。此时如果没有引入无风险资产，每个投资者都要通过寻找有效边界与自身无差异曲线的切点来确定最优风险资产组合（就像我们在图 4-9 中分析的一样）。这时风险厌恶程度较高的投资者的无差异曲线会在比较靠近左下方的位置与有效边界线相切，而风险厌恶程度较低的投资者的无差异曲线会在比较靠近右上方的位置与有效边界线相切。

第二阶段是最终资产组合的选择，投资者将选定的风险资产组合 P 与无风险资产相结合，构造出一个新的资产组合集合，即考虑风险资产和无风险资产后总的资产组合集合的有效边界。在这一有效边界上投资者根据自己的风险偏好安排所持有的无风险资产与风险资产的比例，选择适当的资产组合。

那些风险承受能力弱、偏爱低风险的投资者将在 r_f 和 P 点之间来选择（图 4-11），并且风险厌恶型投资者确定的资产组合将越靠近 r_f 点；冒险型投资者（风险爱好者）希望在切点 P 右边选择资产组合，但由于不能以无风险利率借入资金，市场中没有更高预期收益与更大标准差的资产可供选择，因此，他们只能选择在有效边界上的资产组合，譬如资产组合 P。

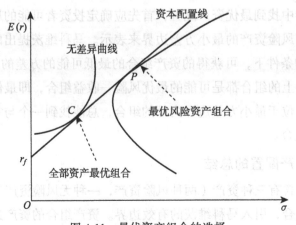

图 4-11　最优资产组合的选择

可以把这一资产组合配置的步骤进行如下总结。

（1）确定所有风险资产的预期收益率、风险（标准差），以及收益率的方差—协方差矩阵。

（2）通过最大化 $\dfrac{E(r_P)-r_f}{\sigma_P}$，确定最优风险资产组合 P，即求出 P 中各风险资产在组合中的权重。

拓展阅读4-3：降低风险：现代投资组合理论（MPT）

（3）计算 P 的预期收益率与标准差，写出有效边界的表达式。

（4）按投资者期望效用最大化确定最优投资组合 C（或通过求投资者无差异曲线与有效边界的切点确定出最优投资组合）。

这种分阶段的资产选择过程被称为"分离定理"。

即 测 即 练

本 章 小 结

本章主要介绍了资产组合理论。

在投资过程中，风险是影响投资决策的一个关键因素。本章首先分析了投资者对风险的态度，主要包括风险厌恶、风险中性和风险偏好。大部分投资者属于风险厌恶型投资者。在刻画投资者对风险和收益的综合权衡时，通常采用投资效用的无差异曲线。

其次介绍了风险和无风险资产组合的资本配置问题。通过资本配置线和无差异曲线可以找到一种无风险资产和风险资产之间的最佳组合问题。

最后在资产组合理论中，马科维茨提出了有效组合和有效边界的概念。资产组合的风险取决于三方面的因素：组合中各种资产的风险、组合中各种资产的投资比例以及组合中各种资产收益率之间的相关系数。马科维茨特别强调相关系数在建立组合降低风险方面的作用。如果选择相关系数为-1的资产建立组合，可以最大限度地降低组合的风险。由于实际中大多数资产收益率之间存在着部分正相关的关系，所以选择相关系数接近0的资产建立组合，就成为一种现实可取的投资技巧。通过"分散原理"，借助资本配置线、有效边界和无差异曲线可以解决最优资产组合问题。

综 合 训 练

1. 什么叫有效组合？
2. 什么叫有效边界？
3. 马科维茨均值—方差模型的基本假设是什么？
4. 什么是效用函数？它有哪些类型？
5. 什么是无差异曲线？它有哪些特点？
6. 在均值—标准差坐标系下，某个投资者的无差异曲线能否相交？为什么？
7. 最优投资组合是如何确定的？
8. 考虑在无风险资产和风险资产之间的资本配置。风险资产组合的预期收益率为 25%，标准差为 36%，无风险利率为 10%，假设可以按照无风险利率借款。要求：

（1）计算报酬—波动性比率是多少？

（2）在风险资产的配置比例等于 0.6 时，求组合的预期收益率和标准差。

（3）在风险资产的配置比例等于 -0.2 时，求组合的预期收益率和标准差。

（4）如果某投资者的效用函数是 $U = E(r) - 0.5A\sigma^2$，风险厌恶指数是 3，求最优风险资产头寸以及此时组合的预期收益率和标准差。

9. 假设最优风险组合的预期收益率为 11%，标准差为 20%，无风险利率为 4%。要求：

（1）计算最优资本配置线的斜率。

（2）画出资本配置线。

10. 一个投资者筛选出两种风险资产作为其投资目标。资产的具体情况如表 4-1 所示。

表 4-1　两种资产的具体情况

投资目标	预期收益率	标准差
资产 A	15%	30%
资产 B	10%	22%

假设无风险利率为 6%，两种资产之间的相关系数为 0.2。请计算两种资产构成的最小方差组合的风险和预期收益率。

11. 某股票组合的预期收益率 $E(r) = 24\%$，标准差 $\sigma = 30\%$，无风险利率为 5%。某投资者的效用函数是 $U = E(r) - 0.5A\sigma^2$，风险厌恶指数为 $A = 3$。请问：

（1）该投资者的确定性等价收益率（效用）为多少？

（2）投资者的风险厌恶指数 A 满足什么条件时，他宁可选择无风险的国库券投资？

第五章

资产定价理论

【本章学习目标】

通过本章的学习,学员应能够:
1. 了解市场组合的特点、资本资产定价模型的假设条件;
2. 掌握资本资产定价模型的推导过程、证券市场线的概念和表达式及含义;
3. 理解资本市场均衡的实现过程;
4. 掌握套利的概念、单因素套利定价模型的推导;
5. 了解因素模型产生的背景及假设条件,熟悉单因素模型及意义;
6. 了解资本资产定价模型、套利定价模型和因素模型的关系。

引导案例:资产定价的前世今生

一、资产定价思想的中国渊源

在商品和资产所有权的转移过程中需要给资产确定价格,即有商品交换就有资产定价。最早关于资产定价的文献是公元前500年战国时期著名的宰相管子的著作《管子》。他说"万物通则万物运,万物运则万物贱",就是指商品流通的价值,只要流通起来了,商品的价值就会发生变化,就会变得便宜了。实际上,这是基于商品的流动价值来理解商品本身价值。

战国时期的商鞅是法家思想的代表性人物,他说:"民之生,度而取长,称而取重,权而索利。"他认为人是趋利的,所谓趋利,相当于资产定价理论里认为人都有目标函数,这是古代的经营思想。

约公元前100年的陆贾说及供求关系影响商品价值,"五谷养生,而弃之于地;珠宝无用,而宝之于身。"20世纪80年代发掘《算术书》,人们推测其成书于公元前186年,让中国算术历史往前推移了300多年,当然就算如此也比古希腊人欧几里得要晚100年左右,但要比《九章算术》早200年。该书讲到贷款利息计算,谈到货币的时间价值,也就是讲货币时间价值怎么计算、怎么测度。

"伯乐识马"就是典型的专家评估，他能发现价值。类似事例还有很多，但这些古人的观念没有转化成理论和方法。汉朝、唐朝、宋朝的政治和军事、社会都非常强盛，但都没有深入发掘相应的经济学理论。有个著名的"李约瑟之谜"：为什么资本主义和现代科学起源于西欧而不是中国或其他文明？也就是说，中国古代经济社会都很发达，怎么就没有重要的科学理论？

二、近现代资产定价理论

威廉姆斯是"近代资产定价之祖"。马科维茨提出的投资组合理论考虑了风险和收益，公开承认其投资组合理论是受到威廉姆斯的一部著作所启发，他非常认同威廉姆斯的核心思想，但也认为这个理论是有些缺陷的。威廉姆斯在1938年出版了一本书 The Theory of Investment Value（《投资价值理论》）。这个理论在现在的投资类教科书中仍较常见，他在该书中首倡股票内在价值。所以，威廉姆斯成为"近代资产定价之祖"当之无愧。

同一时期的格雷厄姆和其学生巴菲特提倡价值投资。格雷厄姆提出证券的基本面分析，也就是通过分析某个时点上所有公司的财务资料，尤其是资产负债表，来推测股票价格被低估或高估。从这个基本面来推测这个公司未来有没有价值，并提供了一些分析方法。这个实际上是现在的重置成本法的来源。

马克思在《1844年经济学哲学手稿》中指出"人类创造了价值，劳动创造了资本"，劳动区分了人和动物，人类社会所有的享用支配都来源于劳动，从而提出劳动价值论。劳动价值论提出之前还有效用理论，这是在17世纪上半期提出来的，效用理论是唯心主义的理论学说。马克思提出劳动创造了价值，就是针对效用理论的。经济学的发展过程，就是用一个理论推翻另外一个理论，来实现理论上的完善。后来针对马克思劳动价值论又发展出"边际效应理论"，再往后的19世纪末期又出现颇具生命力的"均衡价格理论"，等等。

马克思《资本论》认为，资产定价之间的联系是劳动决定价值。资产价值完全取决于物化在内的社会必要劳动量。《资本论》中定义的社会必要劳动量是在正常生产条件下，在社会平均劳动熟练程度和劳动强度下，制造某种使用价值所需要的劳动时间。基于"劳动价值论"，马克思花了好几十年时间著就了《资本论》。《资本论》首先是政治经济学著作，提出劳动价值主要是针对效用理论，要建立唯物主义标准，核心目的是要论证资本的罪恶和腐朽，论证资本主义的必然灭亡。只要把社会必要劳动时间测度出来，单位劳动时间商品价值再乘社会必要劳动时间的数量就可以得到资产价值。它和均衡价格理论有差异，即只考虑到供给侧，没考虑到需求，拿它计算价值，在市场交换的时候不一定能成立。

资产定价理论的早期演进，经历了现金流决定价值，也就是内在价值学说，基本面决定价值、边际效用理论，以及均衡价格理论等。在这些之前，实际上还有17世纪初的效用决定理论、马克思的劳动价值理论，再往后还有边际效应理论。

现在常用的资产定价理论是新古典经济学里的均衡价格理论，由马歇尔1890年提出，并一直沿用到现在，后来经济学理论、金融学理论都是用"均衡价格理论"。所以均衡价格理论是劳动价值论、生产费用论、边际效应理论的融合，构成了新古典经济学基石。现代的经济学、现代的金融学都是在新古典经济学基础上演化而来的。内在价值、基本面决定价值和重置成本都是以均衡价格理论为基础的。

（资料来源：据汪昌云演讲材料整理）

第一节 资本资产定价模型

资本资产定价模型（capital asset pricing model，CAPM）就是在投资组合理论和资本市场理论基础上形成发展起来的，主要研究证券市场中资产的预期收益率与风险资产之间的关系，以及均衡价格是如何形成的。

拓展阅读5-1：名人传记：威廉·夏普资本资产定价模型的创立者

资本资产定价模型，是由威廉·夏普、约翰·林特纳一起创造发展的，旨在研究证券市场价格是如何形成的。资本资产定价模型假设所有投资者都按马科维茨的投资组合理论进行投资，对期望收益、方差和协方差等的估计完全相同，投资人可以自由借贷。基于这样的假设，资本资产定价模型研究的重点在于探求风险资产收益与风险的数量关系，即为了补偿某一特定程度的风险，投资者应该获得多少的报酬率。

CAPM是建立在马科维茨模型基础上的，马科维茨模型的假设自然包含在其中。

（1）投资者希望财富越多越好，效用是财富的函数，财富又是投资收益率的函数，因此可以认为效用为收益率和风险的函数。

（2）投资者能事先知道投资收益率的概率分布为正态分布。

（3）投资风险用投资收益率的方差或标准差标识。

（4）影响投资决策的主要因素为预期收益率和风险两项。

（5）投资者都遵守主宰原则（dominance rule），即同一风险水平下，选择收益率较高的证券；同一收益率水平下，选择风险较低的证券。

CAPM附加了以下假设条件。

（6）可以在无风险利率的水平下无限制地借入或贷出资金。

（7）所有投资者对证券收益率概率分布的看法一致，因此市场上的效率边界只有一条。

（8）所有投资者具有相同的投资期限，而且只有一期。

（9）所有的证券投资可以无限制地细分，在任何一个投资组合里可以含有非整数股份。

（10）税收和交易费用可以忽略不计。

（11）所有投资者可以及时免费获得充分的市场信息。

（12）不存在通货膨胀，且折现率不变。

（13）投资者具有相同预期，即他们对预期收益率、标准差和证券之间的协方差具有相同的预期值。

上述假设表明：第一，投资者是理性的，而且严格按照马科维茨模型的规则进行多样化的投资，并将从有效边界的某处选择投资组合；第二，资本市场是完全有效的市场，没有任何摩擦阻碍投资。

一、市场组合

由于上面这些假定，投资者对证券的预期收益率、标准差和协方差将相同地估计，因此，每一个投资者都将得出相同的风险资产的有效边界。又由于投资者可按相同的无风险利率自由借贷，因此所有投资者确定的切点证券组合相同，都面对相同的线性有效边界。在这种情况下，不同的投资者选择位于有效边界上不同投资组合的唯一原因就是他们拥有不同的无差异曲线（对风险的偏好不同）。这就是我们在前面介绍的分散原理。

无论投资者的偏好如何，在他们选择的最优投资组合中，都包含最优风险证券组合。这被称为同质期望或信念。下面我们考察市场处于均衡状态时最优风险证券组合的构成。

首先，所有投资者将按照包括所有可交易资产的市场资产组合（M）来按比例地复制自己的风险资产组合。

其次，市场资产组合（M）不仅在有效率边界上，而且市场资产组合也相切于最优资本配置线上的资产组合，这样资本市场线也是可能达到的最优资本配置线。

再次，市场资产组合（M）的风险溢价与市场风险和个人投资者的风险厌恶程度是成比例的。可以表述为

$$E(r_M) - r_f = \bar{A} \sigma_M^2 \times 0.01 \tag{5-1}$$

式中，σ_M^2 为市场资产组合的方差；$\bar{A}$ 为投资者风险厌恶的平均水平。

最后，个人资产的风险溢价与市场资产组合（M）的风险溢价是成比例的，与相关市场资产组合的证券的贝塔系数（β）也成比例。β用来测度证券收益随股票价格

的变动程度。贝塔的正式定义为

$$\beta_i = \frac{\text{cov}(r_i, r_M)}{\sigma_M^2} \tag{5-2}$$

单个证券的风险溢价为

$$E(r_i) - r_f = \frac{\text{cov}(r_i, r_M)}{\sigma_M^2}[E(r_M) - r_f] = \beta_i[E(r_M) - r_f] \tag{5-3}$$

接下来对上述结果做简要的阐述。根据分散定理，切点证券组合 M 就是最优风险证券组合。首先，M 中必须包含市场上所有风险证券，因为如果某证券不在 M 中，则意味着投资者没有把该证券纳入投资范围，由于所有投资者都如此，那么此证券不存在于市场，这显然矛盾。其次，M 中不可能包含负比例的证券。若包含负比例的证券，则说明每个投资者都卖空该证券而无人购买，这与均衡也不一致。最后，M 中各证券的资金分配比例必等于各证券总市值与全部证券总市值之比，也就是说投资者选择的是市场组合。

下面具体解释为什么投资者选择的是市场组合。首先市场组合就是如果将所有投资者的资产组合加总起来，借与贷将互相抵消，加总的风险资产组合价值等于整个经济中全部财富的价值。根据前文的假定条件，所有的投资者都倾向于持有同样的风险资产组合，如果他们都应用马科维茨方法，在同一时期内规划投资组合，则他们必然会得到相同的最优风险资产组合，如图 5-1 所示，最优资产组合处于有效边界与资本市场线的切点上，每只股票在该资产组合中的比例等于股票的市值占所有股票市场价值的比例，而且这个资产组合中必然包括市场上所有的资产。这样，得到一个简单的结论：如果所有投资者都持有同样的资产组合，那么这一资产组合必然是市场资产组合。

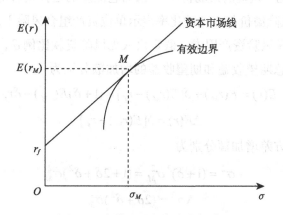

图 5-1　有效边界与资本市场线

接下来介绍消极投资策略。根据上文，市场上所有的投资者都持有相同结构的资产组合，市场组合也就能够体现出证券市场中的所有信息，这意味着投资者无须费尽心机去做个别投资项目的研究，而是可以选择一个消极投资策略——持有市场资产组合，我们也称之为跟踪市场策略。其中用短期国库债券和普通股股票指数所构造的资产组合是一个典型的消极投资策略，它的资本配置线就是上文提到的资本市场线。消极投资策略的合理性有两个方面的表现：一方面消极投资策略节省了信息收集所需的时间和成本，且仅需支付很少的佣金和管理费用；另一方面消极投资策略的收益不会比积极投资策略下的期望收益更低。因为其在成本和信息方面的优势，消极投资策略受到很多投资者的欢迎。

在前面介绍消极投资策略和资本市场线的时候，定义了市场组合，就是由市场上所有证券组成，并且各证券组合权重与证券的相对市场价值一致的证券组合称为"市场组合"。这样，在市场均衡状态下，最优风险证券组合与市场证券组合是一致的。

投资者选择市场证券组合就等于选择了最优风险证券组合。进一步可以推出，市场资产组合 M 与无风险资产构成的全部资产组合集合的有效边界就是所有投资者选择自己的资产组合的最佳集合。投资者的有效边界就是资本市场线，其直线方程为

$$E(r_C) = r_f + \frac{E(r_M) - r_f}{\sigma_M} \sigma_C \tag{5-4}$$

二、模型的推导与表达

下面来证明 CAPM 表达式的推导。我们已知市场报酬率的表达式为

$$\frac{E(r_M) - r_f}{\sigma_M^2}$$

这一比率通常被称为"风险的市场价格"，因为它测度的是投资者对资产组合风险所要求的额外收益值。风险溢价与方差的比率表示单位资产组合风险下的额外收益率大小。

现在考虑加入无风险资产因素，假定借入无风险贷款比例 δ，用以增购市场资产组合，则新组合的总期望收益和期望收益的增加额分别为

$$E(r) = E(r_M) + \delta[E(r_M) - r_f] = (1+\delta)E(r_M) - \delta r_f$$

$$\Delta E(r) = \delta[E(r_M) - r_f]$$

而新组合的方差和方差增加额分别为

$$\sigma^2 = (1+\delta)^2 \sigma_M^2 = (1 + 2\delta + \delta^2)\sigma_M^2$$

$$\Delta \sigma^2 = (2\delta + \delta^2)\sigma_M^2$$

当 δ 很小时，忽略 δ^2 项，则组合方差的增加额为

$$\Delta\sigma^2 \approx 2\delta\sigma_M^2$$

为保证增加的风险溢价与收益间的平衡，此时风险的边际价格为

$$\frac{\Delta E(r)}{\Delta\sigma^2} \approx \frac{E(r_M)-r_f}{2\sigma_M^2} \tag{5-5}$$

再考虑借入无风险资产 δ，用以增购单项资产 i，则此时该组合的期望收益的增加额和方差的增加额分别为

$$\Delta E(r) = \delta[E(r_i)-r_f]$$

$$\Delta\sigma^2 = \delta^2\sigma_i^2 + 2\delta\operatorname{cov}(r_i,r_M)$$

同样当 δ 很小时，忽略 δ^2 项，可以得到此种新组合下的边际价格公式：

$$\frac{\Delta E(r)}{\Delta\sigma^2} \approx \frac{E(r_i)-r_f}{2\operatorname{cov}(r_i,r_M)} \tag{5-6}$$

当市场达到均衡时，必然有投资于单个资产的风险边际价格等于市场组合的风险边际价格，即

$$\frac{E(r_i)-r_f}{\operatorname{cov}(r_i,r_M)} = \frac{E(r_M)-r_f}{\sigma_M^2} \tag{5-7}$$

经过变换，就得出了 CAPM 的一个表达式：

$$E(r_i)-r_f = \frac{\operatorname{cov}(r_i,r_M)}{\sigma_M^2}[E(r_M)-r_f] \tag{5-8}$$

前面提到单个证券的合理风险溢价取决于单个证券对投资者整个资产组合风险的影响程度，影响程度较大，相应的风险溢价会较高。由于投资者都选择持有市场组合，根据以前的知识我们知道这种影响取决于单个证券与整个市场的相关程度，所以上面 CAPM 的表达式可以简单解释为市场组合将其所承担的风险溢价按每个证券对其风险的贡献大小成比例地分配给单个证券。令 $\beta_i = \dfrac{\operatorname{cov}(r_i,r_M)}{\sigma_M^2}$，代入前式并简单变换可得

$$E(r_i) = r_f + \beta_i[E(r_M)-r_f] \tag{5-9}$$

这就是 CAPM 最一般的表达形式——期望收益—贝塔关系。该式的金融含义为任一公司股票的期望收益由两部分组成：一是市场中的无风险收益；二是该股票由于对市场整体风险的贡献而带来的风险报酬，也就是说只有冒更大的风险才可能获得更高的收益。很多学者的研究和分析证明期望收益—贝塔关系对于任何个人资产都成立，当然对于拥有多项资产的组合也同样成立。于是有

$$E(r_P) = r_f + \beta_P[E(r_M)-r_f] \tag{5-10}$$

即对每一项资产的期望收益—贝塔关系累加的结果，这里 $E(r_P) = \sum_i w_i E(r_i)$ 为资产组合

的预期收益率，$\beta_P = \sum_i w_i \beta_i$ 为资产组合的贝塔值。

根据这些关系式已经清楚，贝塔系数反映了系统风险对个股收益的效应。如果一只股票的贝塔系数为 1.5，那么说明根据历史经验，该股的风险溢价是市场组合风险溢价的 1.5 倍。贝塔值衡量的就是某项资产或组合对市场整体情况的敏感程度，大于 1 的贝塔值意味着高于市场平均波动水平的敏感度，也就是说该资产或组合的未来收益有更大的不确定性。根据公式，这项资产或组合将对应比市场组合更大的风险溢价或者说是期望收益，这与前面的分析是完全一致的，实际上也符合人们心目中一贯存在的一个朴素的概念，即只有承担更高的风险才能带来更高的收益。

三、证券市场线

CAPM 模型告诉我们，在市场均衡状态下，证券预期收益率与风险之间存在正相关线性关系（期望收益—贝塔关系），风险大的证券将具有较高的预期收益率，而风险低的证券其预期收益率也低。因此，风险溢价或者期望收益被要求是关于贝塔系数的函数。按照 CAPM 的关系式，将各证券的预期收益率与贝塔值之间的关系在平面坐标图中表示出来，所有证券将位于同一条直线上，如图 5-2 所示。

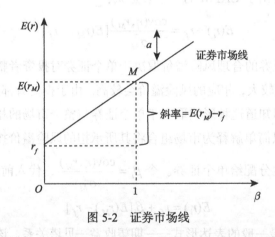

图 5-2 证券市场线

这样一条描述证券预期收益率与贝塔值之间均衡关系的直线常被称为证券市场线（security market line，SML），即期望收益—贝塔曲线。直线的斜率为市场组合的风险溢价 $[E(r_M) - r_f]$，截距还是 r_f，很显然直线通过 M 点，此时的 $\beta_M = 1$，即为市场组合的贝塔值，对应的预期收益就是 $E(r_M)$。由前面的分析可知"合理定价"的证券一定位于证券市场线上，这样其预期收益率才与它所具有的风险相匹配。如果某证券的预期收益率不等于它应该具有的均衡预期收益率，则证券处于非均衡状态，它将位于证券市场线的上方或下方。假设某一证券 A 所提供的预期收益率高于它的风险所对应的均衡预期收益率（处于 SML 的上方），说明证券 A 定价过低，或者说被市场低估了价值。证券预期收益率与均衡预期收益率之间的差额一般称为证券的 α 值。根据 α 值的正负及大小，我们可以判断证券是否定价合理以及定价偏离的程度。

证券市场线（SML）与资本市场线（CML）都是描述资产或资产组合的预期收益率与风险状况之间依赖关系的函数，很容易混为一谈，但实际上二者有一些很重要的区别应予以注意。这些区别主要表现在以下两个方面。

（1）CML 指出所有风险资产和无风险资产构成的有效资产组合集合，反映的是有效资产组合的预期收益率与风险程度间的依赖关系，CML 上的每一个点都是一个有效资产组合，其中 M 是由全部风险资产构成的市场资产组合，其余各点是由市场资产组合与无风险资产构成的资产组合。

SML 反映的则是单项资产或任意资产组合的预期收益率与风险程度间的依赖关系，从根本上讲，CML 是 SML 的一个特例。

（2）CML 是由市场资组合与无风险资产构成的，因此上面的所有资产组合都只含有系统风险，它所反映的是这些资产组合的预期收益率与其全部风险之间的依赖关系。

SML 是由任意单项资产或资产组合构成的，但它只反映了这些资产或资产组合的预期收益率与其所含的系统风险的关系，而不是全部风险（包含非系统风险）的关系。因此，它用 $\beta_i = \text{cov}(r_i, r_M) / \sigma_M^2$ 衡量资产或资产组合所含的系统风险的大小。

四、对 CAPM 的总结

CAPM 是一个简单而优美的模型，包含了关于证券价格的一般均衡的深刻含义，虽然现实世界中投资者很难持有完全的市场组合，而且 CAPM 很多严格的前提条件也很难满足，但这个模型仍然具有很大的实际价值和意义。

（一）资本资产定价模型的优点

资本资产定价最大的优点在于简单、明确。它把任何一种风险证券的价格都划分为三个因素：无风险收益率、风险的价格和风险的计算单位，并把这三个因素有机结合在一起。

资本资产定价的另一优点在于它的实用性。它使投资者可以根据绝对风险而不是总风险来对各种竞争报价的金融资产作出评价和选择。这种方法已经被金融市场上的投资者广为采纳，用来解决投资决策中的一般性问题。

（二）资本资产定价模型的局限性

当然，资本资产定价模型也不是尽善尽美的，它本身存在着一定的局限性，表现在以下两方面。

首先，资本资产定价模型的假设前提是难以实现的。假设之一是市场处于完善的竞争状态。但是，实际操作中完全竞争的市场是很难实现的，"做市"时有发生。假设之二是投资者的投资期限相同且不考虑投资计划期之后的情况。但是，市场上的投资者数目众多，他们的资产持有期间不可能完全相同，而且现在进行长期投资的投资者越来越多，所以此假设也就变得不那么现实了。假设之三是投资者可以不受限制地以固定的无风险利率借贷，这一点也是很难办到的。假设之四是市场无摩擦。但实际上，市场存在交易成本、税收和信息不对称等问题。假设之五、六是理性人假设和一致预期假设。显然，这两个假设也只是一种理想状态。

其次，资本资产定价模型中的贝塔值难以确定。某些证券由于缺乏历史数据，其贝塔值不易估计。此外，由于经济的不断发展变化，各种证券的贝塔值也会产生相应的变化，因此，依靠历史数据估算出的贝塔值对未来的指导作用也要打折扣。

总之，由于资本资产定价模型的上述局限性，金融市场学家仍在不断探求比资本资产定价模型更为准确的资本市场理论。目前，已经出现了另外一些颇具特色的资本市场理论（如套利定价模型），但尚无一种理论可与资本资产定价模型相匹敌。

第二节 套利定价理论

CAPM 模型并非唯一的证券定价模型，由于它在理论和实证方面的问题，一些理论研究者开始转向研究其他的资产定价理论。罗斯（Ross）1976 年运用套利的思想发展了另外一种资产定价方法——套利定价理论（arbitrage pricing theory，APT），该理论得出的方程形似 CAPM 模型的结论，即风险和预期收益率之间存在线性关系，但其理论形成的假设和逻辑思路是不同的。CAPM 源自投资者对风险、收益的偏好相关的效用理论，而 APT 以套利原则为基础。

拓展阅读 5-2：斯蒂芬·罗斯四次选择成就"无套利"人生

套利定价理论认为，套利行为是现代有效率市场（市场均衡价格）形成的一个决定因素。如果市场未达到均衡状态的话，市场上就会存在无风险套利机会。并且用多个因素来解释风险资产收益，根据无套利原则，得到风险资产均衡收益与多个因素之间存在（近似的）线性关系。而前面的 CAPM 模型预测所有证券的收益率都与唯一的公共因子（市场证券组合）的收益率存在着线性关系。

套利定价理论导出了与资本资产定价模型相似的一种市场关系。套利定价理论以收益率形成过程的多因子模型为基础，认为证券收益率与一组因子线性相关，这组因子代表证券收益率的一些基本因素。事实上，当收益率通过单一因子（市场组合）形成时，将会发现套利定价理论形成了一种与资本资产定价模型相同的关系。因此，套利定价理论可以被认为是一种广义的资本资产定价模型,为投资者提供了一种替代性的方法,来理解市场中的风险与预期收益率间的均衡关系。套利定价理论与现代投资组合理论、资本资产定价模型、期权定价模型等一起构成了现代金融学的理论基础。

套利定价理论的基本机制是:在给定资产收益率计算公式的条件下,根据套利原理推导出资产的价格和均衡关系式。APT作为描述资本资产价格形成机制的一种新方法,其基础是价格规律:在均衡市场上,两种性质相同的商品不能以不同的价格出售。套利定价理论是一种均衡模型,用来研究证券价格是如何决定的。它假设证券的收益是由一系列产业方面和市场方面的因素确定的。当两种证券的收益受到某种或某些因素的影响时,两种证券收益之间就存在相关性。

一、套利

套利是指在风险相同的情况下,投资者低价买入证券、高价卖出证券而获取套利利润的过程。在套利过程中,投资者要构造一个能产生安全利润的零投资证券组合,必须能够卖空至少一项资产,然后再去购买或做多一项或多项资产。一价法则指出,如果两种资产在所有经济方面的情况都相同,则其市场价格应相同。一价法则就是一种价格约束,一旦其被违背,投资者就开始实施贱买贵卖的套利行为。套利交易使得价格趋向均衡,套利机会很快就会消失。

下面举一个不需要投资但存在套利机会的例子。假定有两只股票A和B,其风险水平一样,如果A的预期收益率为12%,B的预期收益率为10%,那么很容易发现其中存在套利机会。通过卖空一定金额的B股票,同时买入相同金额的A股票就可以获得套利利润。如表5-1所示,当前投资者构造一个投资组合,持有100元B股票的空头并且做多100元A股票,当前投资为0,经过一年以后,可以获得2元的利润。

表5-1 套利的一个简单举例

具体操作	当前投资	一年后
空头B	100元	100×(1+10%)=110(元)
多头A	100元	100×(1+12%)=112(元)

这一套利机会是存在且无风险的,因此所有投资者都会尽可能多地拥有该资产组合的头寸,无限制地买入A同时卖出B,而不用投资一分钱就可以获得利润。大量头寸的存在将使A股票面临买入压力,当前价格将上升,而B股票面临卖出压力,当前价格将下降,直至两者价格相等时套利机会消失,股票价格最终会满足"无套利"的条件,也就是达到不存在套利机会的价格水平。

在证券市场上,套利机会就是存在一个组合使得当前投资额为零或负值,但是未来各种经济情况下该组合的收益都为非负值。那么不存在套利的机会也就是指当前投资额为零或负值的投资组合，在未来各种经济情况下的收益并不都为非负值。这个定义的经济含义是，对于任何投资组合，风险资产或投资组合的当前投资额即价格，必须与其价值即未来各种不确定情况下的收益成正比，衡量风险资产或投资组合价值的指标正是其未来不确定的风险程度。

二、单因素套利定价理论

（一）套利定价模型的基本假设

罗斯在1976年提出了套利定价理论，和资本资产定价模型一样，套利定价理论预测了风险和预期收益率之间的关系，但所使用的假设和推理过程与CAPM有很大不同。CAPM中资产价格仅简单地受到均值和方差的影响，而套利定价理论所描述的均衡更加一般化，该理论的基础是一价定律。和CAPM相比，APT模型不需要假设投资者在预期收益率和方差的基础上选择投资组合，其基本假设是：证券收益是由因素模型产生的，有足够多的证券进行风险分散，完全市场不存在持续性的套利机会。

从模型的简单形式入手，该形式假设只有单个系统因素影响证券收益。然而，APT的研究通常要涉及多因素的情况，所以也对这种更一般的情况进行研究。

在单因素套利定价模型中，资产收益的不确定性来自两个方面：共同或宏观经济因素和公司特有因素。假定共同因素具有零期望值，因为它测度的是与宏观经济有关的新信息，根据定义，新信息具有零期望值。共同因素可以是经济中的通货膨胀率、失业率、政府债券利率、GDP，甚至可以是市场组合的收益率。

如果用F表示共同因素期望值的偏差；β_i表示i公司股价对该因素的敏感性，也称因素荷载或因素贝塔值；e_i表示公司因素引致的扰动，则该单因素模型表明i公司公平的实际收益率等于其初始预期收益率加上一项由未预料的宏观经济事件引起（零期望值）的随机量，再加上另一项由公司特定事件引起（零期望值）的随机量，其公式为

$$r_i = E(r_i) + \beta_i F + e_i \tag{5-11}$$

式中，$E(r_i)$为i公司股票的预期收益率；所有的非系统收益e_i之间均相互独立，并与F相互独立，即$\text{cov}(e_i, e_j) = 0$（$i \neq j$）；β_i越大，意外宏观因素对公司股票的收益率影响就越大；$\text{cov}(F, e_i) = 0$。

假设宏观因素F代表GDP的意外的百分比变化，期望的GDP增长率为5%。还假定一种股票的贝塔值为1.4。如果GDP实际只增长了3%，则F值为-2%，表明在与期望增长相比较时，实际增长有-2%的失望。给定该股票的贝塔值，可将失望转化为

一项表示比先前预测低 2.8% 的股票收益。这项宏观意外加上公司特定的扰动 e_i，便决定了该股票的收益对其原始期望值的全部偏离程度。

（二）充分分散化投资组合的单因素套利定价模型证明

如果投资者持有的组合是充分分散化的，那么它的公司特有风险或非系统性风险将可以被分散掉，只有系统性风险发挥作用。构造一个由 n 种股票按权重组成的资产组合 P，其权重分别为 w_i，$\sum_{i=1}^{n} w_i = 1$，则该资产组合的收益率为

$$r_P = E(r_P) + \beta_P F + e_P \tag{5-12}$$

其中 n 种股票的预期收益率 $E(r_P)$ 和 β_P 的加权平均值分别为

$$E(r_P) = \sum_{i=1}^{n} w_i E(r_i), \quad \beta_P = \sum_{i=1}^{n} w_i \beta_i$$

此外，该资产组合的非系统性风险是 n 种股票的 e_P 的加权平均值：

$$e_P = \sum_{i=1}^{n} w_i e_i$$

投资组合的方差为

$$\sigma_P^2 = \beta_P^2 \sigma_F^2 + \sigma_{eP}^2$$

从上式可以看出，这一投资组合的方差可以分为系统的和非系统的两方面。σ_F^2 为因子 F 的方差，是系统性风险；而 σ_{eP}^2 为资产组合的非系统性风险，因为公司特有风险 e_i 之间是无关的，σ_{eP}^2 还可以表示为以投资比例的平方为权重的、单个的方差的加权平均值：

$$\sigma_{eP}^2 = \operatorname{var}\left(\sum_{i=1}^{n} w_i e_i\right) = \sum_{i=1}^{n} w_i^2 \sigma_{ei}^2$$

对于充分分散化的投资组合 P 来说，公司的特有风险被分散掉，只留下平均化的系统性风险。我们把充分分散化的投资组合（well-diversified portfolio）定义为满足：按比例 w_i 分散于足够大数量的证券中，而每种成分又足以小到使非系统方差 σ_{eP}^2 可以被忽略。因为 e_P 的期望值为零，如果它的方差也为零，我们可以推断 e_P 的任何实现值将基本为零。因此，重写式（5-12），我们得到充分分散化的投资组合 P 的收益率和方差分别为

$$r_P = E(r_P) + \beta_P F, \quad \sigma_P^2 = \beta_P^2 \sigma_F^2$$

大投资者（主要为机构投资者）往往持有成百上千种证券的投资组合，因此，构造充分分散化的投资组合在目前的金融市场上是可以实现的。

根据套利定价理论，投资者将尽力发现构造一个套利组合的可能性，以便在不增加风险的情况下，提高组合的预期收益率。

套利组合（arbitrage portfolios）是指同时满足以下三个条件的证券组合：①它是一个不需要投资者追加任何额外投资的组合；②该组合既没有系统性风险，又没有非系统性风险；③当市场达到均衡时，组合的预期收益率为 0。下面根据单因素模型，我们依次介绍上述三个条件。

1. 不需要追加投资

该组合不需要投资者的任何额外资金，只需满足证券 i 所占投资比例变化而总投资不变的条件，这可以通过以卖出某些证券的收益来买进其他一些证券的方式来解决。可以表示为

$$\sum_{i=1}^{n} w_i = 0 \tag{5-13}$$

2. 组合的风险为 0

构建的套利投资组合要达到未来无风险的目的，一方面通过选择较小的投资比例 w_i、大量的证券产品来构成充分分散化的投资组合分散掉非系统性风险；另一方面当套利投资组合的贝塔值等于零时，系统性风险也消失掉。可以表示为

$$\beta_P = \sum_{i=1}^{n} w_i \beta_i = 0 \tag{5-14}$$

3. 组合的收益为 0

当市场达到均衡时，也就不存在无风险套利机会了，套利组合的当前投资额为零必然要求其未来的预期收益率为零，即 $r_P = 0$。可以表示为

$$E(r_P) = \sum_{i=1}^{n} w_i E(r_i) = 0 \tag{5-15}$$

式（5-13）和式（5-14）表示一组正交条件，说明向量 $(w_1, w_2, \cdots, w_n)$ 垂直于向量 $(1, 1, \cdots, 1)^T$ 和向量 $(\beta_1, \beta_2, \cdots, \beta_n)^T$ 确定的平面。式（5-15）又有一个正交条件，因此可得向量 $[E(r_1), E(r_2), \cdots, E(r_n)]^T$ 必然在向量 $(1, 1, \cdots, 1)^T$ 和向量 $(\beta_1, \beta_2, \cdots, \beta_n)^T$ 确定的平面内，也就是存在常数 λ_0 和 λ_1，使得

$$[E(r_1), E(r_2), \cdots, E(r_n)]^T = \lambda_0 (1, 1, \cdots, 1)^T + \lambda_1 (\beta_1, \beta_2, \cdots, \beta_n)^T \tag{5-16}$$

即

$$E(r_i) = \lambda_0 + \lambda_1 \beta_i, \quad i = 1, 2, \cdots, n, \quad n \to \infty \tag{5-17}$$

这个线性方程意味着在均衡时，预期收益率和因素敏感性之间存在着线性关系，这个方程确定的直线叫作套利定价线（arbitrage pricing line，APL）。这里运用近似相等的关系，因为对于个别资产而言，非系统性风险需要在无穷多资产的情况下才能被分散，所以严格相等并不一定成立，但是罗斯（1976）证明了在一个有无穷多风险资产的市场中，只有有限种资产不满足严格相等关系。

下面从无风险资产和因素组合的定价中得到系数 λ_0 和 λ_1 的含义与形式。对于无风险资产，具有常数的预期收益率 $E(r_i)=r_f$，并且因素无敏感性，即 $\beta_i=0$。因此，可得 $\lambda_0=r_f$，式（5-17）可以改写成

$$E(r_i)=r_f+\lambda_1\beta_i \qquad (5\text{-}18)$$

另外，在充分分散组合的构造中，可以适当选取投资比例 w_i，复制整个市场的所有资产，从而使该市场组合对因素具有单位敏感性，即 $\beta_P=\sum_{i=1}^{n}w_i\beta_i=1$，市场预期收益率为 $E(r_m)$，对因素具有单位敏感性的资产组合称为"因素组合 m"。因此，$\lambda_1=E(r_m)-r_f$。那么套利定价方程就可以写成

$$E(r_i)=r_f+\beta_i[E(r_m)-r_f]，\quad i=1,2,\cdots,n，\quad n\to\infty \qquad (5\text{-}19)$$

这个等式的成立需要无限多的风险资产，使得非系统性风险趋于零。对于充分分散的投资组合而言，非系统风险可以被分散掉，只有系统风险在市场均衡中控制着风险溢价，这个等式是肯定成立的。

【例题 5-1】 单因素 APT

假如无风险利率为 8%，因素组合 P 的预期收益率是 12%，单因素 APT 成立且某充分分散化组合 i 的贝塔值等于 0.9。计算该组合 i 的预期收益率。

解 因素组合 P 的风险溢价为

$$\lambda_1=E(r_P)-r_f=4\%$$

充分分散化组合 i 的预期收益率为

$$E(r_i)=r_f+\lambda_1\beta_i=r_f+\beta_i[E(r_M)-r_f]=8\%+0.9\times 4\%=11.6\%$$

三、多因素套利定价理论

前面始终假定只有一个系统因素影响股票收益，这条假定过于简化。实际中很明显地存在多种受经济周期推动可能影响股票收益的因素，如利率波动、通货膨胀率、石油价格等。可以假定，其中任何一个因素的出现都将可能影响一种股票预期收益，类似单因素的情况，可推导出多因素套利定价理论来解释证券所面临的多种风险。

当有多种宏观经济因素共同影响资产收益率时，用 F_j 表示第 j 种因素期望值的偏差，$j=1,2,\cdots,K$，其均值为 $E(F_j)$。多因素套利定价模型假定第 i（$i=1,2,\cdots,n$）种证券的收益率为

$$r_i=E(r_i)+\sum_{j=1}^{K}\beta_{ij}F_j+e_i \qquad (5\text{-}20)$$

式中，β_{ij} 为第 i 种股票收益率对因素 F_j 的敏感性。

多因素套利定价模型的建立和单因素套利定价模型相似。用无套利机会的原理，构造一个套利组合，使得投资额为零，即 $\sum_{i=1}^{n} w_i = 0$；该组合对每一种因素的系统性风险为零，即 $\beta_{Pj} = \sum_{i=1}^{n} w_i \beta_{ij} = 0$，$j = 1, 2, \cdots, K$；该组合的非系统性风险近似为零，即 $e_P = \sum_{i=1}^{n} w_i e_i = 0$。

由套利组合的无套利条件，就可以得到和单因素 APT 模型类似的线性关系：

$$E(r_i) = \lambda_0 + \sum_{j=1}^{K} \lambda_j \beta_{ij}, \quad i = 1, 2, \cdots, n, \quad n \to \infty \quad (5\text{-}21)$$

式中，λ_0 和 λ_j（$j = 1, 2, \cdots, K$）都是常数。

和单因素 APT 的情况类似，运用无风险资产和因素组合可以求出入 λ_0 和 λ_j（$j = 1, 2, \cdots, K$）。无风险资产满足 $E(r_i) = r_f$，$\beta_{ij} = 0$（$j = 1, 2, \cdots, K$），由此可得 $\lambda_0 = r_f$。由于多因素的影响，因素组合有多种，记第 j 种因素对应的因素组合的收益率为 r_{Fj}，可以得到多因素套利定价方程：

$$E(r_i) = r_f + \sum_{j=1}^{K} \beta_{ij} [E(r_{Fj}) - r_f], \quad i = 1, 2, \cdots, n, \quad n \to \infty \quad (5\text{-}22)$$

【例题 5-2】 多因素 APT

假如无风险利率为 8%，因素组合 P_1 和 P_2 的预期收益率分别为 12% 和 6%，两因素 APT 成立且某充分分散化组合 i 对因素 F_1 和 F_2 的贝塔值分别为 0.9 和 2。计算其预期收益率。

解 因素组合 P_1 和 P_2 的风险溢价分别是

$$\lambda_1 = E(r_{P1}) - r_f = 4\%$$
$$\lambda_2 = E(r_{P2}) - r_f = -2\%$$

充分分散化组合 i 的预期收益率为

$$E(r_i) = r_f + \lambda_1 \beta_{i1} + \lambda_2 \beta_{i2}$$
$$= r_f + \beta_{i1}[E(r_{P1}) - r_f] + \beta_{i2}[E(r_{P2}) - r_f] = 8\% + 0.9 \times 4\% + 2 \times (-2\%) = 7.6\%$$

尽管 APT 理论揭示的预期收益率—贝塔关系是针对充分分散化组合推导而来的，但是可以证明 APT 理论对几乎所有的单个资产也近似成立。所以，APT 理论也可以用于单个资产的定价。当然，APT 理论也存在不足，譬如，APT 理论没能告诉我们因素组合的风险溢价是如何决定的。

四、套利定价理论与资本资产定价模型的比较

(一) 异同点

套利定价理论用套利概念定义均衡,不需要市场组合的存在性,而且所需的假设比资本资产定价模型更少、更合理。

与资本资产定价模型一样,套利定价理论假设:投资者有相同的投资理念;投资者是回避风险的,并且要效用最大化;市场是完全的。

与资本资产定价模型不同的是,套利定价理论没有以下假设:单一投资期;不存在税收;投资者能以无风险利率自由借贷;投资者以收益率的均值和方差为基础选择投资组合。

(二) 联系

(1) 二者都假定了资本市场上不存在交易成本或交易税,或者都认为如果存在交易成本、交易税,则其对所有的投资者而言都是相同的。

(2) 二者都将存在的风险划分为系统性风险和非系统性风险,也就是市场风险和公司自身的风险。而且两种模型都认为通过投资的多元化组合,通过投资者的合理优化投资结构,能够大部分甚至完全消除公司自身存在的风险。因此,在计算投资组合的预期回报时,两种模型的数学表达式都认为资本市场不会由于投资者承担了这部分风险而给予他们补偿,因而不列入计算式中。

(3) 资本资产定价模型可以看作套利定价理论在更严格假设条件下的特例。

第三节 因素模型

在第一节中介绍的 CAPM 模型,说明了如何在一个任意给定的风险水平上获得最大的资产组合收益。然而,CAPM 模型的建立需要有相当数量的所有相关证券之间的协方差估计:组合中包含 n 项资产的预期收益率、方差以及协方差估计值,共 $2n + n(n-1)/2$ 个数据;再者,对这些估计值还要引入一个数学最优化模型,这要求具备巨大的计算机能力来满足大型资产组合所必需的计算。由于在完整的马科维茨过程中,数据要求和计算机容量的要求相当巨大,所以我们必须寻找一种策略以减少数据的编辑与加工。

下面将介绍一种简化的假定,可以减轻计算负担,同时为系统风险与公司特有风险的性质提供重要的全新视角。这个简化的假定就是指数模型或者说因素模型的概念:假设有一个或多个因素影响证券的收益,那么证券分析的首要目标是确定这些因素以及证券收益率对这些因素的敏感性,因素模型就提供了一种反映两者关系的形式。因素模型是建立在证券收益率对各种因素或指数变动的敏感度这一假设之上的。

一、单因素模型

(一)单因素模型的引入

相同的经济力量会影响许多公司的证券收益率。通常的经济因素可以是经济周期、利率、技术革新以及劳动力成本和原材料。所有这些相关因素影响着几乎所有的公司。同时,如果这些变量发生非预期的变化,则整个股票市场的收益率也相应地会发生非预期的变化。

假设所有相关经济因素可以被整合成一个宏观经济指标,它影响着整个证券市场。并且除了这个影响所有证券的宏观因素之外,一只股票收益剩余的不确定性是公司特有的,也就是说,证券之间的相关性除了通常的宏观经济因素外没有其他来源了。公司特有事件可能包括新的发明、关键雇员去世,以及其他一些只影响单一企业而不能以一个可测度的方式影响整个经济的因素。

建立因素模型必须提取那些系统地影响所有证券价格的主要经济力量。我们可以把证券的持有期收益率写成如下形式:

$$r_i = E(r_i) + m_i + e_i \tag{5-23}$$

从而简要地将宏观经济因素与公司特有因素区分开。这里 $E(r_i)$ 是证券特有期期初的预期收益率,m_i 是在证券持有期间非预期的宏观事件对证券收益的影响,e_i 是非预期的公司特有事件的影响。m_i 和 e_i 都具有零期望值,因为它们都是非预期事件的影响,根据定义其平均值必然为零。

由于不同企业对宏观经济事件有不同的敏感度,如果我们记宏观因素的非预测成分为 F,记证券 i 对宏观经济事件的敏感度为 β_i,则证券 i 的宏观成分为 $m_i = \beta_i F$,则式(5-23)可以变成

$$r_i = E(r_i) + \beta_i F + e_i \tag{5-24}$$

式(5-24)被称为股票收益的单因素模型(single-factor model)。当然,由于单因素模型没有提出具体测度某种因素是否影响证券收益的方法,其用途有限。一个较常用的方法是,普遍认为主要证券指数收益率是一般宏观因素的有效代表。这种方法引出与因素模型类似的等式,称为单指数模型(single-index model),它利用市场指数来代表一般的系统的因素。夏普单指数模型是诺贝尔经济学奖获得者威廉·夏普在1963年发表的《对于"资产组合"分析的简化模型》一文中提出的。夏普提出的基本思想是:当市场股价指数上升时,市场中大量的股票价格走高;相反,当市场指数下滑时,大量股票价格趋于下跌。因为各种宏观影响因素对各个股票的影响最终会表现为整个股票市场股价的上升或下降,即可以表现为某种很有市场代表性的股票指数的变动。夏普的这个思想为单因素模型的应用排除了障碍。因为用一个"看得见、摸得着"的有

代表性的股指来代表"看不见、摸不着"的宏观因素，就使股价的宏观影响因素的估计和测算成为可能，最终使单因素模型的应用成为可能。这样，式（5-24）可以写为

$$r_i - r_f = \alpha_i + \beta_i(r_M - r_f) + e_i \quad (5-25)$$

式中，r_f 为市场无风险收益率；α_i 为在市场中性条件下，市场超额收益率 $(r_M - r_f)$ 为零时的证券 i 的预期收益率；β_i 为证券 i 对市场运动的敏感度；$\beta_i(r_M - r_f)$ 为证券 i 的收益率随整个市场运动的收益成分，也称作系统因素；e_i 为公司特有的非预期成分，也称作非系统因素。

接下来用 $R_i = r_i - r_f$ 代表证券 i 超过无风险收益的超额收益率，$R_M = r_M - r_f$ 代表市场超过无风险收益的超额收益率，则式（5-25）可以改写为

$$R_i = \alpha_i + \beta_i R_M + e_i \quad (5-26)$$

（二）单因素模型的意义

单因素模型的主要优势是大大减少了证券分析时所需的估算工作量。从式（5-26）可以看出每种证券有两种风险来源：市场风险和系统风险，源于它们对宏观经济因素的敏感度，反映在 R_M 上；公司特有风险，反映在 e_i 上。公司特有的风险独立于市场的运动，因此 R_M 和 e_i 的协方差为零。在单因素模型中，可以得到任意证券 i 的方差为

$$\sigma_i^2 = \beta_i^2 \sigma_M^2 + \sigma_{e_i}^2$$

式中，σ_M^2 为市场超额收益率 R_M 的方差。可以把每个证券收益率的方差拆分成两部分：源于一般宏观经济因素不确定性的方差 $\beta_i^2 \sigma_M^2$ 和源于公司特有不确定性的方差 $\sigma_{e_i}^2$。

任意两种证券 i 和 j 的超额收益率的协方差可以写成

$$\text{cov}(R_i, R_j) = \text{cov}(\alpha_i + \beta_i R_M + e_i, \alpha_j + \beta_j R_M + e_j)$$

由于 α_i 和 α_j 是常数，它们与任何变量的相关系数均为零。而且公司特有项 e_i 和 e_j 通常被视为与市场无关，且相互之间无关。因此，两种证券收益率之间协方差的唯一来源是它们共同依赖的宏观因素 R_M。换句话说，证券之间的相关性源于每个证券都部分地依赖于宏观经济形势。因此，

$$\text{cov}(R_i, R_j) = \text{cov}(\beta_i R_M, \beta_j R_M) = \beta_i \beta_j \sigma_M^2 \quad (5-27)$$

很容易看出，简化后的单因素模型十分有用。如果有：n 个预期超额收益率 R_i 的估计，n 个敏感度协方差 β_i 的估计，n 个公司特有方差 $\sigma_{e_i}^2$ 的估计，1 个宏观经济因素的方差 σ_M^2 的估计，式（5-27）就表明这总共 $(3n+2)$ 个估计值将为我们的单因素模型做好数据准备。例如对于有 50 种证券的资产组合，将需要 152 个估计值，而不是 CAPM 模型需要的 1 325 个；对整个纽约证券交易所的大约 2 700 只证券，将需要 8 102 个估计

值，而不是大约360万个。因此，对于巨大的证券市场，马科维茨程序要求的估计数量在利用因素模型时仅需要其中的很小一部分。

因素模型的另一优点不那么明显但同样重要。简化的因素模型对于证券分析中的协方差研究具有决定意义。如果每一对证券我们都必须计算其协方差，那么证券分析就不能为企业所采用。例如，如果一个小组专长于计算机行业，另一组则专长于汽车行业，但是任一小组一般而言都不具有对其他行业的深入理解，无法形成对企业之间相互关联的信息判断。相比较，因素模型提出以一种简单的方式来计算协方差。证券间的协方差由单一因素的影响以及证券对该因素的敏感度所生成。

但是，这些简化基于因素模型的两个决定性的假定：第一，公司特有风险因素与共同宏观因素不相关；第二，任意两种证券的公司风险之间不相关。换句话说，两种证券的收益仅仅通过对共同因素的影响而相关联。

（三）β系数

从证券i的收益率与市场指数收益率之间的协方差开始分析。通过定义，公司特有的或非系统的成分独立于整个市场的或系统的成分，即$\text{cov}(R_M, e_i) = 0$，从这一关系导出证券i的超额收益率与市场指数收益率的协方差为

$$\text{cov}(R_i, R_M) = \text{cov}(\alpha_i + \beta_i R_M + e_i, R_M) = \beta_i \text{cov}(R_M, R_M) + \text{cov}(e_i, R_M) = \beta_i \sigma_M^2$$

其中，α_i可以从协方差项中提出来，因为α_i是一个常数，它与所有变量的协方差为零。因此，单因素模型中，式（5-26）中的敏感度系数β_i代表因素模型的回归线的斜率，它等于

$$\beta_i = \frac{\text{cov}(R_i, R_M)}{\sigma_M^2}$$

由此可见，因素模型的β系数的结果与CAPM模型的期望收益—贝塔关系中的贝塔值相同。

β系数说明单个证券系统性风险与市场组合系统性风险的关系。$\beta=1$说明该证券系统风险与市场组合风险一致；$\beta>1$说明该证券系统风险大于市场组合风险；$\beta<1$说明该证券系统风险小于市场组合风险；$\beta=0.5$说明该证券系统风险只有整个市场组合风险的一半；$\beta=2$说明该证券系统风险是整个市场组合风险的两倍；$\beta=0$说明没有系统性风险。

与单一资产和资产组合的风险与收益的衡量一样，贝塔系数也可以分成两类：历史的贝塔系数与预期的贝塔系数。投资者可以利用贝塔系数的计算公式，根据单一资产和资产组合的历史的收益率，计算出历史的贝塔系数。衡量预期的贝塔系数通常有两种方法：其一，根据概率分布对预期的贝塔系数进行估计；其二，根据可能对贝塔系数产生影响的一些因素，通过对历史的贝塔系数的调整，对预期的贝塔系数进行估

计。由于市场指数自身的贝塔系数恒等于 1，并且代表了证券市场上所有资产和资产组合的贝塔系数的均值，所以，随着时间的推移，所有资产或资产组合的贝塔系数具有向均值回归的趋势。在调整贝塔系数时，历史的贝塔系数是应考虑的一个因素，除此之外，还应考虑公司自身的财务状况和公司所处的行业状况等因素。

二、多因素模型

在指数模型中，收益被分解成系统的和公司特有的两部分，但如果将系统风险限制在单一因素内是不够准确的。实际上，在介绍指数模型时已经注意到，用市场收益来概括系统的或宏观的因素受多种因素影响。这些因素包括经济周期的不确定性、利率和通货膨胀等。这些因素更加清晰地解释了系统风险，从而有可能展示不同的股票对不同的因素有不同的敏感性。

先来看一个双因素模型的例子。假定有两个最重要的宏观经济风险来源是经济周期的不确定性和通货膨胀率。用 GDP 来度量经济周期的不确定性，用 INF 来表示通货膨胀率。任何股票的收益率都与这两个宏观风险因素以及公司的特有风险有关。因此可以把单因素模型扩展成一个双因素模型，从而在描述时期 t 股票的超额收益率，模型如下：

$$R_t = \alpha_t + \beta_{\text{GDP}}\text{GDP}_t + \beta_{\text{INF}}\text{INF}_t + e_t$$

式中，等式右边的两个宏观经济因素包含了经济中的系统因素，它们发挥了类似单因素模型中市场指数的作用；e_t 反映了公司特有的影响。

双因素模型中，任意证券 i 的方差为

$$\sigma_i^2 = \beta_{i\text{GDP}}^2 \sigma_{i\text{GDP}}^2 + \beta_{i\text{INF}}^2 \sigma_{i\text{INF}}^2 + 2\beta_{i\text{GDP}}\beta_{i\text{INF}}\text{cov}(\text{GDP},\text{INF}) + \sigma_{ei}^2$$

利用双因素模型，同样可以计算任意两个证券 i 和 j 的协方差：

$$\text{cov}(R_i, R_j) = \beta_{i\text{GDP}}\beta_{j\text{GDP}}\sigma_{\text{GDP}}^2 + \beta_{i\text{INF}}\beta_{j\text{INF}}\sigma_{\text{INF}}^2$$
$$+(\beta_{i\text{GDP}}\beta_{j\text{INF}} + \beta_{j\text{GDP}}\beta_{i\text{INF}})\text{cov}(\text{GDP},\text{INF})$$

当进行单指数回归时，其实事先做了一个假定：每只股票对每个风险因素具有相同的敏感度。这样，才可以把每个风险因素整合成一个宏观经济因素，从而建立证券收益率的单因素模型。如果股票实际上相对于不同的宏观经济因素有不同的 β 值，那么，把所有系统风险的来源汇集成一个变量，如市场指数收益率，这将忽略对股票收益的个体性质差异的解释。而带有更多因素的模型——多因素模型可以对收益给出更好的描述。

以上构造多因素模型的方法要求确定哪些宏观经济变量是与风险因素相关的。当确定这些宏观经济因素时，有两个指导原则：第一，仅考虑有关的宏观因素来解释证

券收益。如果模型有成百个解释变量，就无法简化对证券收益的描述。第二，所选择的风险因素应该是最重要的、对解释证券的风险溢价最有意义的因素。更为详细地解释系统风险，可以让各只不同的股票反映各自组合的敏感性，因而能构建更精巧实用的因素模型。显而易见，包含数个因素的多因素模型能更好地描述证券收益。多因素模型除了用于建立证券价格的均衡模型，还可应用于风险管理。这些模型提供了一个衡量宏观经济风险的简单方法，并可以构造证券组合来避免这些风险。

第四节 套利定价模型、资本资产定价模型以及因素模型的比较

一、套利定价模型和资本资产定价模型的关联

不像 APT 那样，CAPM 没有假设收益率受到因素影响，但是这并不说明 CAPM 就与因素影响没有关系。事实上，可能存在这样一种情形，收益率受到因素影响，APT 的其余假设也成立，同时 CAPM 的所有假设也都成立。

如果收益率由一个单因素模型生成，而且因素为市场组合，这种情况下，同时有

$$\text{APT：} E(r_i) = r_f + \beta_i[E(r_m) - r_f] \tag{5-28}$$

$$\text{CAPM：} E(r_i) = r_f + \beta_{iM}[E(r_M) - r_f] \tag{5-29}$$

那么，将因素组合的预期收益率 $E(r_m)$ 与市场组合的预期收益率 $E(r_M)$ 对应，β_i 将代表证券 i 相对于市场组合得到的 β_{iM}，因此 APT 与 CAPM 一致。

如果收益率由单因素模型生成，而因素组合不是市场组合，$E(r_m)$ 对应一个对因素有单位敏感性的组合的预期收益率，β_i 表示证券 i 相对于该因素的敏感性。如果式（5-28）和式（5-29）还成立，那么证券 i 的预期收益率将既与市场的贝塔值 β_{iM} 有关，又与因素敏感性 β_i 相联系。由式（5-11）可知证券 i 与市场证券组合 M 的协方差为

$$\text{cov}(r_i, r_M) = \text{cov}[E(r_i) + \beta_i F + e_i, r_M] = \beta_i \text{cov}(F, r_M) + \text{cov}(e_i, r_M) \tag{5-30}$$

由于 $\text{cov}(e_i, r_M)$ 很小，可以忽略。因此在式（5-30）两边同时除以 σ_M^2，可得

$$\beta_{iM} = \frac{\text{cov}(r_i, r_M)}{\sigma_M^2} = \frac{\beta_i \text{cov}(F, r_M)}{\sigma_M^2} \tag{5-31}$$

式中，$\text{cov}(F, r_M)$ 为因素组合和市场组合之间的协方差；σ_M^2 为市场组合的方差。又因为 $\frac{\text{cov}(F, r_M)}{\sigma_M^2}$ 是一个常量，不会因为证券不同而改变，所以当式（5-28）和式（5-29）都成立时，CAPM 中 β_{iM} 就等于一个常数乘以 APT 中的 β_i。也就是说，每一个证券的市场贝塔值等于一个常数乘以此种证券对因素的敏感性。如果此因素与市场组合的收

益率正相关的话，即 $\mathrm{cov}(F,r_M)$ 为正，那么该常数也将为正；相反，由于 $\mathrm{cov}(F,r_M)$ 为负，那么该常数也为负。

如果将式（5-31）代入式（5-29），则有

$$E(r_i) = r_f + \beta_i \left\{ [E(r_M) - r_f] \frac{\mathrm{cov}(F,r_M)}{\sigma_M^2} \right\} \quad (5\text{-}32)$$

如果因素与市场组合正相关，则证券的预期收益率将是证券对该因素面感性的增函数。相反，如果因素与市场组合负相关，则证券的预期收益率将是证券对该因素面感性的减函数。

如果收益率是由一个单因素模型生成，因素是市场指数的收益率，如上证指数，并且假设该指数与市场证券组合完全相关，即 $\rho_{FM}=1$，以及市场指数与市场组合的方差完全相同，即 $\sigma_F = \sigma_M$。那么 $\mathrm{cov}(F,r_M) = \rho_{FM}\sigma_F\sigma_M = \sigma_M^2$，即 $\frac{\mathrm{cov}(F,r_M)}{\sigma_M^2} = 1$，那么由式（5-31）可得 $\beta_i = \beta_{iM}$。由式（5-28）和式（5-29）可得 $E(r_m) = E(r_M)$。可见，一个对股票市场综合指数具有单位敏感性组合的预期收益率与市场组合的预期收益率相等。

因此，如果能够找到一个市场指数与市场组合完全相关，且方差相等，那么资本资产定价模型成立。而且市场组合的角色可以由该指数来代替；然而，由于市场组合是未知的，我们不能验证任何替代变量是否满足上述两个条件。

推广到收益率由多因素模型生成，资本资产定价模型也有可能成立。类似地，由式（5-29）以及贝塔值的定义公式，可得

$$\beta_{iM} = \beta_{i1}\frac{\mathrm{cov}(F_1,r_M)}{\sigma_M^2} + \beta_{i2}\frac{\mathrm{cov}(F_2,r_M)}{\sigma_M^2} + \cdots + \beta_{iK}\frac{\mathrm{cov}(F_K,r_M)}{\sigma_M^2}$$

式中，$\mathrm{cov}(F_j,r_M)$，$j=1,2,\cdots,K$ 代表第 j 个因素与市场组合收益率之间的协方差。

二、套利定价模型、资本资产定价模型和因素模型三者的比较

套利定价模型依赖于"资本市场中的理性均衡会排除套利机会"这一假设。即使只有有限的投资者注意到市场的不均衡，违反套利定价理论的定价关系也将引起巨大的压力而使其恢复均衡。进一步说，利用一个由许多证券构成的充分分散化的投资组合或套利组合，套利定价理论可以得出预期收益率—贝塔关系。

相比之下，CAPM 则是在内在的难以观测的市场投资组合的假定基石之上推导出来的。并且不同于 CAPM，APT 并不要求符合套利定价线性关系的基准资产组合是真实的市场投资组合。任何一个位于套利定价线上的充分分散化的投资组合均可作为一个基准资产组合。例如，可以将基准资产组合定义为一个与任何可影响股票收益率的

系统因素高度相关的充分分散化的投资组合。

尽管 APT 有以上一些优势，套利定价理论并不能完全替代资本资产定价模型的地位。CAPM 在预期收益率—贝塔关系上对所有的资产提出了一个明确清晰的陈述，而套利定价理论只说明该关系对除了可能的一小部分以外的所有证券均适用。这是一个重要区别，但要严格证明却是不容易的，因为 CAPM 本身就是一个不容易验证的模型。另外，套利定价理论着眼于无套利条件，没有市场指数模型的进一步假定，所以套利定价模型不能排除个别资产对预期收益率—贝塔关系的违反。此外，多因素套利定价模型还有一个缺陷，它没有引导人们关注因素资产组合的风险溢价的决定问题。相比较，CAPM 模型就具有市场的风险溢价的方差和有关投资者的风险厌恶程度决定的含义，因此，我们仍然需要 CAPM 的假设和它的占优论点。套利定价模型与因素模型的比较则更有效。

除了 CAPM 的假设外，因素模型还依赖于以下两个附加的假设条件：①一个特定的市场指数与（难以观测的）理论市场投资组合几乎完全相关；②股票收益率的概率分布是静态的。所以，样本期收益率便可以提供对预期收益率和方差的估计。

拓展阅读 5-3：资本资产定价模型与真实世界

在 CAPM 框架下，因素模型要求市场指数资产组合是有效的，并且预期收益率—贝塔关系对所有资产均成立。证券收益率的概率分布是静态的和指数的可观测性这两个假定，使得对指数资产组合的有效性和预期收益率—贝塔关系的检验成为可能。从假设到上述观点证明过程依赖于方差的有效性，也就是说，如果任何证券违反了预期收益率—贝塔关系，那么许多投资者（每一个相对都较小）将调整各自的投资组合，以使它们共同对价格形成压力，并恢复均衡，以满足预期收益率—贝塔关系。

然而 APT 为在证券市场线关系的实现中利用因素模型提供了简单的理由。即便指数投资组合并不是一个真实的市场组合的精确替代（在 CAPM 条件下这是相当重要的一个前提），如果指数组合是充分分散化的，证券市场曲线关系仍然可以真实地与套利定价模型保持一致。

即 测 即 练

本 章 小 结

本章主要回顾了资产定价的几大经典模型。

资本资产定价模型是一种阐述风险资产均衡价格决定的理论。它以投资者都按照马科维茨的投资组合理论进行投资管理为前提,在一系列严格的假定条件下,用一个简单的线性关系定性地描述了资产的预期收益率与风险之间的关系,演绎了资本市场线和证券市场线。资本市场线反映的是有效组合的风险与收益之间的关系,组合的风险用标准差来衡量;证券市场线反映的是达到均衡时所有证券或证券组合的风险与收益之间的关系,证券及其组合的风险用贝塔系数衡量。

同样是关于证券均衡价格的模型,套利定价模型建立在比资本资产定价模型更少且更合理的假设之上。它以收益率形成的多指数模型为基础,认为具有相同因素敏感性的证券或组合必然要求有相同的预期收益率,否则,就会出现套利机会。投资者将建立套利组合,利用这些套利机会,最终导致套利机会消失,市场达到均衡,资产的均衡预期收益率是其因素敏感性的线性函数。

运用 CAPM 模型时,若涉及许多只股票,一方面需要巨大的计算量,另一方面很难构建一个市场资产组合。在此基础上威廉·夏普提出来因素模型,也称为指数模型。它是关于资产收益率的一类经验模型,其逻辑是:任何资产的收益率都可以表示为一个可预期部分和不可预期部分。而不可预期部分又可以分为各种资产的共同因素部分和单个资产的特殊部分。作为一种单因素模型,单指数模型是为了减少预期收益—方差模型的估计量而发展起来的,而多因素模型则是为了更准确地分析各因素对股票收益率的影响,将单一因素做进一步分解的结果。

综 合 训 练

1. 在资本资产定价模型推导中,为什么要作出投资者对于金融资产的收益和风险同质预期的假设?

2. 请比较证券市场线和资本市场线。

3. 如何利用调整法计算预期贝塔系数?

4. 罗斯的套利定价理论的三个假设前提是什么?

5. 如果无风险收益率和市场预期收益率分别是 6%和 11%,贝塔值为 1.1 的证券的预期收益率是多少?

6. 某人花了 550 元投资了一只贝塔值为 1.22 的证券,又投资了 450 元到一只贝塔值为 0.96 的证券上。请计算此人的投资组合的贝塔值。

7. 证券 A、B 的预期收益率和贝塔值见表 5-2。

表 5-2 证券 A、B 的预期收益率和贝塔值

证券	预期收益率	贝塔值
A	14.8%	1.24
B	16.3%	1.82

如果市场组合的收益率是 12.5%，无风险收益率是 3.6%，哪一只证券更值得购买？

8. 无风险收益率是 6%，市场组合的预期收益率是 12%，贝塔值为 0.8 的股票的风险溢价是多少？

9. 已知无风险利率是 5%，市场的预期收益率是 14%，如果某证券的贝塔系数为 0.4，则该证券的预期收益率为多少？

10. 假定无风险资产的收益率等于 9%，市场组合的预期收益率等于 15%。如果某两种证券的贝塔系数分别等于 0.7 和 1.3，它们各自的预期收益率分别是多少？

11. 已知无风险利率为 5.6%，市场组合的预期收益率为 13%，市场组合收益率的标准差为 16%，如果某证券的预期回报率为 16%，则该证券与市场组合的协方差为多少？

12. 某公司的投资组合中有 8 种股票，每种股票的市场价值均为 2 000 元，风险最大的股票贝塔值为 1.95，该投资组合的贝塔值为 1.25。如果该公司出售风险最大的股票而购进另一种股票来降低投资组合的贝塔值到 1.12，那么新购进的股票的贝塔值是多少？

13. 假定对股票 A 和 B 的指数模型由下列结果来估计：

$$r_A = 1.0\% + 0.9 r_M + e_A；\quad r_B = -2.0\% + 1.1 r_M + e_B$$

式中，$\sigma_{e_A} = 30\%$，$\sigma_{e_B} = 10\%$。请计算股票 A 和 B 的标准差及它们之间的协方差。

14. 考虑单因素套利定价模型，由三个证券组成的充分分散的资产组合的有关数据见表 5-3。

表 5-3 三个证券组成的资产组合数据

证券	预期收益率	贝塔系数
A	10%	1
B	9%	2/3
C	4%	0

根据以上数据，该资产组合是否存在套利机会？投资者应该如何制定套利策略？

15. 考虑一个双因素模型，因子 a 和因子 b 对应的风险溢价分别是 4% 和 6%。股票 A 在因子 a 上的贝塔值为 1.2，在因素 b 上的贝塔值为 0.9。股票 A 的预期收益率是 16%。如果不存在套利机会，无风险收益率是多少？

16. 利用双因素模型研究一只股票的预期收益率。这些因子的贝塔值和风险溢价如表 5-4 所示，无风险利率是 4.5%，这只股票的预期收益率是多少？

表 5-4　某股票因子的贝塔值和风险溢价

因子	贝塔值	风险溢价
a	1.6	2.0%
b	0.9	10.4%

第六章

有效市场假说

【本章学习目标】

通过本章的学习，学员应能够：
1. 了解有效市场假说产生的背景和有效市场假说的理论基础；
2. 熟悉弱形式有效市场假说和半强形式有效市场假说的检验原理与常见检验方法；
3. 掌握市场有效假说中三种有效市场形式的概念、特点；
4. 掌握被动投资策略和主动投资策略的主要特点与理论支撑。

引导案例：华尔街两次著名的"飞镖选股"

虽然投资长期获利很难，但总有一些卓越者会站出来。如彼得·林奇 13 年间的年平均复利报酬率达 29%，又如巴菲特。这些杰出的投资家几乎都存在一个投资特点，那就是逆向投资。

一、富比士的"好运气"

1967 年 6 月，美国的《富比士》（《富比士》（Forbes）又译《福布斯》）杂志一时心血来潮，投资 28 000 美元买了 28 家上市公司的股票（每家买 1 000 美元）。

它们并未分析各上市公司的本益比，也没有请教什么股票经纪人，而是将《纽约时报》的股票版钉在墙壁上，用掷飞镖的方式乱射，"射中"哪家公司，就买该公司 1 000 元股票。

结果在 17 年后，这 28 000 美元的股票增值为 131 697 美元，获利 470%，换算成利息的话，平均每年有 9.5% 的复利。根据经济学家马其尔的分析，在同一期间内，只有极少数几家共同基金的获利能力比它好。

也许有人会认为这只是"运气好"，但根据马其尔的进一步分析，以计算机随机购买股票所得到的结果跟《富比士》杂志差不多，而且大大超越了由专家所操作的共同基金。

富比士的这个实验，有一个细节不能忽视，那就是分散投资，在随机选股情况下，

28 000美元买了28家上市公司的股票（每家买1 000美元），这个前提很重要，若是只买一只股票，那就全靠运气了。

二、大猩猩的"金飞镖"

20世纪80年代末期，美国投资理论界提议，由《华尔街日报》出面组织了一场历时数年的著名公开竞赛，一方是当时华尔街最著名的股票分析师组成的若干专家组，另一方是一头会掷飞镖的大猩猩。方法为：在墙上贴上《华尔街日报》股票报价版，由大猩猩用飞镖投掷报纸，所击中若干股票组合即定为买入股票组合，然后持股至规定期限卖出，同时，每一轮竞赛挑出一组最著名的华尔街分析师，根据他们公开推荐的股票组合买入股票，持股至规定期限卖出，比较两种方法所选择的股票组合产生的投资收益率决定胜负，结果是大猩猩赢了，这就是著名的飞镖选股法。

（资料来源：《钱江晚报》2009年3月7日，有改动）

第一节 有效市场假说概述

在关于风险与收益的理论中，最为基础的理论是有效市场假说（efficient market hypothesis，EMH，也称有效市场假设）。有效市场假说研究的是信息如何传递到证券价格的变化中去。如果市场是完全有效的，那么，所有证券的价格都将等于它们的内在价值。换句话说，既没有价格被高估的证券，也没有价格被低估的证券。投资的收益率必然是由系统性风险决定的正常收益率。所以，市场是否有效以及有效的程度，对投资者来讲具有非常重要的影响。因为，在一个完全有效的市场中，证券分析的基础分析法与技术分析法都是徒劳无益的；相反，如果市场并非完全有效，那么借助证券分析找寻价格被高估和低估的证券，将可以为投资者赢得超常的收益率。

有效市场的概念最初是由法玛在1970年提出的（也有一种观点为最早由保罗·萨缪尔森于1965年提出，由法玛完善成一个完整的理论框架）。经过几代经济学人的努力，有效市场假说发展成为现代投资学的理论基础。法

拓展阅读6-1：金融设计师：尤金·法玛

玛根据投资者可以获得的信息种类，将有效市场分成了三个层次：弱式有效市场（weak-form EMH）、半强式有效市场（semi-strong-form EMH）和强式有效市场（strong-form EMH）。

一、有效市场假说发展脉络及含义

有效市场假说的发展可追溯到"布朗运动"，经过随机漫步理论（random walk

theory），逐步发展成有效市场假说。

1827年，苏格兰生物学家罗伯特·布朗（Robert Brown），发现水中的花粉及其他悬浮的微小颗粒不停地做不规则的曲线运动，继而把这种不可预测的自由运动用自己的名字称之为"布朗运动"（Brownian motion）。

20世纪五六十年代，以莫里斯·肯德尔为代表的一批学者以布朗运动原理作为研究视角，提出了随机漫步理论。莫里斯·肯德尔1953年发现并验证了一个命题：股票价格没有可以预测的特征。价格变动出现很大随机性，历史数据无法提供有关价格变动方向的任何线索。这一派学者认为股票交易中买方与卖方同样聪明机智，股票价格形成是市场对随机到来的事件信息作出的反应，现今的股价基本反映了供求关系。

如果股票价格可以预测，则市场是无效的，预测股价的能力说明现在的价格并没有包含所有有用的信息，所以股价包含所有有用信息的假定成为有效市场假说。

【例题6-1】 市场有效性

假设目前A公司的股价为每股100美元，通过模型预测，3天内会涨到110美元。凡是知道这个预测的投资者都会争先购买该股，原来持有的也不愿意抛，结果价格会立刻涨到110美元。只要有任何信息表明价格被低估，投资者就不会放弃获利机会，股价就会抬高至公平水平。

通过上述例子可知已有的信息快速、充分反映到股价上；模型一旦被熟知，预测效果下降。

有效市场假说正是建立在随机漫步理论上的，它与投资组合理论共同构成了现代投资学的理论基础（图6-1）。

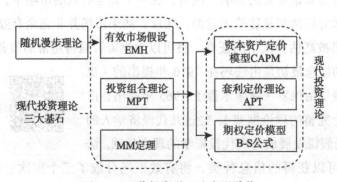

图6-1 现代投资学理论发展脉络

有效市场假说的含义：证券价格总是完全反映了已有的信息，只是对新信息作出反应，而新信息是不可预测的，因此证券价格变化就是完全随机的，投资者不可能持续地在证券市场上获得超额利润。

二、有效市场假说的三种形式

在有效市场上，存在着大量理性的、追求利益最大化的投资者，他们积极参与竞争，每一个人都试图预测单个股票的未来市场价格，每一个人都能轻易获取当前的重要信息。这表明，在有效市场上，股票的内在价值通过其市场价格表现出来。根据市场反映的信息情况，提出了市场有效的三种形式，如图 6-2 所示。

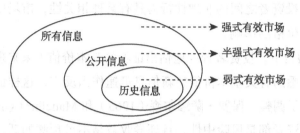

图 6-2　信息集和有效市场假说的三种形式

（一）弱式有效市场

弱式有效市场假说所涉及的信息，仅仅是指证券以往的价格信息。当弱式有效市场假说成立时，投资者单纯依靠对以往的价格信息，不可能持续获得超常收益。换言之，同一证券不同时间的价格变化是不相关的，所以投资者无法根据证券的历史价格预测未来的走势。在弱式有效市场假说中，包含以往价格的所有信息已经完全反映在当前的价格之中，所以利用移动平均线和 K 线图等手段分析历史价格信息的技术分析法是无效的。

（二）半强式有效市场

除了证券以往的价格信息之外，半强式有效市场假说中涉及的信息还包括发行证券的企业的年度报告、季度报告、股息分配方案等在新闻媒体中可以获得的所有信息，即半强式有效市场假说中涉及的信息囊括了所有的公开信息。如果半强式有效市场假说成立，所有公开可获得的信息已经完全反映在当前的价格之中，所以投资者根据这些公开信息无法持续获得超常收益。那么，依靠企业的财务报表等公开信息进行的基础分析法也是无效的。

（三）强式有效市场

强式有效市场假说中涉及的信息既包括所有的公开信息，也包括所有的内幕信息，如企业内部高级管理人员所掌握的内部信息。如果强式有效市场假说成立，上述所有的信息都已经完全反映在当前的价格之中，所以即便是掌控内幕信息的投资者也无法持续获得超常收益。

三、有效市场假说的理论基础

EMH 成立的理论基础依赖于以下三个依次渐弱的假设。

（1）投资者都是理性的，并且理性地估价和交易证券。

（2）如果投资者并不都是那么理性，则非理性的投资者之间的交易行为是随机的、彼此无关的，从而可以相互抵消各自的作用，使价格不发生非理性变化。

（3）即使有些投资者之间的非理性行为具有某种相关性，市场中理性套利者的行为也将消除他们对价格的影响。

在第（1）种假设下，投资者理性地估出证券的基本价值（未来现金流折现之和），并且在交易中对获悉的有关基本价值的新信息迅速作出反应，这样证券的价格也就相应地根据信息进行了调整。保罗·萨缪尔森（1965）和 Manelbrot（1966）证明了如果竞争性市场中的投资者都是风险中性，且证券收益是不可预测的话，那么证券的价值和价格都服从"随机游走"规律，而 EMH 自然就是完全理性投资者参与的市场中的一个均衡。

在第（2）种假说下，如果投资者并不是完全理性的，但投资者在市场中随机交易而且交易数量巨大且彼此的交易又互相独立，那么这样交易的结果是价格的非理性影响在交易中彼此抵消掉了，证券价格仍然服从基本价值规律。这个结论的成立依赖于非理性投资者交易策略之间的无关性。

在第（3）种假说下，即使非理性投资者交易策略之间的无关性的条件不满足，套利的存在也使得市场仍然是完全有效的 [Friedman（1953），Fama（1965）]。理性套利者的存在是市场的自动稳定器，一旦证券价格由于非理性投资者某种相关行为的影响偏离了其基本价值，如价格走势偏高于基本价值，套利者就可以卖出这种证券。同时买入与其类似但没有被高估的证券来避险，从而获得无风险回报。这样，套利过程又使得证券价格回归到与其基本价值接近的水平上。此外，理性套利者的存在还有一个更深层次的含义：非理性投资者的回报总是低于市场中的被动投资者和套利者，这意味着他们总是在亏损。在他们不可能永远亏损下去的某一时刻他们将不得不退出市场。这就是 Friedman（1953）所说的"市场选择机制"。因此，由于竞争和套利的存在，市场长期来看总是有效的。

从以上分析可以看出，EMH 实际上是建立在理性预期基础之上的。由于投资者具有理性预期和投资分析能力，在与非理性投资者博弈的过程中，前者将逐步主导市场，使得证券市场最终至少能达到"弱式有效"的层次。在这一过程中，"市场选择"机制具有重要的意义，理性投资者主导市场正是通过市场选择来实现的。市场选择机制使得发生错误的非理性投资者被淘汰出市场并逐渐消失，直到套利机会也随之消失，通过二级市场投资者的"试错",市场将逐渐接近"无套利均衡状态"。在这一过程中价格逐步接近基本价值。在资产价格的形成过程中,非理性交易者的作用是不重要的,他们并不能在很大程度上持续地影响价格。从长久来说,投资者只有根据证券的内在价值进行交易才能达到效用最大化。这是 EMH 和市场选择所隐含的结论。

第二节 有效市场假说检验

一、弱式有效市场假说的检验

(一)弱式有效市场假说检验的理论基础

人们通常可以发现股票的价格变化类似于随机漫步模型中的那个醉汉。对于一个站在广场中央的醉汉,你无法判断他下一步的方向和位置。股票的价格变化也是这样。如果某种股票价格昨天上涨了,谁也无法单凭这一信息准确判断该股票今天继续上涨、原地踏步还是掉头下行。如果某一时间序列变量符合随机漫步模型,那就意味着该变量当前的变动值与前期的变动值之间是不相关的。如果股票当期收益或价格变化与前期收益或价格变化不相关,就能证明弱形式有效市场假说成立。所以,许多弱式有效市场假说的实证检验都利用随机漫步模型检验股票收益或价格变化之间的序列相关性。

另外,即使股票价格变化不服从随机漫步模型,弱式有效市场假说同样有可能成立。因为,弱式有效市场假说成立的条件是投资者单纯依靠历史的价格信息,无法持续地获得超常收益。所以,许多学者开始对技术分析的交易规则进行检验。如果实证分析显示单纯依靠技术分析不能为投资者带来超常收益率,则验证弱式有效市场假说是成立的。

既然绝大多数实证分析支持弱式有效市场假说,为什么技术分析法仍然非常盛行呢?首先,实证分析不可能对所有的投资策略进行检验。也许有些策略确实能够提供比较准确的预测和判断。其次,在进行技术分析时,人们还大量使用了除历史的价格信息以外的其他信息,从而提高了预测的准确率。最后运用技术分析法进行准确预测涉及概率问题。虽然,在抛币的游戏中,正反两面出现的概率都是 50%。但是,在连续若干次游戏中,连续出现正面或反面的概率非常大。所以,有时投资策略对股票价格的准确预测仅仅是运气比较好而已。

(二)弱式有效市场假说的实证检验

序列相关检验(serial independence)的方法之一就是检验股票价格的自相关性(auto-correlations),即检验股票在第 i 期和第 j 期价格变化的相关系数,如果自相关性接近于 0,那么股票价格变化就是序列不相关的。

法玛对美国证券市场弱形式有效市场假说实证检验。法玛对 1957 年至 1962 年的道琼斯 30 种工业股票价格的自相关性进行检验。检验股票价格的自相关性 ρ_{ij}（ρ_{ij} 表示股票在 i 期和 j 期价格变化的相关系数），具体如表 6-1 所示。

表 6-1 道琼斯 30 种工业股票价格变化的自相关性（1957 年年底至 1962 年 9 月）

股票	间隔时间			
	1 天	4 天	9 天	16 天
Allied chemical	0.017	0.029	−0.091	−0.118
Alcoa	0.118	0.095	−0.112	−0.044
American Can	−0.087	−0.124	−0.060	0.031
A.T. &T.	−0.039	−0.010	−0.009	−0.003
American Tobacco	0.111	−0.175	0.033	0.077
Anaconda	0.067	−0.068	−0.125	0.202
Bethlehem Steel	0.013	−0.122	−0.148	0.112
Chrysler	0.012	0.060	−0.026	0.040
Eastman Kodak	0.025	−0.006	−0.053	−0.023
General Electric	0.011	0.020	−0.004	0.000
General Foods	0.061	−0.005	−0.140	−0.098
General Motors	−0.004	−0.128	−0.009	−0.028
Goodyear	−0.123	0.001	−0.037	0.033
International Harvester	−0.017	−0.068	−0.244	0.116
International Nickel	0.096	0.038	0.124	0.041
International Paper	0.046	0.060	−0.004	−0.010
Johns Manville	0.006	−0.068	−0.002	0.002
Owens - Illinois	−0.021	−0.006	0.003	−0.022
Procter & Gamble	0.099	−0.006	0.098	0.076
Sears	0.097	−0.070	−0.113	0.041
Standard Oils (Calif.)	0.025	−0.143	−0.046	0.040
Standard Oils (N.J.)	0.008	−0.109	−0.082	−0.121
Swift & Co.	−0.004	−0.072	0.118	−0.197
Texaco	0.094	−0.053	−0.047	−0.178
Union Carbide	0.107	0.049	−0.101	0.124
United Aircraft	0.014	−0.190	−0.192	−0.040
U.S. Steel	0.040	−0.006	−0.056	0.236
Westinghouse	−0.027	−0.097	−0.137	0.067
Woolworth	0.028	−0.033	−0.112	0.040
Du Pont	0.013	0.069	−0.043	−0.055

检验结果显示：ρ_{ij} 介于 -0.1 与 0.1 之间，表明它们的自相关性不显著，说明美国证券市场弱式有效市场假说成立。

二、半强式有效市场假说的检验

（一）半强式有效市场假说检验的理论基础

半强式有效市场假说中的信息，包括了所有公开的可获得的信息。理论上股票价格与利率成反比，而美联储正式调高联邦基金利率时，美国股市的股价指数可能并没有下跌，甚至逆势上扬。这说明股票价格已经在加息之前充分消化了美联储加息的信息，从而证明了半强式有效市场假说的有效性。残差分析是半强式有效市场实证检验最早和最普遍的一种方法。1969年，Fama、Fisher、Jensen 和 Roll 等人第一次运用残差分析法分析了配股对股票价格的影响。

下面我们分析超常收益率的测算问题。

首先，利用第五章中的市场模型计算股票的实际收益率：

$$r_{it} = \alpha_i + \beta_i r_{mt} + \varepsilon_{it} \tag{6-1}$$

式中，r_{it} 为第 i 种股票在第 t 期的实际的收益率；r_{mt} 为市场指数在第 t 期的实际的收益率；α_i 为 β_i 的回归系数；ε_{it} 为第 t 期的误差项，即残差。

其次，将股票的正常收益率定义为

$$\bar{r}_{it} = \alpha_i + \beta_i r_{mt} \tag{6-2}$$

式中，$\bar{r}_{it}$ 是第 i 种股票在第 t 期的正常的收益率。

再次，计算股票的超常收益率。由于超常收益率等于市场指数模型中的残差项，所以该方法又称残差分析法。

$$AR_{it} = \varepsilon_{it} = r_{it} - \bar{r}_{it} = r_{it} - (\alpha_i + \beta_i r_{mt}) \tag{6-3}$$

式中，AR_{it} 为第 i 种股票在第 t 期的超常收益率。

最后，分别计算若干种股票在第 t 期平均的超常收益率和若干种股票在一段时间内累计的超常收益率。

平均的超常收益率：

$$AAR_t = \frac{1}{n} \sum_{i=1}^{n} AR_{it} \tag{6-4}$$

累计的超常收益率：

$$CAAR = \sum_{t=1}^{T} AAR_t \tag{6-5}$$

式中，AAR_t 为 n 种股票在第 t 期的平均的超常收益率；$CAAR$ 为 n 种股票在一段时间（$1, 2, \cdots, T$）内的累计的超常收益率。

平均的超常收益率中的 t，是某一事件发生或者某个重要信息公布的时间。累计的超常平均收益率中的 T，代表了在上述事件发生或者重要信息公布之前和之后的一段时间。所以，累计的超常平均收益率是以事件发生或者信息发布的时点为中心，将这一时点前后的平均的超常收益率加总而成的。例如，某公司公布配股的时间为3月1日，可以将2月1日至3月1日以及3月1日至3月31日的超常收益率加总，得到累计的超常收益率。由于残差分析法在计算超常收益时围绕着事件发生的时间，所以它又被称为事件研究法（event studies）。

（二）事件研究法——残差分析的应用

1. 半强式有效市场假说成立

如果市场上出现了某股票利好的消息（例如，送配股和每股收益大幅度增长），并且假定半强式有效市场假说成立，那么市场上可能会出现以下两种情况：第一种，如果这一利好消息出乎投资者的预期，那么该股票的价格在该消息公布之前不会发生大的波动，投资的收益率也只是正常的收益率；在消息公布的那一天，该股票的价格一次性上涨，带来了正的超常收益率；从公布的第二天起，股票价格重新恢复稳定，投资的收益率也回复到正常收益率水平。第二种，如果利好消息在投资者预料之中，并且投资者对这一利好消息的预期是逐渐形成的，那么该股票的价格在消息公布之前就会逐渐走高，获得超常的收益率；由于消息已经被市场完全消化，所以在消息正式公布那一天股票价格不会由于消息的因素而发生波动（即使有，波动的幅度也非常小）；从公布的第二天起，股票的价格趋于稳定。

图 6-3 代表了上述两种可能性。图 6-3（a）中，由于利好消息出乎人们的意料，所以，在消息公布之前（横轴 0 点的左侧），累计的平均超常收益率在 0 附近徘徊；在消息公布的那一天（坐标轴的原点），股票价格一次性上涨，使得超常收益率上升；之后，投资收益率趋于正常。图 6-3（b）中，当利好消息未出乎人们的意料时，由于人们逐渐意识到利好消息的来临，所以在正式公布之前价格就开始上扬，带动超常收益

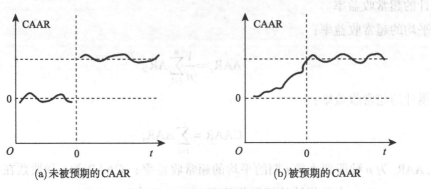

(a) 未被预期的 CAAR　　　　　(b) 被预期的 CAAR

图 6-3　半强形式有效市场假说成立的 CAAR

率逐渐上升；等到利好消息公布之后，价格变化已经充分消化了这一消息，所以股票价格趋于稳定，超常收益率也趋近于一条水平线。

当市场出现利好消息，CAAR 的表现形式如图 6-3 所示时，则半强式有效市场假说是成立的。

2. 半强式有效市场假说不成立

如果半强式有效市场假说不成立，并且这一利好消息出乎投资者的预料，那么股票的价格在消息公布之前不会出现大的波动，超常收益率也接近于 0；在消息公布的这一天，部分精明的投资者迅速买入该股票并获得超常收益率；之后，其他投资者逐渐意识到这一点并跟着买入，将该股票的价格进一步拉高，带动超常收益率逐步走高。

当市场出现利好消息，CAAR 的表现形式如图 6-4 所示，则表明半强式有效市场假说不成立。

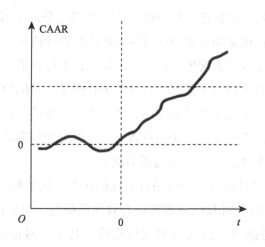

图 6-4 半强形式有效市场假说不成立的 CAAR

三、半强式有效市场假说的实证检验（拓展）

Fama 等人对纽约证券交易所 1927 年至 1959 年间配股的股票进行了研究。根据配股比例等于或大于 5∶4 的标准，他们一共选取了 940 个观察值，并对每次配股消息公布之前和之后的 29 个月的累计的超常收益率进行了实证研究。图 6-5 是 940 次配股的累计超常收益率曲线。从中可以发现，这一利好消息在投资者意料之中。所以在消息公布之前，他们就不断地买入将配股的股票，在价格上升过程中，获得了超常的收益率；在消息正式公布之后，股票价格趋于稳定，投资的收益率也恢复到正常收益率的水平。这一结果证明半强式有效市场假说是成立的。

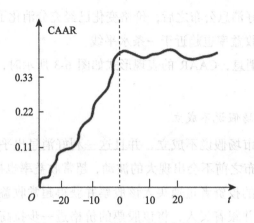

图 6-5 Fama 等人的研究成果之一

同时,Fama 等人假设在配股消息公布之前,之所以能够获得超常收益率是因为投资者预期能够获得较高的股息收益,而不是配股本身。为了检验这一假设,他们根据配股后股息分配是否增加的标准,将 940 个配股的股票分成了两组。图 6-6 和图 6-7 分别是配股后股息分配增加和股息分配减少的股票的累计超常收益率曲线。图 6-6 显示,由于投资者准确地预测到配股后股息分配增加,所以在消息公布之后股票价格没有大的波动,投资收益率也趋于正常收益率水平;但是,当配股后股息分配与投资者的预期相悖时(图 6-7),在消息公布之后,投资者大失所望,纷纷抛售该股票,导致超常收益率逐渐走低。事实上,无论投资者对股息分配的预期准确与否,累计的超常收益率曲线都证明了半强式有效市场假说的成立。

目前,我国学术界对我国证券市场有效性的研究,几乎都是以"有效市场假说"这一理论为理论基础的。对我国证券市场有效性的研究,更多的是对我国证券市场是达到弱式效率还是达到半强式效率进行检验。其中,对证券市场是否达到弱式

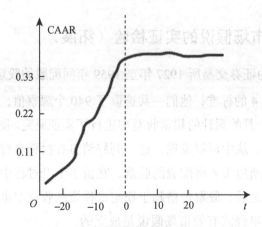

图 6-6 Fama 等人的研究成果之二

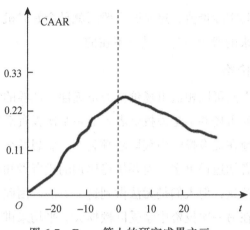

图 6-7　Fama 等人的研究成果之三

效率的检验，基本上都是采用"随机游走模型"和"过滤检验"两种方法；对证券市场是否达到半强式效率的检验，基本上都是采用"市场模型"和"夏普—林特勒模型"两种方法，而不同的只是样本的时间及数据不同。由此可见，目前我国学术界对证券市场有效性进行研究的方法，主要是实证法，尤其是经验性实证法。这对于我们解释和预测我国证券市场有效性达到什么程度，无疑是必要且重要的。

中国证券市场半强式有效市场假说的实证检验可以从股票分配方案、并购、监管措施颁布等事件展开研究，通过这些事件验证中国证券市场的有效性，进而提出提升中国证券市场运作效率的政策建议。

第三节　不同市场有效性下的投资策略

一、效率市场的启示

通过对证券市场效率水平的研究，投资者和股份公司财务管理人员可以得到一些有益的启示。

（一）市场没有记忆

弱式有效市场假说指出证券的市场价格与其历史状况无关。就是说，不论证券价格过去是如何变化的，都不会对当前的市场价格产生影响。很多投资者在股价下跌后不愿出售手中的股票，希望价格回升。有些企业在公司股票价格下降时不愿发行股票，而在股价上升时则拼命增资发行，美其名曰"抓住市场时机"。实际上，在较发达的证券市场上的证券价格与它的历史状况无关，投资者和企业所依赖的价格变动趋势并不存在。某种股票可能连续下跌了一段时间，但其市场价格仍高于其实际价值，这时，不论是股东出售股票或公司发行新股，都是有利可图的。而连续上涨的股票的市场价格也可能仍低于其实际价值,这时购入股票就是个好时机。靠对证券历史价格的分析来确定当前和未来的股价走势,是靠不住的。

(二) 相信市场价格

在有效市场上,人们可以相信市场价格的正确性。证券的市场价格反映了所有关于该证券的信息。有效市场并不是说投资者不能在某次投资活动中获取超额利润,而是说投资者不能一直地在证券投资中获取超额利润。要想始终如一地获取超额利润,就要始终比别的投资者知道得更多。而要始终比别的投资者知道得更多,就得总是能利用禁止利用的内幕消息,但人们是无法做到这一点的。因此,人们可能在一次投资中获取暴利,也可能在另一次投资中蒙受巨额损失。平均来讲,市场是正确的,股票交易是一场公平竞争,投资者也只能得到平均利润。

(三) 市场没有幻觉

在有效市场上,投资者关注的是证券的实际价值,他们是根据投资的实际现金流入来判断证券的价值的。因此,企业无法通过拆股、改换会计方式、调整财务报表等手段欺骗投资者,影响股票价格。

(四) 股票价格的弹性大

当某一产品的替代物很多时,其价格弹性很大。在证券市场,每一股票都是拥有很多替代物的商品。投资者购买某种股票并不是因为它有什么与众不同之处,而是它能够提供与其风险水平相当的收益。如果风险收益低于风险水平,这种股票将无人问津;如果风险收益高于风险水平,这种股票将使人争相购买。因此,股份公司要想保持其股价的合理,就必须保证公司的公开性,让公众了解公司的状况,认识到公司股票确实是物有所值。否则的话,将难以保证股票价格的合理,也难以吸引投资者。

(五) 不要越俎代庖

在有效市场上,投资者并不会为别人帮助他干了他自己能干的事情而支付报酬。例如,如果投资者能自己进行多样化投资而减少投资风险,他不会要求企业经理为之代劳。投资者之所以购买某一公司的股票,很可能是因为这一公司的风险程度和收益状况符合他们的要求,因此,企业盲目进行多样化经营,分散风险,并不一定符合其股东的要求。事实上,企业兼并,多样化经营也不会对公司股票的价格产生实质性影响。在股票市场上,各类公司的股票都有,投资者完全可以根据自己的风险偏好和资金状况选择合适的股票,而不必让公司操心此事。

(六) 寻找规律者自己消灭了规律

市场有效率是非常有趣的假设。这一假设强调的是证券价格充分反映了所有有关信息。如果证券的市场价格不能充分反映有关信息,则投资者可以通过对这些信息的分析找出价格变化的规律和投资机会加以利用。如果证券的市场价格已经充分反映了有关信息，则投资者通过努力获取超额利润的希望就会落空。但问题是，如果人人都相信市场是有效率的，都不去做市场分析，那么证券价格肯定不能充分反映各种信息，市场就是无效率的，进行市场分析者就会有利可图。如果人人都认为市场是无效率的，认为通过市场分析等努力可以发现价格变化的规律和投资机会，并因此而对市场"战而胜之"，获取巨额利润，则在大家的努力之下市场就变成有效率的了，就能够充分反映各种有关信息了。由此可见，市场的有效性正是由那些认为市场无效率或效率不高的人的努力工作所促成的，这些人越多，工作越努力，市场就越有效。

有效市场假说的一个根本结论是：信息就是金钱。即只有新的信息才能带来价格的变化，掌握并利用人所不知的内幕信息进行交易是在证券交易中始终如一地获取巨额利润的唯一保证。但为了保证证券市场的公正，管理机

拓展阅读 6-2：非理性的市场与投资：行为金融理论的解释

构和法律所要限制的正是这种利用内幕消息进行的交易，否则证券市场就无法维持下去。因此，对一般投资者来说，想通过证券交易，通过对市场的分析掌握交易规律而获取巨额利润是非常困难的，或者说是不现实的。正如西方金融证券学界一句流行的话所说的："很多研究人员因此（研究证券）而名闻天下，但没有一个人因此而富甲天下。"

二、投资策略

投资策略是对投资资产根据不同需求和风险承受能力进行的安排、配制，包括选择股票、债券、商品期货及不动产品种、配制投资资产比例、安排投资周期等内容。投资策略是投资者在证券投资活动中为避免风险、获取最理想收益而综合采取的策略。证券投资既要减少或避免风险损失，又要保证证券的流动性和收益性。因此，证券投资一般考虑如下三个基本方面：①收益性。投资于盈利多、收益大的证券。② 安全性。投资者尽可能以还本付息可靠性强、收益有保障的证券作为投资对象。③流动性。购入的证券必须是易于销售的热门股票和流通能力强的债券。一般地说，收益高的证券，其安全性、流动性较差；流动性高的证券收益则较低。投资策略就是权衡这三个基本方面（图 6-8），采取合理的策略进行投资。确定科学的投资策略，加强证券投资分析，对新建股份制企业、投资者入股及机构投资者运用资产都有关键意义。

投资多元化，就是将资金有选择地分散投资于多种证券，以努力减少未来的不确定性，也就是说，要争取以较少的投资风险来获取较多投资收益，这是证券投资者制定投资多元化策略的基本考虑。投资多元化的理论依据是，如在各种股票短期内的趋

势难以捉摸时，买进多种股票则可减少风险，因为在一般情况下，一种或几种股票市价下跌，收益受损，但总会有另一些股票市价上升，收益增加，从而能够弥补投资者的部分或全部损失。

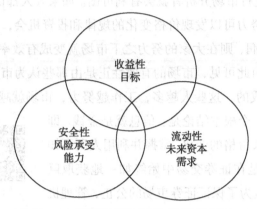

图 6-8　投资策略涵盖的三个基本方面

投资多元化的具体策略较多，一般是当股票市价轮番上涨时，股票持有者相继以高价抛出手中的股票，以获取收益，但这样就往往会把手中的好股票在价格较低时卖出了，而把一些劣势股票握在手中。为此，也可以采用"追涨卖跌法"，即哪种股票市价上涨就多买一些；哪种股票股价不上涨或者下跌，就卖出哪种股票，这样就会获得较多的强势股票，使获利能力大大增强。因此，在具体运用投资多元化策略时，关键是要分析时弊、把握时机。当然，在投资安全性较高时，对投资多元化的要求也就较低；而当投资风险较高时，对投资的多元化要求也就相对较高。

根据投资者对有效市场假说的判断，可以把投资策略分成主动（active）和被动（passive）两种。如果投资者认为市场是有效的，那么意味着任何一种证券的价格都不可能持续地被低估或高估，从而都仅能带来正常的投资收益率。所以，他们倾向于中长线投资，即在买入证券之后，在相当长一段时间内持有该证券，以期降低交易成本并获取正常的投资收益率。这就是被动的投资策略，又称指数化投资策略（indexing）。相反，如果投资者认为市场是无效的，那么他们相信通过证券分析可以挖掘出价格被低估或高估的证券，从而获得超常的投资收益率，这就是主动的投资策略。与被动的投资策略相比，采取主动策略的投资者大多倾向于短线投资。而短线投资者不仅需要支付较高的交易成本，而且要承担为证券分析所支付的额外成本。但是如果市场是完全有效的，即信息充分反映到价格中的时候，那么主动投资策略是难以获利的。当然现实生活中是不存在完全有效市场的。因此，这市场中存在大量专业分析人员，巴菲特也可以借助主动投资策略而获利。

三、支持主动投资策略的实证检验

Hodges 和 Brealey 在 1973 年运用模拟的方法对主动投资策略进行了研究。采取主动投资策略,最关键的点是能够准确地预测和判断大市的走向与发现价格被低估或高估的证券。Hodges 和 Brealey 选用了预期的超常收益率与实际的超常收益率之间的相关系数来反映投资者对未来大市走向的判断能力和发现价格被低估或高估证券的能力。图 6-9 中的三条曲线分别代表寻找价格被低估证券的主动投资策略的投资收益率,它们的相关系数分别等于 0.05、0.10 和 0.15。与图中 M 点所代表的市场指数的平均收益率相比,在风险相同的条件下,三条曲线所代表的投资收益率明显高于市场指数的平均收益率。即使相关系数只有 0.05 的第一条曲线,代表了在扣除交易成本之后的主动投资策略的投资收益率仍然高于市场指数的平均收益率。而三条曲线之中,由于第三条曲线的相关系数最高,投资者预测和判断的准确性也最高,所以它的超常收益率最大。

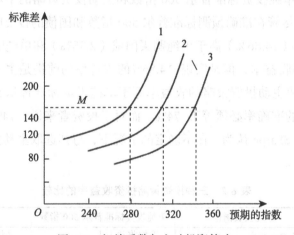

图 6-9 相关系数与主动投资策略

因此,Hodges 和 Brealey 认为只要能够比较准确地预测和判断未来大市的走向与拥有发现价格被低估或高估的证券的能力,主动投资策略就可以为投资者带来可观的超常收益率。预测的准确率越高,超常收益率也就越高。所以,投资者应该选取主动的投资策略。

对于采用主动投资策略的投资者来说,要密切注意市场新的利率信号或其他价格指标。此外,投资者还应密切关注股市、汇市及国家货币政策变化对证券的影响,以决定投资证券的介入点。

四、否定主动投资策略的实证检验

采用被动型投资策略是基于效率市场理论,同时在投资实践和理论实证中,长期投资策略可以获得与市场指数相同或相近的收益,而从投资基金的业绩报告统计分析结果看，真正持续超越市场的投资基金寥寥无几。因此，采取简单的指数化投资策略越来越被投资界人士所接受，越来越多的信托管理人采用指数化的投资策略，美国的先锋基金公司就是依靠该投资策略成长为美国第一大基金公司的。信托公司可以利用这一简单的投资策略，迅速扩大自己的市场份额。在投资管理能力大幅提升后，再尝试开展主动型投资管理业务，充分发挥自身的投资管理能力。这样，信托公司可以有效地降低经营风险，充分发挥自身优势。

Sharpe 在 1975 年对主动投资策略所做的实证检验却得到了相反的结论。假定采用主动投资策略的投资者面临着两种投资对象：标准普尔 500 指数和美国国债。如果投资者在年初准确预测标准普尔 500 指数的投资收益率高于国债的收益率，将买入标准普尔 500 指数；否则，投资于国债。与此同时，另外两种投资策略分别是单纯投资国债和单纯投资标准普尔 500 指数（被动的投资策略）。表 6-2 列举了 1929 年至 1972 年单纯投资国债、单纯投资标准普尔 500 指数和主动投资策略的平均投资收益率以及收益率的标准差。尽管在准确预测标准普尔 500 指数和国债的投资收益率之后，主动投资策略的收益率（14.86%）高于单纯购买国债（2.38%）和单纯购买标准普尔 500 指数（10.64%）的收益率，但是实现 14.86%的收益率的前提是主动投资者预测的准确率为 100%。要使主动投资策略的收益率等于单纯投资标准普尔 500 指数的收益率（10.64%），预测的准确率必须等于 74%。而对于投资者来说，74%的准确率是非常难以实现的。所以 Sharpe 认为，在不确定的情况下，与其选取主动投资策略，还不如选择被动投资策略。

表 6-2　三种投资策略投资收益率的比较

年份	单纯投资国债		单纯投资标准普尔 500 指数		主动投资策略	
	平均收益率/%	标准差	平均收益率/%	标准差	平均收益率/%	标准差
1929—1972	2.38	1.96	10.64	21.06	14.86	14.58
1934—1972	2.40	2.00	12.76	18.17	15.25	13.75
1946—1972	3.27	1.83	12.79	15.64	14.63	12.46

资料来源：　SHARP W F. Likely gains from market timing [J]. Financial analysts journal, 1975(3-4).

消极型股票投资策略的理论基础在于效率市场假说。消极投资策略即认为人不可能准确预测投资市场的未来运动轨迹，因而在长期中不能获得超过其风险承担水平之上的超额收益。消极投资策略否定了"时机抉择"消极投资策略技术的有效性，而根据投资对象的某一基本特征选择自己的操作策略。

简单型消极投资策略一般是在确定了恰当的股票投资组合之后，在 3~5 年的持有期内不再发生积极的股票买入或卖出行为，采取消极投资策略时进出市场的时机也不是投资者关注的重点。消极投资策略具有交易成本和管理费用最小化的优势，但同时消极投资策略也放弃了从市场环境变化中获利的可能。此策略适用于资本市场环境和投资者偏好变化不大或者改变投资组合的成本大于收益的状态。常见的消极投资策略包括指数化投资策略、久期免疫策略、现金流匹配策略、阶梯形组合策略、哑铃型组合策略等。

即 测 即 练

本 章 小 结

有效市场假说是现代投资学理论中最为基础的理论。当资产的价格充分反映了投资者可以获得的信息时，市场就是有效的，投资者无法利用已知信息获得持续的超常收益，只能获得与风险相当的正常收益。

根据所包含的信息不同，有效市场依次可以分三个层次：弱式有效市场、半强式有效市场和强式有效市场。弱式有效市场中的信息仅指以往的价格信息，半强式有效市场中的信息包括了所有的公开可获得的信息，强式有效市场包括了所有信息（公开和内幕信息）。如果弱式有效市场假说成立，技术分析无效；如果半强式有效市场成立，则基础分析无效。

支持弱式有效市场假说的实证检验，主要是序列相关检验。半强式有效市场假说检验中最常用的方法是事件研究法。读者可以借鉴前人的研究检验中国证券市场的有效性。

根据投资者对市场有效性的判断，可以把投资策略分成主动投资策略和被动投资策略两种。如果认为市场是有效的，那么投资者应选择被动投资策略。例如，指数基金管理公司可以简单地投资于指数期货或者按照市场指数中各种证券所占的比重建立组合。如果认为市场是无效的，即相信通过证券分析可以发现价格被低估或高估的证券，从而获得超常的投资收益率，那么投资者应选择主动投资策略。

综 合 训 练

1. 如果市场是有效的，那么不同时期的股票收益的相关系数将是怎样的？

2. 一个成功的公司（像微软）长期获得巨额利润，这与有效市场假说相违背吗？

3. "如果所有证券都被公平定价，所有证券都将提供相等的期望收益。"请对这句话进行评价。

4. 假如有一天你的一位朋友打电话告诉你某只股票近期内将有大的涨幅，你会听从朋友的建议买入该股票吗？

5. 如果市场是有效的，价格已经反映了所有可得的信息，我们通过报纸、电视等获取的信息不会给我们的投资带来额外的收益。但在现实的市场上，大部分的投资者仍然通过各种公开的信息来做投资决策，既然股票价格已经反映了所有可得的信息，为什么大部分投资者还是要花费时间和金钱分析各种公开的信息来做投资决策呢？

6. 什么是有效市场假说？证券市场上的信息分为哪几类？

7. 比较弱式有效市场假说、半强式有效市场假说和强式有效市场假说的异同。

8. 论述有效市场假说的理论基础及面临的挑战。

9. 高管投资于本公司的股票，违背弱有效市场假说吗？在强式有效市场里，这位高管还能获取超额利润吗？

10. 弱式有效市场假说成立，是否可以判断强式有效市场成立？反之怎样？

11. 比较主动投资策略和被动投资策略。

12. 假定某教授在研究财政赤字对美国股票影响的过程中发现，某两种股票与市场指数之间存在着以下的函数关系：

$$r_{1t} = 2\% + 1.5 r_{mt}$$
$$r_{2t} = 3\% + 0.8 r_{mt}$$

在最近一次财政赤字公布之后的三段时间内，该教授观察到如表 6-3 所示的收益率的数据。

表 6-3 某两种股票的收益率

时间（t）	r_{1t}	r_{2t}	r_{mt}
1	14%	4%	10%
2	−7%	−8%	−5%
3	24%	7%	12%

请用残差分析法计算两种股票在第 1 期、第 2 期和第 3 期的超常收益率，计算在第 1 期、第 2 期和第 3 期的平均超常收益率（AAR_T），计算累计的超常收益率（CAAR）。根据以上计算结果，分析在财政赤字公布前后应该如何投资。

第三篇　投资分析

第三篇　政之方法

第七章

债券投资分析

【本章学习目标】

通过本章的学习,学员应能够:
1. 了解债券的定价原理;
2. 掌握收入资本化法的原理及其在债券定价中的应用;
3. 掌握债券的价值分析方法和债券定价定理;
4. 理解凸性和久期的概念、含义及其之间的关系;
5. 熟悉久期和凸性在免疫方面的应用。

引导案例:债券的功劳

荷兰独立的背后有债券的功劳。在共和体制下,北方联合省把阿姆斯特丹开发成了一个综合多种有价证券的市场,从而有能力筹集战争经费:这些债券不仅有终生和永续年金,还有抽签公债。截至1650年,当时已有超过65 000名年金收入者把资产投到一种或多种债券上,从而帮助荷兰筹集到了维持长期战争的资金,进而保持了自己的独立。后来,荷兰从自卫独立到帝国扩张,其债务飞速增长,从1632年的5 000万荷兰盾涨到了1752年的2.5亿荷兰盾。那时候荷兰人的信用是杠杠地好,其债券价格上升说明了什么问题呢?

四川路桥建设股份公司2013年7月21日获准发行总额不超过15亿元的公司债券。公司初步确定拟将全部募集的资金用于偿还商业银行贷款,调整债务结构。截至2012年12月31日,公司总资产为343.39亿元,所有者权益(含少数股东权益)合计为46.15亿元,资产负债率和总资本化比率分别为86.56%和77.54%。2012年,公司实现营业收入249.30亿元,净利润7.10亿元,经营活动净现金流6.00亿元。因本期债券募集资金的实际到位时间、公司债务结构调整及资金使用需要,对具体偿还计划进行调整。

本期公司债券为5年期债券,本期债券的兑付日为2018年7月26日。本期债券在存续期内票面年利率为5.65%,本期债券采用单利按年计息,不计复利。每年付息一次，到期一次还本，最后一期利息随本金的兑付一起支付。对于该企业债券发行定价该如何确定，投资者如何分析该债券是否具有投资价值？

第一节 债券的价值分析

一、收入资本化法

收入资本化法（capitalization of income method of valuation），也称收益资本化收入法（简称收入法）、现金流量贴现法，包括股息贴现法和自由现金流贴现法，主要是把企业未来特定期间内的预期现金流量，以一定的贴现率还原为当前现值。由于企业价值的真髓还是它未来盈利的能力，只有当企业具备这种能力，它的价值才会被市场认同，因此理论界通常把现金流量贴现法作为企业价值评估的首选方法。

任何一项资产（包括债券、股票）的内在价值等于投资者对持有资产预期的未来现金流的现值。收入资本化法使本身无法估计价值的事物有了价格。资本化发挥作用最突出的领域是有价证券的价格形成，以及土地买卖与长期租用、衡量人力资本的价值。

资本化是商品经济中的规律，只要利息成为收益的一般形态，这个规律就起作用。在我国，当实行集中计划体制时，这个规律显示不出来；当市场经济逐步发展时，这一规律也就显示出自己的作用。例如土地的买卖和长期租用，以及证券的买卖等活动出现以来，在它们的价格形成中都是这一规律在起作用。随着商品经济的进一步发展，资本化规律起作用的范围进一步扩大也将是不可避免的。

二、以收入资本化法计算债券价值

既然资产的内在价值等于投资者对持有资产预期的未来现金流的现值，那关键在于预测未来各期的现金流和贴现率。债券价值的计算公式因不同的计息方法，可以有以下几种表示方式。

（一）贴现债券

目前，我国有些债券是采用贴现方式发行，没有票面利率，到期按面值偿还。这种债券价值的计算公式为

$$P = \frac{A}{(1+r)^T} \tag{7-1}$$

式中，P 为债券的内在价值；A 为面值；r 为市场利率（贴现率）；T 为债券的到期时间。

【例题 7-1】 贴现债券的定价

某债券面值为 1 000 元，期限为 2 年，以贴现方式发行，期内不计利息，到期按面值偿还，若贴现率为 8%，该债券的内在价值为

$$P = \frac{1\,000}{(1+8\%)^2} = 1\,000 \times 0.857 = 857.34(元)$$

因此，该债券的内在价值为 857.34 元。若该债券的市场价格低于 857.34 元，投资者才认为该债券具有投资价值。

（二）附息债券

这是最典型的债券形式，它是指固定利率、每年计算并支付利息、到期归还本金的债券。这种典型债券价值计算的基本模型是

$$P = \sum_{t=1}^{T} \frac{C}{(1+r)^t} + \frac{A}{(1+r)^T} \tag{7-2}$$

式中，P 为债券价值；C 为定期计算的利息；A 为债券票面价值；r 为必要投资收益率；T 为计息期数；t 为第 t 次计息。

【例题 7-2】 附息债券的定价

某债券面值为 1 000 元、票面利率为 5%、每年付息一次、2 年期的债券。若贴现率为 10%，计算该债券的内在价值。

债券每年支付的利息为 1 000 × 5%=50（元）

因此，债券的内在价值 $P = \sum_{t=1}^{2} \frac{50}{(1+10\%)^t} + \frac{1\,000}{(1+10\%)^2} = 913.22(元)$

计算结果表明，这种债券的内在价值为 913.22 元。只有当债券市场价格低于该内在价值时，投资者才觉得该债券具有投资价值。

（三）统一公债

统一公债，是一种没有到期日的特殊的定息债券。因为优先股的股东可以无限期地获得固定的股息，所以，在优先股的股东无限期地获取固定股息的条件得到满足的条件下，优先股实际上也是一种统一公债。

最典型的统一公债是英格兰银行在 18 世纪发行的英国统一公债（English consols），英格兰银行保证对该公债的投资者永久期地支付固定的利息。英国政府于 1751 年开始发行的公债。当时年息 3%，至 1888 年改为年息 2.75%，1903 年再将利息降为 2.5%。此项公债是永不到期的长期公债，除非政府主动予以清偿。政府按一定利率给付利息，作为投资人的收益。

国民党政府也发行过统一公债，全称为"民国二十五年统一公债"，是国民党政府借口清理各种旧的债券而发行的公债。截至 1936 年 1 月底，国民党政府发行和认可的

国内公债、库券、凭证多达 30 多种，负债总额 146 000 多万元，每月应付本息 1 500 多万元，政府已无力支付。1936 年 2 月，财政部借口旧有未偿债券品种多且乱，期限参差，本息清偿繁杂，故以统一的"法币"债券等额调换各种旧债券，从而延长了旧债的还本付息时间，降低了利率。利息一律年息 6 厘。新债券根据旧债券期限不同归集为甲乙丙丁戊五种，分别发行 5 000 万元、15 000 万元、35 000 万元、55 000 万元、26 000 万元，还本付息期限依次为 12 年、15 年、18 年、21 年、24 年。统一公债本息原定有关余项下支付，1939 年 1 月宣布停付。1948 年 9 月发行"金圆券"时，又公布《法币公债处理办法》，规定照票面加 27 000 倍，再按"法币"300 万对"金圆券"1 元的比率折合偿还，使债券持有人遭到很大损失。

统一公债的内在价值公式为

$$P = \sum_{t=1}^{\infty} \frac{C}{(1+r)^t} = \frac{C}{r} \tag{7-3}$$

式中，P 为内在价值；r 为市场利率；C 为每期利息。

【例题 7-3】 统一公债的定价

某种统一公债每年的固定利息是 50 美元，假定市场利率为 10%，那么，该债券的内在价值为 500 美元，即

$$P = \sum_{t=1}^{\infty} \frac{50}{(1+10\%)^t} = \frac{50}{10\%} = 500（美元）$$

三、债券价值分析

以附息债券为例。债券价值分析的目的是如何根据债券的内在价值与市场价格的差异，判断债券价格属于高估还是低估。将高估的债券卖出，将低估的债券买入，从而获得投资收益。

（一）比较两类到期收益率的差异

预期的到期收益率，即债券内在价值公式中的市场利率 r。

承诺的到期收益率，即隐含在当前市场上债券价格中的 r^*。即

$$P = \frac{C}{1+r^*} + \frac{C}{(1+r^*)^2} + \cdots + \frac{C}{(1+r^*)^n} + \frac{A}{(1+r^*)^n} \tag{7-4}$$

判别方法：如果 $r > r^*$，则债券的价格被高估，即预期收益率过高；如果 $r < r^*$，则债券的价格被低估，即预期收益率过低；如果 $r = r^*$，则债券的价格合理，即预期收益率与承诺一致。

【例题 7-4】 债券价值分析

某种债券的价格为 900 美元，每年支付利息 60 美元，3 年后到期偿还本金 1 000 美元，利用内在收益率的计算方法，根据式（7-4）可得

$$900 = \frac{60}{1+r^*} + \frac{60}{(1+r^*)^2} + \frac{60}{(1+r^*)^3} + \frac{1\,000}{(1+r^*)^3}$$

利用线性插值法，可以算出该债券承诺的到期收益率 r^* 是 10.02%。如果市场利率为 9%，那么这种债券的价格就是被低估的。

（二）比较债券的内在价值与价格的差异

债券净现值（net present value，NPV）是指进行债券投资时投资者预期可获得的现金流入的现值与现金流出的现值之差。债券的现金流入主要包括利息和到期收回的本金或出售时获得的现金两部分。债券净现值即为债券的内在价值 V 与债券价格 P 之间的差额：$NPV = V - P$。

拓展阅读 7-1：线性插值法

判别方法：如果 $NPV < 0$，即 $V < P$，则债券的价格被高估，即价格过高；如果 $NPV > 0$，即 $V > P$，则债券的价格被低估，即价格过低；如果 $NPV = 0$，即 $V = P$，则债券的价格合理。

当净现值大于零时，意味着内在价值大于债券的价格，即市场利率低于债券承诺的到期的收益率，该债券被低估；相反，当净现值小于零时，该债券被高估。

沿用第一种方法中的例子（【例题 7-4】），可以发现该债券的净现值为 24.06 美元，所以该债券的价格被低估了。具体计算如下：

$$NPV = \frac{60}{1+0.09} + \frac{60}{(1+0.09)^2} + \frac{60}{(1+0.09)^3} + \frac{1000}{(1+0.09)^3} - 900 = 24.06（美元）$$

当净现值大于零时，对于投资者是一个买入信号。相反，如果市场利率 r 不是 9%，而是 11%，那么，该债券的净现值将小于零（-22.19 美元），表明它被高估了，对于投资者构成了一个卖出信号。只有当市场利率近似地等于债券承诺的到期的收益率时，债券的价格才处于一个比较合理的水平。

其实，这两种债券价值分析方法的实质在于比较债券的市场价格 P 和债券的内在价值 V 之间的大小关系。

总之，如果债券的市场价格 P 高于债券的内在价值 V，则该债券被高估了；如果债券的市场价格 P 低于债券的内在价值 V，则该债券被低估了。

四、债券定价定理

1962 年，麦尔齐（Frederick Robertson Macaulay）在对债券价格、债券利息率、

到期年限以及到期收益率进行研究后，提出了债券定价的五个定理。至今，这五个定理仍被视为债券定价理论的经典。

定理一 债券的市场价格与到期收益率呈反向变动关系。

到期收益率上升时，债券价格会下降；到期收益率下降时，债券价格会上升。这一定理对债券投资分析的价值在于，当投资者预测市场利率将要下降时，应及时买入债券，因为利率下降债券价格必然上涨；相反，当预测利率将要上升时，应卖出手中持有的债券，待价格下跌后再买回。

定理二 当债券的收益率不变，即债券的息票率与收益率之间的差额固定不变时，债券的到期时间与债券价格的波动幅度之间呈正向变动关系。

债券的到期时间越长，债券价格波动幅度越大；到期时间越短，价格波动幅度越小。

这个定理不仅适用于不同债券之间的价格波动的比较，而且可以解释同一债券的到期时间的长短与其价格波动之间的关系。

定理三 随着债券到期时间的临近，债券价格的波动幅度减少，并且是以递增的速度减少；相反，到期时间越长，债券价格波动幅度增加，并且是以递减的速度增加。

对于等规模的收益变动，长期债券价格的变动幅度大于短期债券。

这一定理也可理解为，若两种债券的其他条件相同，则期限较长的债券销售价格波动较大，债券价格对市场利率变化较敏感；一旦市场利率有所变化，长期债券价格变动幅度大，潜在的收益和风险较大。

这个定理不仅适用于不同债券之间的价格波动的比较，而且依旧可以解释同一债券的到期时间的长短与其价格波动之间的关系。

定理四 对于期限既定的债券，由收益率下降导致的债券价格上升的幅度大于同等幅度的收益率上升导致的债券价格下降的幅度。

换言之，对于同等幅度的收益率变动，收益率下降给投资者带来的利润大于收益率上升给投资者带来的损失。这一定理说明债券价格对市场利率下降的敏感度比利率上升更大，这将帮助投资者在预期债券价格因利率变化而上涨或下跌能带来多少收益时作出较为准确的判断。

定理五 对于给定的收益率变动幅度，债券的息票率与债券价格的波动幅度之间呈反比关系，即息票率越高，债券价格的波动幅度越小。

也就是说，息票利率较高的债券，其价格的利率敏感性低于息票利率较低的债券。

这一定理告诉投资者，对于到期日相同且到期收益率也相同的两种债券。如果投资者预测市场利率将下降，则应该选择买入票面利率较低的债券，因为一旦利率下降，这种债券价格上升的幅度较大。如果预测市场利率将上升，则应该选择卖出票面利率较低的债券，因为一旦利率上升，这种债券价格下降的幅度较大。值得注意的是，这一定理不适用于1年期的债券和永久债券。

第二节 债券的久期与凸性

债券风险是指经济主体进行债券投资过程中收益的不确定性。债券收益可用收益率来表示,因为债券收益率与债券价格呈反方向变动的关系,所以我们也常常用债券价格的易变性来衡量其风险。一般认为,债券价格的变化要受到债券期限长短的影响,较长期限的债券价格变动要大于较短期限的债券价格变动,所以,期限长的债券风险高于期限短的债券风险。同时,债券价格变动也要受债券息票额高低的影响,息票额较多的债券价格变动要低于息票额较少的债券价格变动,因此,息票额多的债券要比息票额少的债券风险低。这样,我们就可以根据以上的标准判定债券的风险。但是,期限和息票额的不同组合会使我们的判断难以进行。例如,一种期限较长的债券,但是却有较高的息票额,那么,息票对债券价格的影响将部分地被期限因素的影响抵消。因此,当我们把期限—息票效应综合起来考虑其对债券价格的影响时,要判定哪一种债券的风险大,就变得更为困难了。实际上,除了债券期限长短、息票额大小因素与价格变动有关之外,现金流量的时间长短、息票收入经再投资后所获得的收益率高低等,都构成了债券价格变动的决定因素。因此,仅仅凭一种因素来确定债券的风险,其结果必然是不准确的。

为了解决这一难题,20世纪70年代末以来,西方资产管理者广泛应用久期(duration)这一概念来确定一种债券所面临的风险程度,它综合考虑上述诸多因素,避免了仅将债券期限作为影响债券价格变动幅度的唯一因素的局限性,从而为如何防范债券风险提供了一个比较好的定量化的参考指标。久期是对债券类资产价格相对易变性的一种量化估计。债券的久期用于衡量债券持有者在收回本金之前平均需要等待的时间,久期以单位时间年来表示。因此,债券久期就是考虑了债券产生的所有现金流的现值因素后计算的债券的实际期限,是完全收回利息和本金的加权平均年数。久期自从被引入后,便在金融资产管理中广泛地用来进行资产风险的分散化管理,其主要应用可归纳为以下三个方面:①当利率发生变化时,对债券价格变化或对债券资产组合的价格变化迅速作出大致的估计。②对债券的现金流量特征如息票、期限和收益率等的影响进行总体的评估,从而提出债券价格相对易变性的估计值。③达到获取某种特定的债券资产组合的目标,如消除利率变动对资产组合的不利影响。

接下来,我们详细介绍久期的知识。

一、债券的久期

(一)久期的含义

收益率的变化会导致债券价格的变化,对于这种变化可以利用久期来衡量债券价

格的收益率敏感性。久期就是价格变化的百分比除以收益率变化的百分比，即

$$D = -\frac{\frac{\Delta P}{P}}{\frac{\Delta(1+y)}{1+y}} = -\frac{\frac{\Delta P}{P}}{\frac{\Delta y}{1+y}} \tag{7-5}$$

式中，D 为债券的久期；P 为债券的初始价格；ΔP 为债券价格的变化值；y 为初始收益率；$\Delta(1+y)$ 或 Δy 为收益率的变化值。

在公式中之所以加入负号，是因为债券价格与收益率变化的方向相反。将式（7-5）重新整理，可得如下关系：

$$\frac{\Delta P}{P} = -\frac{D}{1+y} \times \Delta y \tag{7-6}$$

因此，如果知道某个债券的久期，就可以根据式（7-6）计算出一定的收益率变化百分比导致的价格变化百分比。

（二）久期的计算

对于久期的计算，一般有三种计算方法：麦考利（Macaulay）久期、修正久期和有效久期。

1. 麦考利久期

麦考利久期（记为 D）是最早出现的关于久期的计算方法，它基于现金流的到期时间对久期给出了近似值，是指债券现金流发生时间的加权平均值，其中权重是每次发生的现金流量现值与债券所有现金流量现值总和的比值，并且经常在其后面加上"年"作为时间单位。例如，一个 2 年期的零息债券，其到期日距离现在为 2 年，且此期间没有现金流（利息支付）发生，因此其麦考利久期为 2 年，表示到期收益率变化 1%，债券价格反向变化 2%。而另一个 2 年期的附息债券，其 2 年期间会有现金流入，因此其麦考利久期必然小于 2。

根据债券久期的定义，一般债券麦考林久期可以表达为

$$D = \frac{\sum_{t=1}^{T} \frac{t \times CF_t}{(1+y)^t}}{\sum_{t=1}^{T} \frac{CF_t}{(1+y)^t}} \tag{7-7}$$

式中，t 为现金流发生的时间；CF_t 为第 t 期的现金流；y 为每期的到期收益率；T 为距离到期日的期数。式（7-7）中的分母是按照债券到期收益率贴现的债券现金流的现值，也就是债券的市场价格 P。

根据久期的定义，可以将债券价格对收益率求导。下面计算最普通的附息债券的

久期,即该债券没有任何附加选择权,每期期末按照固定票面利率和面值乘积支付利息,到期偿还本金。由前面的论述可知,该普通债券的理论价格和收益率的关系可以表示为

$$P = \sum_{t=1}^{T} \frac{CF_t}{(1+y)^t} \qquad (7-8)$$

式中,P 为债券价格;T 为期数;CF_t 为每期现金流(包括每期的利息和本金);y 为债券的收益率。[注:式(7-8)与式(7-3)是等价的。]

在式(7-8)中求价格对收益率 y 的一阶导数,经过整理可得

$$\frac{dP}{dy} = -\frac{1}{1+y} \sum_{t=1}^{T} \frac{tCF_t}{(1+y)^t}$$

两边同时除以 P 可得

$$\frac{dP}{dy} \times \frac{1}{P} = -\frac{1}{1+y} \left[\sum_{t=1}^{T} \frac{tCF_t}{(1+y)^t} \times \frac{1}{P} \right] \qquad (7-9)$$

在式(7-9)中,等号右边括号内的项就是久期,因此久期衡量了债券价格对收益率的敏感程度。对于普通债券而言,久期 D 可以通过式(7-10)计算出来:

$$D = \sum_{t=1}^{T} \frac{tCF_t}{(1+y)^t} \times \frac{1}{P} \qquad (7-10)$$

式(7-10)即为美国经济学家福雷德克·麦考利所谓的久期,后来人称之为麦考利久期。可以看出,普通债券的久期是债券现金流时间的加权平均值,其权重是每次现金流现值占现金流现值总和(或债券价格)的比例。单纯地用到期时间长短作为价格利率敏感性的测量指标是不完善的,久期——债券现金流的平均到期时间才是衡量普通债券利率敏感性的准确指标。

可以说,普通债券的久期是债券的有效到期时间,它是收到每一笔现金流发生时间的加权平均,权重与现金流的现值呈一定比例。一般来说除了零息债券外,债券的久期比到期时间短一些,零息债券的久期与它的到期时间相等。但是某些特殊债券久期可能会比到期时间更长。要注意,久期是衡量债券价格利率敏感性的指标,某些附加选择权的债券的价格利率敏感性很大,即利率的微小变化会引起债券价格的大幅度变化,这些债券的久期有可能会超过债券本身的期限。

最后需要强调的是,从本质上来看,久期就是衡量债券价格的利率敏感性指标,而不是一种期限。因为普通债券的久期等于所有现金流到期时间的加权平均数,所以很多人误以为久期是一种期限。对于一些特殊债券而言,久期就不等于未来现金流发生时间的加权平均数了。

2. 修正久期

修正久期（记为 D^*）是从麦考利久期衍生而来的，它不仅考虑了现金流结构及债券到期日，而且将目前的收益率也纳入考虑因素。如果将式（7-9）简化，将修正久期定义为：修正久期=麦考利久期/（1+市场利率），则修正久期与麦考利久期的关系可以用如下公式表示：

$$D^* = \frac{D}{1+y} \tag{7-11}$$

此时，债券价格变化的百分比恰好等于修正久期与债券到期收益率的变化之乘积。由于债券价格变化的百分比同修正久期成比例，因此修正久期可以用来测度债券在利率变化时的风险暴露程度。

【例题 7-5】 债券久期和利率风险

一种 30 年期面值 1 000 元的债券，其息票利率为 8%（每年支付一次利息），到期收益率为 9%。它的价格为 897.26 美元，它的久期为 11.37 年。如果债券的到期收益率上升至 9.1%，债券价格将会发生什么样的变化？

式（7-11）说明债券的到期收益率每上涨 0.1%（用数学式表示为 $\Delta y = 0.001$），债券价格将会变动：

$$\Delta P = -(D^* \Delta y) \times P$$
$$= -\frac{11.37}{1.09} \times 0.001 \times 897.26 = -9.36（元）$$

即债券价格下降 9.36 元。

对于普通债券来说，其麦考利久期和修正久期非常接近。从这里也可以看出，修正久期所传达的信息与久期相似：当债券到期收益率较低时，如果其他因素不变，息票债券的久期会增长。

然而，麦考利久期和修正久期都无法应用于嵌有选择权的债券，因为它们都是以未来的现金流为基础进行计算的。

3. 有效久期

在麦考利久期模型研究中存在一个重要假设，即随着利率的波动，债券的现金流不会发生变化。然而这一假设对于具有隐含期权的金融工具，如按揭贷款、可赎回（或可卖出）债券等而言则很难成立。因此，麦考利久期模型不应被用来衡量现金流易受到利率变动影响的金融工具的利率风险。针对麦考利久期模型这一局限，Frank Fabozzi 提出了有效久期的思想。所谓有效久期（effective duration），是指在利率水平发生特定变化的情况下债券价格变动的百分比。它直接运用不同收益率变动为基础的债券价格进行计算，这些价格反映了隐含期权价值的变动。

有效久期不需要考虑各期现金流的变化情况，不包含利率变化导致现金流发生变化的具体时间，而只考虑利率一定变化下的价格总体情况。因此，有效久期能够较准确地衡量具有隐含期权性质的金融工具的利率风险。对于没有隐含期权的金融工具，有效久期与麦考利久期是相等的。

有效久期可以应用于附有选择权的债券的利率风险衡量中。有效久期是一种事后久期，根据事后债券价格波动的幅度大小和利率波动的大小来计算久期。根据式（7-6）和式（7-11）可知

$$修正久期 = \frac{债券价格变动的百分比}{利率变动}$$

借鉴修正久期的计算方法，接下来我们来研究有效久期的计算。其计算方法如下。

假设 P_0 是债券的初始价格，Δy 是收益率变动的绝对值，P_+ 是收益率上升一个很小幅度 Δy 时的债券的新价格，P_- 是收益率下降一个很小幅度 Δy 时债券的新价格，ΔP 是价格波动的决定值。当收益率下降时，此时有修正久期为

$$\frac{\Delta P}{P \Delta y} = \frac{P_- - P_0}{P_0 \Delta y}$$

当收益率上升时，此时有修正久期为

$$\frac{\Delta P}{P \Delta y} = \frac{P_0 - P_+}{P_0 \Delta y}$$

由于价格变动具有不对称性，取两次结果的平均值作为有效久期的近似值：

$$有效久期 = \frac{P_- - P_+}{2 P_0 \Delta y} \tag{7-12}$$

（三）久期法则

债券价格对市场利率变化的敏感性受到三个方面因素的影响：到期时间、息票率和到期收益率。这些价格敏感性的决定因素对于固定收入资产组合管理来说是非常重要的，它们与久期的关系也表现出了如下一些重要的规则。

久期法则1 零息债券的久期等于其到期时间。

这也容易证明，附息债券的期限比相同久期的零息债券要短，因为债券生命短的息票降低了到期支付位置的债券（零息债券）权重的平均时间。

久期法则2 当息票票面利率较低时，如果到期不变，债券久期较长。

呈现这种规律的原因在于，票面利率越高，早期的现金流量现值就越大，占债券价格的权重就越高，使时间的加权平均值越低，即久期越短。我们知道，票面利率越低，债券价格的利率敏感性越强，而久期是对利率敏感性的度量，这与票面利率越低久期越长是一致的。

久期法则 3 如果息票的票面利率不变，那么债券久期通常会随着到期时间的增加而增加。债券以面值或超出面值的价格销售，久期总是随到期时间的增加而增加。

债券的到期时间越长，价格的利率敏感性会越强，从而久期就越长。但是，久期并不一定总是随着到期时间的增长而增长。对于收益率很高的某些债券，久期可能会随着到期时间的增长而缩短。而且，附息债券久期的增长速度比到期时间的增长速度要慢一些，即到期时间增长一年，久期的增长幅度小于一年。当然，对于零息债券，久期等于其到期时间，到期时间增长一年，久期也就增长一年。

久期法则 4 当债券到期收益率较低时，如果其他因素不变，附息债券的久期会增长。

前面已经提及，较高的债券收益率不仅会降低所有债券支付的限制，同时也会较大幅度地降低远期支付的价值。所以当有较高的到期收益时，债券总值的较高部分存在于其较早的支付，这样就缩短了有效期限。

久期法则 5 统一公债的久期为 $\frac{1+y}{y}$。

虽然无限期债券的到期日是无限的，但其久期却是有限的。

二、债券的凸性

（一）凸性的含义

凸性（convexity）是指在某一到期收益率下，到期收益率发生变动而引起的价格变动幅度的变动程度。凸性是对债券价格曲线弯曲程度的一种度量。凸性的出现是为了弥补久期本身也会随着利率的变化而变化的不足。因为在利率变化比较大的情况下，久期就不能完全描述债券价格对利率变动的敏感性。凸性越大，债券价格曲线弯曲程度越大，用修正久期度量债券的利率风险所产生的误差越大。

价格—收益率曲线是凸状的，说明价格—收益率的关系不是线性的，相应的价格—收益率曲线不是直线而是曲线。在收益率高时变得更加平缓，在收益率低的时候变得更加陡峭。因此，当收益率上升时，债券价格将以更小的幅度下降；当收益率降低时，债券价格将以更大的幅度增加。由于 $\frac{\Delta P}{P} = -D^* \Delta y$，所以 $D^* = -\left(\frac{\Delta P}{P}\right)/\Delta y$。因此，久期在数学上对应于价格收益率曲线上的一阶导数的绝对值。修正的久期与初始价格的乘积是价格收益率曲线在某点上的线性估计。如果利用久期估计收益率变化导致的价格变化，在收益率降低时就会低估价格的上升，在收益率上升时则会高估价格的下降误差等于曲线和直线之间的垂直距离。所以说，只有在收益率变化不大的情况下利用久期估计价格的变化才比较准确，如果收益率的变化较大，用久期估计价格变化就会产生较大误差。收益率变化越大，误差也就越大。

如图7-1所示,在点y^*收益率变化到y_1时,实际价格相应变化到P_1,但若以久期度量变化幅度,则价格变化到P_2,随着收益率增加的幅度越大,P_1与P_2的差距越大,即误差越大。

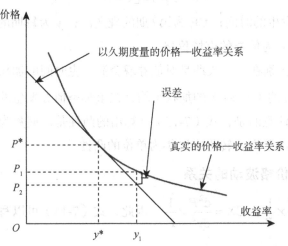

图7-1 久期度量的债券价格—收益率的关系误差

因此,在收益率变化比较大的情况下,为了更精确地估计债券价格的变化,就必须考虑价格收益率曲线的凸性性质。可以用泰勒级数的前两项更准确地计算收益率变化导致的价格的变化:

$$dP = \frac{dP}{dy} \times dy + \frac{1}{2} \times \frac{d^2P}{dy^2} \times (dy)^2 + \varepsilon \quad (7\text{-}13)$$

式中,ε为误差项。

将式(7-13)两边同时除以债券价格P,可以得到价格变化百分比的表达式:

$$\frac{dP}{P} = \frac{dP}{dy} \times \frac{1}{P} dy + \frac{1}{2} \times \frac{d^2P}{dy^2} \times \frac{1}{P} \times (dy)^2 + \frac{\varepsilon}{P} \quad (7\text{-}14)$$

如果用CX来表示凸性,那么凸性的数学定义可以表示为

$$CX = \frac{d^2P}{dy^2} \times \frac{1}{P}$$

可见,凸性与价格收益率函数的二阶导数相对应。凸性与初始价格的乘积是价格收益率曲线的曲率。即

$$CX \times P = \frac{d^2P}{dy^2}$$

(二)凸性的计算

为了更准确地计算债券价格的变化,需要计算债券的久期与凸性。对于普通债券

而言，凸性 CX 的计算公式为

$$CX = \frac{1}{P(1+y)^2} \sum_{t=1}^{T} \left[\frac{CF_t}{(1+y)^t}(t^2+t) \right] \qquad (7\text{-}15)$$

式中，t 为现金流发生的时间；CF_t 为第 t 期的现金流；y 为每期的到期收益率；T 为距到期日的期数；P 为债券的市场价格。

凸性与久期的区别在于，久期是对债券现金流发生时间的加权平均，而凸性是债券现金流发生时间 t 的 (t^2+t) 的加权平均，权重都是债券发生的现金流现值与债券价格的比值。值得注意的是，式（7-15）计算出的凸性是以期数为单位的，还要把它除以每年付息次数的平方，转化成以年为单位的凸性。

（三）凸性与价格波动的关系

由于 $D^* = -\frac{dP}{dy} \times \frac{1}{P}$，$CX = \frac{d^2P}{dy^2} \times \frac{1}{P}$，因此，式（7-14）可以写成久期和凸性与价格波动的关系式：

$$\frac{\Delta P}{P} = -D^* \Delta y + \frac{CX}{2}(\Delta y)^2 + \frac{\varepsilon}{P}$$

式中，$-D^*\Delta y$ 为基于修正久期对债券价格波动的近似估计；$\frac{CX}{2}(\Delta y)^2$ 是引入凸性以后对久期估计的价格波动作出的修正。当收益率变动较小时，$(\Delta y)^2$ 会相当小，凸性对价格波动的修正值也很小，可以忽略不计，因此不考虑凸性，用久期估计出来的价格波动较为准确。当收益率变动较大时，$(\Delta y)^2$ 就会比较大，如果不考虑基于凸性计算的修正项，仅仅根据久期估计的价格波动就会产生较大的误差。从计算普通债券的凸性公式中可以看出，凸性不可能为负值。因此，当收益率降低时，根据久期估计的价格波动会低估价格上升的幅度；当收益率升高时则会高估价格下降的幅度。凸性的修正会在一定程度上消除这种高估或者低估。当收益率上升时，正的修正项会使估计的价格下降幅度变小；当收益率下降时，正的修正项则会使估计的价格上升幅度变大。因此，考虑凸性后估计的价格波动与实际情况更为接近。

正是因为一般债券的凸性为正值，所以债券的凸性越大，对投资者越有利。如果其他条件都一样，凸性越大的债券，当收益率降低时，债券价格上升的幅度就越大，当收益率升高时，债券价格下跌的幅度就越小。

【例题 7-6】 债券久期和凸性

面值为 100 元的债券，票息率为 8%，10 年到期，当前市场利率为 8%。因债券的票息率等于市场利率，债券价值等于面值 100 元。如果市场利率从 8% 提高到 9%，则债券价格变化可以估计如下：

根据计算得出债券的久期为 7.25，修正久期为 6.71（7.25/1.08）。凸度为 30.254。因此，债券价格变化的百分比为

$$\frac{\Delta P}{P} = -D^* \Delta y + \frac{CX}{2}(\Delta y)^2$$
$$= -6.71 \times 1\% + \frac{30.254}{2} \times (1\%)^2 = -6.56\%$$

即收益率上升 1%，债券的价格下降 6.41%。新的债券估计价格为 100−6.56=93.44(元)。

三、久期和凸性的应用

（一）久期与免疫

免疫（immunization）是指对债券利率风险进行规避的一种策略。当市场利率发生变化时，投资者持有债券会承担价格波动和再投资风险。某些金融机构的资产（如银行的贷款）属于固定收益工具，负债（如银行的存款）也属于固定收益工具，当利率发生变化时，资产和负债的价值都发生变化，因此导致机构资产净值的波动。为了规避这些投资收益和价值的波动，使得投资收益和资产净值免受市场利率波动的影响，所采取的措施就是免疫。

久期是进行利率免疫的基本工具，对于单只债券，投资者可以适当设计持有期限，就可以规避利率波动带来的风险。对于资产和负债价值差，可以使用匹配久期的方法规避利率变化带来的价值差变化。如银行、养老基金和保险公司，它们在资产和负债到期结构上存在自然的不匹配。举个例子，银行负债主要是客户存款，总体期限较短，但是银行资产主要由商业和客户贷款构成，这样就使得银行资产久期长于负债久期。一旦利率提高，它们的净价值会下降，也影响偿债能力。解决这个问题的方法是使用资产、负债久期管理，使得资产和负债对于利率变化的敏感性相同，使得净资产价值相对利率变化不发生变化，获得免疫。

【例题 7-7】 债券久期与免疫

5 年期债券的面值为 100 元，票息率为 10%，发行时的市场利率为 12.77%，发行价格为 90.20 元，其久期约为 4 年。如果投资期为 4 年，在市场利率不发生变化的情况下，债券投资实现的收益率必然为 12.77%。

如果市场利率发生变化，从 12.77% 降到 10%，实现的收益率可计算如下。票息及其再投资收益为 $10 \times (1.1^3 + 1.1^2 + 1.1 + 1) = 46.41$(元)，出售债券所得（第 4 年息后出售）为 110/1.1=100（元），因此总所得为 46.41+100=146.41（元）。实现的收益率为

$$r_1 = \sqrt[4]{146.41/90.20} - 1 = 12.87\%$$

同样，如果利率从 12.77% 上升到 14%，实现的收益率计算如下。票息及其再投资

收益为 $10\times(1.14^3+1.14^2+1.14+1)=49.21$（元），出售债券所得（息后出售）为 $110/1.14=96.49$（元），因此总所得为 49.21+96.49=145.70（元）。实现的收益率为

$$r_1 = \sqrt[4]{145.70/90.20} - 1 = 12.74\%$$

如果投资期长于久期，如投资期为 5 年，仍假设市场利率从 12.77%降低为 10%，他条件不变。票息及其再投资所得为 61.05 元，期末收回本金 100 元，投资总收益 161.05 元。实现投资收益率 12.29%，收益率下降。如果市场利率从 12.77%提高到 14%，息票及其再投资所得为 66.10 元，到期收回本金 100 元，投资总收益为 166.10 元，实现投资收益率为 12.99%，收益率上升。收益率随着市场利率发生同向变化，表现出再投资风险作用大于价格波动风险。

如果投资期短于久期，如投资期为 3 年，当市场利率从 12.77%降低为 10%时，息票及其再投资所得为 33.10 元，投资期末收回 100 元，投资总收益为 133.10 元，实现投资收益率为 13.85%，收益率上升。如果市场利率从 12.77%提高到 14%，息票及其再投资所得为 34.40 元，投资期末收回 93.41 元，投资总收益 127.81 元，实现投资收益率为 12.32%，收益率下降。此时，投资所表现出的风险特征是，收益率随着市场利率发生反向变化，表现出价格波动风险作用大于再投资风险。

通过计算可以看出：

（1）如果债券投资期与久期大致相同，则投资收益率基本不受利率变化的影响。

（2）如果债券投资期明显长于久期，则债券投资收益率与利率同方向变化，即利率上升，收益率上升；利率下降，收益率下降。

（3）如果债券投资期明显短于久期，则债券投资收益率与利率反方向变化，即利率上升，收益率下降；利率下降，收益率上升。

上述例子表明投资者持有债券所面临的两种风险即价格波动风险和再投资率风险，如果投资期等于久期，这两种影响基本抵消，所以久期也是使价格风险和再投资风险达到平衡时的持有期。在这种情况下，无论利率怎么变化，都不会影响投资者的总收益。

对于债券组合而言，免疫的原理完全相同。但由于收益率曲线形状以及债券凸性不同，会使得免疫过程复杂一些，也未必能够达到完全免疫。

(二) 凸性与免疫

市场利率的变化不仅影响债券价格和再投资收益率，而且也影响债券的久期。事实上，如果考虑久期随着市场利率的变化而变化，则免疫的效果会受到影响。久期变化越大，免疫效果越差。债券的凸性反映了久期随利率变化而变化的程度。所以，凸性越小，免疫效果越好；凸性越大，免疫效果越差。

使用久期描述债券价格变化与利率变化之间的关系，仅仅适用于一个无穷小的利率变化，对于实践中出现的一定幅度的利率变化，计算结果会存在一定的误差。做一个简化的假设，使用一项资产和一项负债做久期匹配，并且假设资产和负债在目前利率水平上价值相同。按照久期定义，当资产和负债久期相同时，可以对净值进行免疫，也就是净值不受利率变化的影响。实际上，久期匹配免疫并不准确。如图7-2所示，A、B两只债券在横轴为0（表示利率无变化）的点相切，对于价值相同的债券，切线斜率相同久期相同。图中两只债券在切点处虽然斜率相同，但是曲率不同，因此导致当利率变化时，两只债券价值变化并不完全相同，其中A债券的价值变化大于B债券。因此，要进行完全免疫，还需要凸性匹配。至少考虑凸性后，可以使得免疫效果更好。

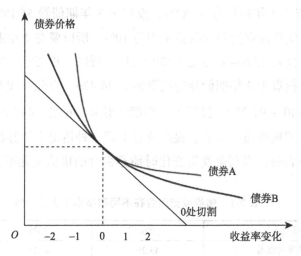

图7-2 不同凸性的债券价格与利率变化关系曲线图

（三）免疫组合构建

期限匹配是一种债券组合免疫的重要方法。期限匹配指使得债券组合的久期等于投资期。这种免疫组合的构建首先要根据投资目标确定组合要求的久期，即组合的加权久期；其次，选择备选债券；最后，确定组合中各种债券的投资比例。

拓展阅读7-2：债券的免疫策略

【例题7-8】 免疫组合构建

投资者在2年后需要支付一笔100万元的现金流。在这笔100万元的负债到期前，投资者希望充分利用现有资本进行增值，但为了保证还债，也要保证投资的安全。出于以下几个方面原因考虑，投资者决定进行债券组合投资：①债券的投资风险一般低于股票投资；②债券组合能够规避特殊风险；③采用免疫策略能够规避价格波动风险和再投资风险；④使用不同期限的债券组合还可能获得收益率曲线变化的好处。

为了实现免疫，债券组合的加权久期应等于 2 年。如果备选的两种债券分别为 1 年期债券和 3 年期债券，两种债券的面值均为 100 元，假设利率的期限结构曲线保持水平，两种债券的当前到期收益率均为 10%。1 年期债券的票息率为 7%，3 年期债券的票息率为 8%，票息都是每年支付一次。根据上述数据，1 年期债券的价值为 97.27 元，3 年期债券的价值为 95.03 元。两种债券的久期分别为 1 年和 2.78 年。这样，组合中的投资比例可以通过以下方程组解出：

$$\begin{cases} w_1 + w_2 = 1 \\ w_1 \times 1 + w_2 \times 2.78 = 2 \end{cases}$$

式中的两个未知数 w_1、w_2 分别为投资于两种债券上的比例，解得的结果分别为 0.438 2 和 0.561 8，即投资于 1 年期债券 43.82%，投资于 3 年期债券 56.18%。

由于目前两种债券投资的到期收益率均为 10%，所以要在 2 年末获得 100 万元的现金流，只需现在投入 82.644 6 万元（100/1.21）。所以，投资于 1 年期债券的投资额为 36.214 9 万元，投资于 3 年期债券的投资额为 46.429 7 万元。或者投资于 1 年期债券 3 723 张（362 140 ÷ 97.27），投资于 3 年期债券 4 886 张（464 297 ÷ 95.03）。

表 7-1 计算了到期收益率不变、提高或者下降三种情况下债券投资组合的期末价值变化。表中结果表明，当利率发生变化时债券组合的价值变化不大。

表 7-1　债券投资组合在不同利率水平上的免疫　　　　　　　　万元

收益率变化	9%	10%	11%
1 年期债券本息及其再投资收益	43.39	43.78	44.18
3 年期债券的票息及其再投资收益	8.18	8.22	8.25
3 年期债券的出售价格	48.45	48.01	47.58
合计	100.02	100.01	100.01

当然，在构建债券组合时备选债券可能有很多，实现要求的加权久期可能有很多种方案。因此，在符合加权久期的各种方案中也存在选择问题。这种选择问题的准则一般是债券组合的投资收益，即在各种方案中选择收益率最高的组合。除此之外，为了避免可能的风险，应尽可能使债券的现金流与组合的加权久期相吻合。在上述的例子中，即使现金流尽可能集中在 2 年年末。

拓展阅读 7-3：战争是债券之父

债券组合还可能实现对于收益率曲线变动的套利。例如，如果投资者预期收益率曲线在整体平移的基础上还可能出现两端下移，也就是变得更平滑。那么，使用长、短期债券组成中期投资，比单纯投资短期债或者长期债券可能获得更高的收益。

即 测 即 练

本 章 小 结

第一节介绍了收入资本化法在债券价值分析中的运用,并就三类有代表性的债券(贴现债券、附息债券和统一公债)分别讨论了债券内在价值的决定公式。如果债券的市场价格高于(或低于)其内在价值,说明该债券被高估(或低估)。本节还就债券的定价定理展开了讨论,探讨债券的价格与到期时间、息票率、收益率之间的具体关系。

第二节介绍了债券价值分析中的两个特性(久期和凸性)。在图形中,久期(麦考利久期)和凸性都表现为债券的价格与收益率之间的反比关系,但是久期认为债券价格与收益率之间的反比关系是线性的。最后还介绍了如何利用久期和凸性构建债券免疫组合。

综 合 训 练

1. 名词解释

  收入资本化法 贴现债券 附息债券 久期 凸性

2. 收入资本化法在债券定价中是如何应用的?
3. 债券的种类及定价方法如何?
4. 为什么说久期对固定收益资产组合的管理很重要?
5. 为什么说凸性对固定收益资产组合的管理很重要?
6. 试述债券久期与凸性的区别和联系。
7. 一只债券的年票面利率是 4.8%,卖价为 970 元,则债券的当期收益率是多少?
8. 一只债券面值为 1 000 元,年票面利率为 10%,半年付息一次,市场利率为每半年 4%,债券剩余期限为 3 年。计算目前债券的价格。
9. 某种债券票面利率为 8%,每年付息一次,期限为 5 年,面值为 100 元,若市场利率为 5%。计算:

  (1)该债券的理论价格;

  (2)该债券的麦考利久期;

  (3)该债券的修正久期;

  (4)若市场利率变为 6%,则债券价格如何变化?

第八章

股票投资分析

【本章学习目标】

通过本章学习，学员应能够：
1. 掌握收入资本化法的原理及其在股票定价中的应用；
2. 掌握绝对定价模型和相对定价模型的基本思想；
3. 熟练运用股利贴现模型进行股票定价分析；
4. 熟练运用市盈率模型、市净率模型进行股票价格分析。

引导案例：扇贝"重创"獐子岛

2020年1月22日晚间，獐子岛（股票代码：002069.SZ）发布2019年度业绩预告称，预计2019年度归属于上市公司股东的净亏损在3.5亿元至4.5亿元的区间内。公告称，报告期内，公司海洋牧场底播虾夷扇贝再次发生重大自然灾害，拟对于底播虾夷扇贝存货成本进行核销和计提跌价准备，预计影响金额约为2.9亿元。公司已申请的应减免尚未获准的海域使用金约1.43亿元，影响当期收益。獐子岛称，净利润下滑主要是受可收获虾夷扇贝资源总量和市场竞品价格影响，养殖产品销售收益减少；因海洋牧场增养殖品种重新规划区域，致使海域使用金核算分配计入当期数额增大，导致产品单位成本上升。此外，獐子岛一直处于涉嫌信息披露违法违规被立案调查预处罚待听证审理最终结果（立案调查自2018年2月9日至今）阶段，因资金资源不足，贸易及加工业务运营未能达到预期效果。獐子岛此前于2019年11月7日启动秋季抽测，并于11月11日披露，扇贝大比例死亡。据2019年11月19日公告，对放弃采捕的海域，獐子岛预计拟核销2017年底播虾夷扇贝存货成本7 526.76万元，预计拟核销2018年底播虾夷扇贝存货成本1.2亿元，合计拟核销成本1.96亿元；对亩产下降的海域，獐子岛预计拟计提存货跌价准备金额8 205.89万元。上述两部分合计计提2.78亿元，占其原存货账面价值的90%。这些事件对股票价格会产生什么影响？如何确定股票价格？

市场上投资者会经常思考：市场上某只股票是否被低估了？被低估了多少？面对数以万计的股票，看着红红绿绿的各种数字和符号，刚进入股市的投资者估计都会不知所措。本章主要阐述了股市分析师发现错估证券的方法，他们通过当前和未来的盈利能力信息来评估公司真实的市场价值。

股票价值分析是指人们通过各种专业分析方法，对影响证券价值或价格的信息进行综合分析以判断证券价值或价格及其变动行为，是股票投资过程中一个不可缺少的环节。理论上，股票定价模型可以分为绝对定价模型（absolute valuation model）和相对定价模型（relative valuation model）。绝对定价模型建立在现金流贴现的基本思想基础上，该模型认为股票的内在价值等于预期未来现金流量的现值之和。按照对现金流的不同理解，绝对定价模型可以分为股息贴现模型（discount dividend model，DDM）和股权自由现金流量模型（free cash flow to equity model），本章重点讲解第一种绝对定价模型。相对定价模型建立在一价定律的基础上，即相似的公司应该具有相似的价值，按照比对的基准的不同，相对定价模型分为市盈率模型、市净率模型和市价/现金流比率模型等。

第一节　股息贴现模型

与债券估值相同，股票价格也是由一系列未来现金流量的现值决定的。股票的现金流量由股利现金流量和资本利得两部分构成。假设持股期无限，即投资者买入股票后永不卖出，则就不会产生资本利得，股利（股息和红利的总称，在本书中股息和红利不加区别）是投资者在正常条件下投资股票所能获得的唯一现金流，可以建立股价模型对普通股进行估值，这就是著名的股息贴现模型。这一模型最早由威廉姆斯（J.B.Williams）和戈登（M.J.Gordon）（1938）提出，它实际上是将收入资本化法运用到权益类证券的价值分析中。

假设股票各期发放的现金股利分别是 D_1，D_2，$\cdots$，D_t，$\cdots$，则根据收入资本化法，股票的内在价值为

$$P = \frac{D_1}{1+r} + \frac{D_2}{(1+r)^2} + \cdots + \frac{D_t}{(1+r)^t} + \cdots = \sum_{t=1}^{\infty} \frac{D_t}{(1+r)^t} \qquad (8\text{-}1)$$

式中，r 为资本化率或贴现率。贴现率是预期现金流量风险的函数，风险越大，现金流的贴现率越大；风险越小，现金流的贴现率越小。

如果能够准确地预测股票未来每期的股息，就可以利用式（8-1）计算股票的内在价值。在对股票未来每期股息进行预测时，关键在于预测每期股息的增长率。如果用 g_t 表示第 t 期的股息增长率，其数学表达式为

$$g_t = \frac{D_t - D_{t-1}}{D_{t-1}} \tag{8-2}$$

根据对贴现股息增长率的不同假定，股息贴现模型主要分为零增长的股息贴现模型、固定增长的股息贴现模型、三阶段股息增长模型、多元增长条件下的股息增长模型。下面对各个模型展开介绍。

一、零增长的股息贴现模型

式（8-1）是对股息贴现模型的一般化表达，在对股票进行定价时作用不大，因为它需要对未来无限期的股息进行预测。为了让股息贴现模型更具有应用价值，下面我们给出一些简化的假设条件。最简单的做法就是假设股息的增长率为0，这就是零增长的股息贴现模型（zero-growth model）。

拓展阅读8-1：远离从不分红的铁公鸡股票，有四大理由！

零增长的股息贴现模型假定股利固定不变，该模型既适用于普通股的价值分析，也适用于优先股与统一公债等相似金融资产的价值评估。在零增长的股息贴现模型下，每期的股息满足关系式 $D_0 = D_1 = D_2 = \cdots$ 或写成股利增长率（g_t）为零的表达式：$g_t = 0$，代入式（8-1），可得

$$P = \sum_{t=1}^{\infty} \frac{D_t}{(1+r)^t} = D_0 \sum_{t=1}^{\infty} \frac{1}{(1+r)^t} \tag{8-3}$$

在 $r > 0$ 时，式（8-3）可以进一步简化为

$$P = \frac{D_0}{r} \tag{8-4}$$

【例题 8-1】 零增长股息贴现模型

某公司发行优先股，承诺从当期开始每期期末支付给持有者每股股利1元，贴现率为10%，则该优先股的内在价值为

$$P = \frac{D_0}{r} = \frac{1}{10\%} = 10(元)$$

二、固定增长的股息贴现模型

固定增长的股息贴现模型（constant-growth model）又称戈登模型，假设股息增长率为常数 g，即

$$g_t = \frac{D_t - D_{t-1}}{D_{t-1}} = g$$

根据戈登模型的假设条件，贴现率大于股利增长率时，即 $r > g$ 时，则存在：

$$P = \sum_{t=1}^{\infty} \frac{D_t}{(1+r)^t} = \sum_{t=1}^{\infty} \frac{D_0(1+g)^t}{(1+r)^t} = \frac{D_0(1+g)}{r-g} = \frac{D_1}{r-g} \tag{8-5}$$

式（8-5）为固定增长股息贴现模型的函数表达式，式中，D_0、D_1 分别为期初和第一期期末的现金股利；r 为贴现率；g 为固定不变的股利增长率。公式中的 g 如果等于零，就变成了零增长的股息贴现模型公式。

【例题 8-2】 固定增长股息贴现模型

某公司今年为其普通股股东支付了每股 0.5 元的现金股利，并承诺从今年开始每年按 5% 的增长率为其普通股股东支付现金股利，若贴现率为 10%，则该公司普通股的内在价值为

$$P = \frac{D_0(1+g)}{r-g} = \frac{0.5 \times (1+5\%)}{10\% - 5\%} = 10.5（元）$$

固定增长的股息贴现模型的内涵十分丰富。首先，固定增长的股息贴现模型在以下情况下股票的价值将增大：①每股预期的股息更多；②市场资本化率（贴现率）r 更低；③预期股利增长率更高。其次是预期股票价格与股息的增长速度是一致的。

当前的股票价格为：$P_0 = \dfrac{D_1}{r-g}$；下一期的股票价格则可以表达为

$$P_1 = \frac{D_2}{r-g} = \frac{D_1(1+g)}{r-g} = \frac{D_1}{r-g}(1+g) = P_0(1+g)$$

因此，股息贴现模型暗示了在股息增长率固定的情况下，每年价格的增长率就会等于固定增长率 g。对于市场价格等于内在价值的股票，预期持有期收益率就会等于

$$E(r) = 股息收益率 + 资本利得率 = \frac{D_1}{P_0} + \frac{P_1 - P_0}{P_0} = \frac{D_1}{P_0} + g$$

这提供了一种推断市场资本化率的方法，因为如果股票按内在价值出售，那么 $E(r) = r$，这意味着 $r = \dfrac{D_1}{P_0} + g$。通过观察可以得到股息收益率 $\dfrac{D_1}{P_0}$ 和估计股息增长率，就可以计算出 r 了。这个等式也被称为现金流贴现（DCF）公式。

戈登模型说明，公司的股利政策会对股票价值产生影响。这个模型十分有用，原因之一就是它使投资者可以确定一个不受当前股市状况影响的公司的绝对价值或"内在价值"。其次，戈登模型对未来的股利（而不是盈余）进行计量，关注投资者预期可以获得的实际现金流量，有助于不同行业的企业之间进行比较。尽管这个模型的概念十分简单，但是除了一些机构投资者以外，应用范围并不广泛，因为如果缺乏必要的数据和分析工具，它用起来就非常麻烦。

由于固定增长的股息贴现模型被戈登教授推广，因此被称为"戈登模型"，这个

模型几乎在每一本投资学教材中都会出现。纽约大学教授 Aswath Damodaran 在他所著的《投资估价》一书中写道:"从长期来看,用戈登模型低估(高估)的股票胜过(不如)风险调整的市场指数。"尽管任何一种投资模型都不可能永远适用于所有股票,但戈登模型仍被证明是一种可靠的方法,用于选择那些在长期从总体上看走势较好的股票。它应该是投资者在其投资组合中选择其中一些股票时的有效工具之一。

三、三阶段股息增长模型

三阶段股息增长模型(three-stage-growth model)最早是由摩罗德乌斯基(Nicholas Molodvsky)、梅(Catherine May)和凯瑟琳(Sherman Chattiner)于 1965 年在《普通股定价——原则、目录和应用》一文中提出的。它是基于假设所有的公司都经历三个阶段,与产品的生命周期的概念相同。在成长阶段,由于生产新产品并扩大市场份额,公司取得快速的收益增长;在过渡阶段,公司的收益开始成熟并且作为整体的经济增长率开始减速;在这一阶段之后,公司处于成熟阶段,公司收入继续以整体经济的速度增长。在成长阶段假设红利的增长率为常数 g_a;在过渡阶段不妨假设红利增长率以线性的方式从 g_a 变化为 g_n,g_n 是稳定阶段的红利增长率。如果 $g_a > g_n$,在过渡期表现为递减的红利率;反之,表现为递增的红利增长率。

该模型的突出优点在于:

(1)虽然模型有一定程度的复杂性,但易于理解。

(2)它很好地反映了股票理论上的价格,还允许在高利润—高增长的公司同低利润—低增长的公司之间做比较。

(3)模型能容易地处理增长公司的情况,有广泛的应用性。

(4)模型提供一个构架以反映不同类型公司的生命循环周期的本质。

一般地认为,在三阶段股息增长模型中,不同的公司处于不同的阶段。成长中的公司的增长阶段比成熟公司的要长。一些公司有较高的初始增长率,因而成长阶段和过渡阶段也较长。其他公司可能增长率较低,因而成长阶段和过渡阶段也比较短。

我们考虑一种三阶段股息增长模型:第一阶段的股息增长率较高,为一固定的常数;第二阶段按线性降低;第三阶段维持在一个固定的较低的水平不变。具体变化情况如图 8-1 所示。

图 8-1 中,在第一阶段(0 至 T_1)股利增长较快,增长率恒为 g_a,第二阶段(T_1 至 T_2)股利增长率以线性的方式由 g_a 减少至 g_n,第三阶段(T_2 至 ∞)股利以较小的恒定的增长率 g_n 的速度增长。在第二阶段的任意时刻 t,由于股息增长率呈线性变化,因此有

$$g_t = g_a + \frac{(g_n - g_a)(t - T_1)}{T_2 - T_1} \tag{8-6}$$

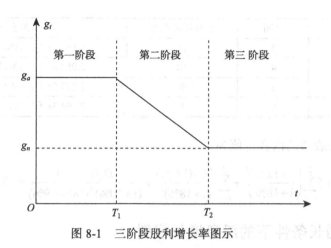

图 8-1 三阶段股利增长率图示

在这种股利支付方式下,如果已知 g_a,g_n,期初的股利支付 D_0,以及时间点 T_1 和 T_2,贴现率 r,可以计算各期的股利,然后根据贴现率计算股票的内在价值。三阶段股息增长模型公式为

$$P = D_0 \sum_{t=1}^{T_1} \left(\frac{1+g_a}{1+r}\right)^t + \sum_{t=T_1+1}^{T_2} \frac{D_{t-1}(1+g_t)}{(1+r)^t} + \frac{D_{T_2}(1+g_n)}{(1+r)^{T_2}(r-g_n)} \tag{8-7}$$

【例题 8-3】 三阶段股息增长模型

假定某公司股票期初支付的股息为 1.5 元/股,前两年的股息增长率为 12%,然后按线性的方式下降到第 5 年的 9%,之后股息增长率一直维持在这一水平,折现率为 18%,估计该公司股票的内在价值。

解 由题可知,该公司的股息增长率情况如下:在第一阶段 $g_1 = g_2 = 12\%$;在第三阶段,股息增长率恒为 9%;在第二阶段,由式(8-6)可求得

$$g_3 = 12\% + \frac{(9\% - 12\%) \times (3-2)}{5-2} = 11\%$$

$$g_4 = 12\% + \frac{(9\% - 12\%) \times (4-2)}{5-2} = 10\%$$

$$g_5 = 12\% + \frac{(9\% - 12\%) \times (5-2)}{5-2} = 9\%$$

从而可得该公司股票在不同阶段的股息、股息增长率如表 8-1 所示。

表 8-1 某公司股票在不同阶段的股息及股息增长率

阶段	时期	股息增长率/%	股息/元
第一阶段	1	12	1.5×(1+12%)=1.68
	2	12	1.68×(1+12%)=1.881 6

续表

阶段	时期	股息增长率/%	股息/元
第二阶段	3	11	1.881 6×（1+11%）=2.088 6
	4	10	2.088 6×（1+10%）=2.297 5
	5	9	2.297 5×（1+9%）=2.504 3
第三阶段	6	9	2.504 3×（1+9%）=2.729 7

所以，该公司股票的内在价值为

$$P = 1.5\sum_{t=1}^{2}\left(\frac{1+12\%}{1+18\%}\right)^{t} + \sum_{t=3}^{5}\frac{D_{t-1}(1+g_t)}{(1+18\%)^t} + \frac{D_5(1+9\%)}{(1+10\%)^5(18\%-9\%)} = 19.58(元)$$

四、多元增长条件下的股息增长模型

上述三种股利贴现模型基本都是基于简化的假设条件，而一个公司的生命周期在不同阶段表现出较大差异的福利分配特征，如在公司早期有广阔的、高盈利的再投资机会，股息支付率较低，而增长较快；后期公司处于成熟阶段，生产能力已经满足市场需求了，此时竞争者也已经进入市场了，再发现好的投资机会很困难，公司通常会选择提高股利支付率，支付较多的股利。多元增长条件下的股息增长模型假定在某一时点T之前股利增长率不确定，但在该时点后股利增长率变为一个常数g，多元增长条件下的股息增长模型的计算公式为

拓展阅读 8-2：H 模型

$$P = \sum_{t=1}^{T}\frac{D_t}{(1+r)^t} + \frac{D_{T+1}}{(1+r)^T(r-g)} \quad (8\text{-}8)$$

总的来说，股票价格是市场供求关系的结果，不一定反映该股票的真正价值，而股票的价值应该在股份公司持续经营中体现。因此，公司股票的价值是由公司逐年发放的股利所决定的。而股利多少与公司的经营业绩有关。说到底，股票的内在价值是由公司的业绩决定的。通过研究一家公司的内在价值而指导投资决策，这就是股息贴现模型的现实意义了。

第二节　相对定价模型

相对定价模型又称为比率估值模型或相对价值模型，是应用一些相对比率将目标与具有相同或者相近行业特征、财务特征、股本规模或经营管理风格的上市公司进行比较来对公司股票进行估值的方法。这些相对比率是影响股票价值和内在价值的重要变量，包括收益、现金流、账面价值和销售额等。本节将主要介绍市盈率模型、市净

率模型、市价/现金流比率模型。

一、市盈率模型

市盈率（price to earning ratio，PE 或 P/E ratio）为每股市价与每股收益之比，是依据企业盈利的水平，计算收回投资成本需要年数，也代表市场上的投资者为获得每单位发行公司的收益，愿意支付的价格。市盈率是衡量股价高低和企业盈利能力的一个重要指标。由于市盈率把股价和企业盈利能力结合起来，其水平高低更真实地反映了股票价格的高低。

市盈率高，在一定程度上反映了投资者对公司增长潜力的认同。例如，有些高科技板块的股票市盈率接近或超过 100 倍，而摩托车制造、钢铁行业的股票市盈率只有 20 倍，甚至更低。但是市盈率也并非越高越好。20 世纪 60 年代后期，美国股市由高估的股票统治着，市场充满投机气氛，如宝利来、施乐、IBM 等公司的股票市盈率高达 50～100 倍。巴菲特认为这样的市盈率已远高于正常市盈率，他向合伙人表示当时不宜买入这些股票，后来事实证明巴菲特的做法的确是对的，它避免了合伙公司巨大的资本损失。

由于市盈率还可用于衡量一家公司每股收益的价格，因此市盈率模型在评估股票价值的时候具有如下方面的优点：市盈率是单位收益的价格，可以直接应用于不同收益水平的股票价格之间的比较；对于某段时间没有支付股息的股票也适用；模型本身所涉及的变量预测较为简单。

当然，此模型也存在某些方面的不足：若企业的收益为负值，则此模型失效；市盈率模型的理论基础较为薄弱；因为上市公司的经营状况是动态变化的，市盈率指标只能说明上市公司以前年度的情况，无法提供绝对价格估值标准。如果收益是负值，市盈率就失去了意义。

再有，市盈率除了受企业本身基本面的影响以外，还受到整个经济景气程度的影响。在整个经济繁荣时市盈率上升，整个经济衰退时市盈率下降。如果目标企业的贝塔值为 1，则评估价值正确反映了对未来的预期。如果企业的贝塔值显著大于 1，经济繁荣时评估价值被夸大，经济衰退时评估价值被缩小。如果贝塔值明显小于 1，经济繁荣时评估价值偏低，经济衰退时评估价值偏高。如果是一个周期性的企业，则企业价值可能被歪曲。因此，市盈率模型最适合连续盈利并且贝塔值接近于 1 的企业。如果目标企业的预期每股净利变动与可比企业相同，则根据本期市盈率和预期市盈率进行估价的结果相同。值得注意的是：在估价时目标企业本期净利必须要乘以可比本期净利市盈率，目标企业预期净利必须要乘以可比企业预期市盈率，两者必须匹配。

在其他因素相同的时候，比较两种股票的市盈率，大致说明这样一个情况：如果公司的每股收益不变，市盈率越高时，则获得该种股票的价格成本就越高；或股价不变时，市盈率越高，则该种股票的每股收益就越低。因此，市盈率所反映的只是按照过去的每股收益率来判断的获取同等收益的成本的高低程度。股价越高，市盈率越高，成本越高；反之，则越低。但是由于市盈率是随着股价而不断变化的，且这个指标是以现时的价格跟过去的收益率做对比。因此，在实际运用市盈率作为投资参与指标时，还应关心上市公司的未来收益发展状况，也就是股票的成长性。如果只看市盈率，不顾成长率，很可能所选的股票是过去的骄子、今日的垃圾。反映到具体指标上就是：成长率的下降引起市价的下跌，市价的下跌又导致市盈率的下降。当然，将这个情况举出来，是为了说明在投资时不应将宝全部押在市盈率低的股票上，明智的做法是通过对产业、企业的现状和发展状况进行分析，选择价位较低、有发展潜力的个股。即应在考虑市盈率低的同时，更多地关注股票的成长性。

根据式（8-5）固定增长的股息贴现模型知：

$$P_0 = \frac{D_1}{r-g}$$

每期的股息应该等于当期的每股收益（E）乘派息比率（b），将 $D_1 = E_1 \times b_1$ 代入上式得

$$P_0 = \frac{E_1 \times b_1}{r-g}$$

变形得

$$\frac{P_0}{E_1} = \frac{b_1}{r-g} \tag{8-9}$$

可以发现，市盈率（P/E）取决于三个变量：派息比率（payout ratio）、贴现率和股息增长率。市盈率与派息比率、股息增长率成正比，与贴现率成反比。派息比率、贴现率和股息增长率还只是第一层次的市盈率决定因素。

为简单起见，假设公司满足以下三个条件：股票收益的当期派息比例是固定常数 b，则每股股息 $D = E \times b$；股东权益收益率固定不变，用 ROE 表示；没有外部融资。则股息增长率为

$$g = \text{ROE} \times (1-b) = \text{ROA} \times L \times (1-b) = \text{PM} \times \text{ATO} \times L \times (1-b) \tag{8-10}$$

式中，ROA 为总资产收益率；L 为杠杆比率或权益比率；PM 为税后净利润；ATO 为总资产周转率。

从式（8-10）可以看出，市盈率受各种因素的影响，如市场组合收益率、贝塔系数、贴现率以及影响贝塔系数的其他变量，与市盈率之间的关系都是负相关的；股息增长率、股东权益收益率、总资产收益率、税后净利润率和总资产周转率，与市盈率之间的关系是正相关的；而杠杆比率、派息比率与市盈率的关系是不确定的。

影响市盈率内在价值的因素如下。

（1）股息发放率。显然，股息发放率（派息比率）同时出现在市盈率公式的分子与分母中。在分子中，股息发放率越大，当前的股息水平越高，市盈率越大；但是在分母中，股息发放率越大，股息增长率越低，市盈率越小。所以，市盈率与股息发放率之间的关系是不确定的。

（2）无风险资产收益率。由于无风险资产（通常是短期或长期国库券）收益率是投资者的机会成本，是投资者期望的最低报酬率，无风险利率上升，投资者要求的投资回报率上升，贴现利率的上升导致市盈率下降。因此，市盈率与无风险资产收益率之间的关系是反向的。

（3）市场组合资产的预期收益率 r_M。市场组合资产的预期收益率越高，投资者为补偿承担超过无风险收益的平均风险而要求的额外收益就越大，投资者要求的投资回报率就越大，市盈率就越低。因此，市盈率与市场组合资产预期收益率之间的关系是反向的。

（4）无财务杠杆的贝塔系数。无财务杠杆的企业只有经营风险，没有财务风险，无财务杠杆的贝塔系数是企业经营风险的衡量，该贝塔系数越大，企业经营风险就越大，投资者要求的投资回报率就越大，市盈率就越低。因此，市盈率与无财务杠杆的贝塔系数之间的关系是反向的。

（5）杠杆程度和权益乘数。两者都反映了企业的负债程度，杠杆程度越大，权益乘数就越大，两者同方向变动，可以统称为杠杆比率。在市盈率公式的分母中，被减数和减数中都含有杠杆比率。在被减数（投资回报率）中，杠杆比率上升，企业财务风险增加，投资回报率上升，市盈率下降；在减数（股息增长率）中，杠杆比率上升，股息增长率加大，减数增大导致市盈率上升。因此，市盈率与杠杆比率之间的关系是不确定的。

（6）企业所得税税率。企业所得税税率越高，企业负债经营的优势就越明显，投资者要求的投资回报率就越低，市盈率就越大。因此，市盈率与企业所得税税率之间的关系是正向的。

（7）销售净利率。销售净利率越大，企业获利能力越强，发展潜力越大，股息增长率就越大，市盈率就越大。因此，市盈率与销售净利率之间的关系是正向的。

（8）资产周转率。资产周转率越大，企业运营资产的能力越强，发展后劲越大，股息增长率就越大，市盈率就越大。因此，市盈率与资产周转率之间的关系是正向的。

与股息贴现模型类似，市盈率模型也可以用于判断股票的高估抑或低估。根据市盈率模型决定的某公司的市盈率只是一个正常的市盈率。当正常的市盈率 P/E 大于实际的市盈率时，股价被低估；反之则为高估。

特别地，当 $b=1$ 时，股息增长率为 0，此时即为零增长模型，正常的市盈率为 $P/E=1/r$。

【例题 8-4】 零增长的市盈率模型

某公司股票现在的市场价格为 15 元/股，每股股息为 1 元，并且该公司每年将全部利润用于发放股利，折现率为 10%，问投资者应该购买该股票吗？

解 该公司股票正常的市盈率为 $1/10\%=10$，而实际的市盈率为 $15/1=15$，因此该股票被高估了，投资者不宜购买。

【例题 8-5】 不变增长的市盈率模型

设某公司股票现在的市场价格为 30 元/股，过去一年每股收益为 2 元，股息发放部分为 50%且保持不变，折现率为 10%，预期股息增长率为 5%，问投资者应该购买这种股票吗？

解 该公司股票正常的市盈率为 $b/(r-g)=50\%/(10\%-5\%)=10$，而实际的市盈率为 $30/2=15$。因此实际的市盈率大于正常的市盈率，该股票被高估了，投资者不宜购买。

二、市净率模型

市净率是每股市价与每股净资产（book value）的比值 P/BV。股票净值即公司资本金、资本公积金、资本公益金、法定公积金、任意公积金、未分配盈余等项目的合计，它代表全体股东共同享有的权益，也称净资产。净资产的多少是由股份公司经营状况决定的，股份公司的经营业绩越好，其资产增值越快，股票净值就越高，因此股东所拥有的权益也越多，而账面价值是衡量公司净资产的重要会计指标。根据法玛和佛伦奇（French）及其以后的学者的研究，市价和账面价值的比率对于衡量公司的价值非常重要。

相对于市盈率模型而言，市净率模型有以下优点。

（1）每股净资产通常是一个正值，因此市净率也适用于经营暂时陷入困难的企业以及有破产风险的公司。

（2）统计学证明每股净资产数值普遍要比每股收益稳定得多。

（3）对于包含大量现金的公司，市净率是更为理想的比较估值指标。

总之，市净率模型尤其适用于公司股本的市场价值完全取决于有形账面值的行业，而对于只有很少固定成本的服务性公司，市净率模型就不太适用了。同时，市净率指标也存在一些缺陷，市净率指标有时会产生误导作用。例如，由于受到会计计量局限，商誉、人力资源等对于企业而言非常重要的资产没有确认入账；当公司资产负债表存在显著差异时，作为相对值的市盈率指标对信息使用者就会产生误导作用。

用市净率进行价值分析的过程与市盈率完全相同，也是先确定一个合理的正常市盈率，再通过实际市净率和合理市净率的比较，来分析公司的估价是否合理。

我们通过对戈登模型进行一系列的转换得到如下计算公式：

$$\frac{P}{\text{BV}} = 1 + \frac{\text{ROE} - r}{r - g} = \frac{\text{ROE} - g}{r - g} \quad (8\text{-}11)$$

这样，我们就可以根据对未来的盈利、股利增长率和股权成本的预测来得到合理的市净率。

【例题 8-6】 市净率模型

假设预测某公司未来的净资产利润率稳定在10%，且股利增长率和股权成本分别稳定在5%和8%。则公司的合理市净率=（10%–5%）/（8%–5%）=1.67。

此外，根据式（8-11），在 r 和 g 都不变的情况下，我们还可以得到这样的两个结论。

（1）如果公司未来的净资产收益率和股权成本相等，或者说如果公司不创造剩余价值，那么股票的市净率就应该等于1。

（2）如果公司未来的净资产收益率大于（或小于）股权成本，那么股票的市净率就应该大于（或小于）1。

我们也可以用类比法来计算合理的市净率，选择类比对象的方法和市盈率模型完全相同。

三、市价/现金流比率模型

通常情况下，公司的现金流最不容易被操纵，而盈利水平容易被操纵，所以市价/现金流比率越来越多地被投资者使用。同时，在信用评价中有"现金为王"的法则，可见现金流在估值中的关键作用。

拓展阅读 8-3：价值投资三原则：内在价值、安全边际和市场波动

市价/现金流比率计算公式如下：

$$\frac{P}{\text{CF}} = \frac{P_t}{\text{CF}_{t+1}}$$

式中，P_t 是 t 期股票的价格；CF_{t+1} 是公司在 $t+1$ 期的预期每股现金流。

影响 P/CF 的因素与影响 P/E 的因素相同，即这些变量应该是所采用的现金流变量的预期增长率和由于现金流序列的不确定或者波动性所带来的股票的风险。这里的现金流通常是扣除利息、税款、折旧和摊销之前的收益（息税前利润），但是具体采用哪种现金流会随着公司和行业的性质不同以及哪种现金流对行业绩效的计量方便而变化。同时，合适的 P/CF 比率还会受到公司资本结构的影响。

四、总结

相对定价模型是建立在可比基础之上的，要有可以进行参照的企业和能够应用的指标，这就要求有一个较为发达和完善的证券交易市场，还需要有数量众多的上市公司，而我国证券市场上只有少数公司，并且股权结构股权设置等方面都存在着特殊性，股价的人为操作性很大。所以相对价值法在我国当前市场条件下很难找到适合的应用条件。但若条件成熟，此法不失为一种很好的价值评估方法。

运用相对定价模型评估公司价值时，有以下两个障碍必须克服。

首先，与其他可交易的资产不同，公司的出售相对较少。因此，要找到一个刚刚出售的公司作为比较标准并不容易。其次，更为重要的是，"可比公司"在概念上是模糊不清的。一个公司总是包含许多复杂的项目，有各种变幻不定的特征。对于两个公司来说，哪些特征必须类似，才能使两个公司之间具有可比性，往往无法确定。

第一个障碍可以通过运用公开上市公司的有关数据加以克服。尽管很少有整个公司的易手交易，但公开上市公司的股票或债券的交易每天都在进行，虽然这些交易数额不大，但都代表了证券持有人对公司一定的要求权。这些可比上市公司的价值可以运用交易价格加以估算。第二个障碍，重要的是要明白，从估值的角度看，所有的公司都生产同样的产品——现金。不管公司具体生产什么产品或提供何种服务，其对于潜在投资者的价值是由其预期的未来现金流量所决定的。因此，理想的情况是，可比性应该由预期的未来现金流量的统计特征来定义。按照这样的定义，如果两个公司预期的未来现金流量相关程度较高，那么，这两个公司就可比。按照这种可比性的定义，要求对未来多年的现金流量作出预测，才能判断公司之间的可比性。

绝对定价模型和相对定价模型在实务中的使用范围都很广，各有利弊。绝对定价模型的优点在于可以通过一系列比较系统的、比较完整的模型运算来全面了解一个公司的财务状况和经营情况，同时如果模型的建立是正确的，模型的假设是准确的，那么运用这种方法可以得到一个非常精准的结果；其缺点在于结果过多地依赖于假设，假设条件过大而且比较复杂，并且往往不能得到足够的支撑这些假设的信息，因此这些假设的准确性就打了折扣。相对绝对定价模型，相对定价模型最显著的优点就是非常简单、非常透明。选择一个参照公司，以相同的市盈率或市净率来对比一下，很快就能得出被评估公司的价值或价格，但是使用这种方法的难点在于这个世界上没有两家完全相同的公司，所以完全可比的公司是非常难以寻找的。退一步讲，即使找到一组非常相似的公司来进行比较，这些可比公司之间的市场定价是否合理，合理的情况下又是否能作为目标公司的参照等问题都无法确定。并且一组可比公司之间本身的市场定价可能存在很大的差别，这样就给相对定价模型在准确性上、可信度上造成一定的欠缺。在实践领域，国内证券市场以前用得较多的是相对定价模型，但是在国外投行的并购业务中，不管贴现现金流是多么的困难、多么的复杂、假设多么多，公司价值分析仍然是一个经久不衰的工具。正因为绝对定价模型能够全面了解公司，能够防止分析人员或并购人员为缺乏支撑的决策提供保障，所以近几年来在我国证券市场得到越来越多的全面的应用。

即 测 即 练

本 章 小 结

本章主要介绍股票的价值分析方法。

第一节主要介绍如何利用收入资本化法估计股票的内在价值。在计算股票内在价值的时候，股息贴现模型是最常用也是最简单的方法。它包括零增长股息贴现模型、固定增长的股息贴现模型、三阶段股息增长模型、多元增长条件下的股息增长模型。

第二节主要介绍另一种比较常见的估值模型，即相对价值模型亦称比率估值模型。是通过将一些相对比率指标与本公司或者相近公司的相应指标进行对比，从而发现具有投资价值的公司，这就是相对价值法的主要思想，主要包括市盈率模型、市净率模型和市价/现金比率模型。

综 合 训 练

1. 名词解释

股利贴现模型　市盈率　市净率　比率分析法

2. 简述收入资本化法在普通股价值分析中的应用。

3. 简述股息贴现模型有哪些局限性。

4. 根据股息贴现模型决定的股票内在价值是否忽视了买卖股票的资本利得？为什么？

5. 市盈率模型存在哪些优缺点？

6. 假定某公司股票去年支付的每股股息为2元，预计股息增长率将永久地维持在5%的水平上，折现率为11%，问该公司股票的内在价值是多少？

7. 某公司股票上年的股利为每股 0.8 元，而且股利以每年 10%的增长率稳定地增长，市场资本化率为 13%，问该股票现在的内在价值和 3 年后的期望价格是多少？

8. 假定某公司股票现在的市场价格为 18 元/股，每股股息为 2 元，并且该公司每年将全部利润用于发放股利，折现率为 5%，请用市盈率模型分析投资者是否应该购买该股票。

9. 某公司在当前年度每股盈利等于 1.2 元，预计未来三个年度的每股盈利分别为 2.2 元、3.1 元和 4.5 元，之后按照 8%的速度匀速增长。取折现率等于 15%，估算该公司股票的价值。

10. 已知某公司当前年度每股盈利 1.2 元，假设公司在未来能够维持当前的净资产收益率水平，ROE=18%，如果取折现率等于 15%，估算如下两种情况下的股票价值。

（1）公司每股盈利等于红利；

（2）公司红利率为 40%。

11. 某公司的一位董事认为股利贴现模型证明了股利越高股价就越高。

要求：

（1）以固定增长的股利贴现模型作为参考基础，评价这位董事的看法。

（2）说明股利支付率的增加将对下列项目产生何种影响（其他条件不变）。

a. 可持续增长； b. 账面价值的增长。

第九章

衍生证券价值分析

【本章学习目标】

通过本章的学习，学员应能够：
1. 了解相对定价法与绝对定价法的区别；
2. 了解远期和期货的异同点、期货合约的价值分析方法；
3. 掌握远期合约与期货合约的概念，能够对远期和期货的损益进行分析，掌握不同类型标的资产远期合约的价值分析；
4. 掌握期权的概念、分类，能够对欧式看涨期权和欧式看跌期权进行损益分析；
5. 掌握期权价格的主要影响因素及其影响机制，掌握期权价格的上下限；
6. 熟悉期权定价模型中常见的二叉树模型和 Black-Scholes 公式并理解其中的原理。

引导案例：巴林银行倒闭事件

1995 年 2 月 27 日，英国中央银行宣布，英国商业投资银行——巴林银行因经营失误而倒闭。消息传出，立即在亚洲、欧洲和美洲地区的金融界引起一连串强烈的波动。东京股市英镑对马克的汇率跌至近两年最低点，伦敦股市也出现暴跌，纽约道琼斯指数下降了 29 个百分点。巴林银行是历史显赫的英国老牌贵族银行，世界上最富有的女人——伊丽莎白女王也信赖它的理财水准，并是它的长期客户。

尼克·李森曾被誉为国际金融界"天才交易员"，曾任巴林银行驻新加坡巴林期货公司总经理、首席交易员，以稳健、大胆著称。在日经 225 期货合约市场上，他被誉为"不可战胜的李森"。1994 年下半年，李森认为，日本经济已开始走出衰退，股市将会有大涨趋势。于是大量买进日经 225 指数期货合约和看涨期权。然而"人算不如天算"，事与愿违，1995 年 1 月 16 日，日本关西大地震，股市暴跌，李森所持多头头寸遭受重创，损失高达 2.1 亿英镑。

这时的情况虽然糟糕，但还不至于撼动巴林银行。只是对李森先生来说已经严重影响其光荣的地位。李森凭其天才的经验，为了反败为胜，再次大量补仓日经 225 期货合约和利率期货合约，头寸总量已达 10 多万手。

要知道这是以"杠杆效应"放大了几十倍的期货合约。当日经225指数跌至18 500点以下时，每跌一点，李森先生的头寸就要损失两百多万美元。"事情往往朝着最糟糕的方向发展"，这是强势理论的总结。

2月24日，当日经指数再次加速暴跌后，李森所在的巴林期货公司的头寸损失，已接近其整个巴林银行集团资本和储备之和。融资已无渠道，亏损已无法挽回，李森畏罪潜逃。巴林银行面临覆灭之灾，银行董事长不得不求助于英格兰银行，希望挽救局面。然而这时巴林银行的损失已达14亿美元，并且随着日经225指数的继续下挫，损失还将进一步扩大。因此，各方金融机构竟无人敢伸手救助巴林这位昔日的贵宾，巴林银行从此倒闭。

一个职员竟能短期内毁灭一家老牌银行，究其各种复杂原因，其中，不恰当地利用期货"杠杆效应"，并知错不改，以赌博的方式对待期货，是造成这一"奇迹"的关键。

虽然最后很快抓住了逃跑的李森，但如果不能抓住期货风险控制的要害，更多的"巴林事件"还会发生，包括我们个人投资者中间的小"巴林事件"。

金融衍生工具是为适应风险管理的需要而产生的，但衍生工具本身也是一把"双刃剑"，如果使用得当，可有效地避免风险或减少风险，增加收益；如果使用不当，就好比处于杠杆上的一点，这点不仅在输的一边，而且已偏离支点太远，换句话说，亏损已超出了我们的承受范围，有时候甚至超出我们的想象，所以我们有必要比较深入地了解这些方面的知识。

衍生证券（derivative security，也称衍生工具）是一种证券，是双方或者多方建立的一种价值依附于（取决于）其他资产的金融合同，并且根据事先约定的事项进行支付。这些其他资产通常叫作"基础资产"。换句话说，衍生工具与基础资产并存。

金融资产的定价方法主要有：绝对定价法——根据金融工具未来现金流的特征，运用恰当的贴现率将其贴现成现值，该现值就是此金融产品的价格，这种方法主要适合基础的金融工具的定价。相对价值法——利用基础产品价格与衍生产品价格之间的内在关系，直接根据基础产品价格求出衍生产品的价格，这种方法主要适合衍生金融工具的定价和价值分析。本章主要研究如何利用相对价值法对衍生证券进行价值分析。

第一节　远期和期货的价值分析

由于远期合约和期货合约是最基本的衍生证券，因此从最简单的衍生证券入手来逐步分析衍生证券的价值。

一、远期合约的概念

远期合约（forward contract），简称"远期"，是指买卖双方同意以现在所确定的价格，在未来某一时刻买进或卖出一定数量资产的合约。远期合约是最基本的衍生工具之一，合约通常是在两个金融机构或金融机构与其公司客户之间签订，一般不在正式的交易所内交易。远期合约涉及两方：多头（购买标的资产方）和空头（出售标的资产方）。在远期合约中，同意将来在某一时刻以某一约定价格买入资产的一方被称为多头方，远期合约中同意将来在某一时刻以某一约定价格卖出资产的一方被称为空头方。

远期合约是必须履行的协议，不像可选择不行使权利（放弃交割）的期权。远期合约亦与期货不同，其合约条件是为买卖双方量身定制的，通过场外交易（OTC）达成，而后者则是在交易所买卖的标准化合约。远期合约规定了将来交换的资产、交换的日期、交换的价格和数量，合约条款因合约双方的需要不同而不同。远期合约主要有远期利率协议、远期外汇合约、远期股票合约。

远期合约是现金交易，买方和卖方达成协议在未来的某一特定日期交割一定质量和数量的商品。

（一）相关概念

在合约中规定的未来的交易价格称为交割价格（delivery price）。决定远期合约价格的关键变量是标的资产的市场价格。在合约签署时，所选择的交割价格应该使得远期合约的价值对于双方来讲都为零。但是随着时间的推移，标的资产的市场价格发生变化后，远期合约可能具有正的或者负的价值。

使得远期合约价值为零的交割价格，称为远期价格（forward price）。随着时间的推移，远期价格有可能随时发生变化。因此，在合约开始后的任何时刻，除了偶然，远期价格和交割价格一般并不相等。而且一般来说，在任何给定时刻，远期价格随该合约期限的变化而变化。例如，3个月期的远期合约的价格肯定不同于9个月期的远期合约价格。

远期价值通常指远期合约本身的价值，由远期实际价格与远期理论价格的差距决定。若交割价格和远期价格不一致，即远期价值不为0，就会出现套利机会。

（二）远期合约的损益

我们引入下列常用符号。K表示远期合约中的交割价格，是固定不变的；T表示远期合约约定的交割时间；S_T表示远期合约到期时标的资产的即期价格，这个是变化的。因此，投资远期合约的损益主要在于T时刻S_T与K之间的大小关系。表9-1总结了远期合约盈亏的各种情况。

表 9-1 远期合约的盈亏

到期日标的资产的即期价格与合约的交割价格	远期合约的盈亏	
	买方	卖方
T 时即期价格=交割价格	无任何价值	无任何价值
T 时即期价格<交割价格	亏损	盈利
T 时即期价格>交割价格	盈利	亏损

一般来说，由于合约的持有者有义务用交割价格 K 购买价值为 S_T 的资产，因此一单位资产远期合约多头方的损益（payoff，也称收益或回报）等于

$$多头方的损益 = S_T - K$$

与此类似，一单位资产远期合约空头的损益等于

$$空头方的损益 = K - S_T$$

由于 S_T 是变化的，所以远期合约的损益可能是正的，也可能是负的。远期合约的损益分析如图 9-1 所示。

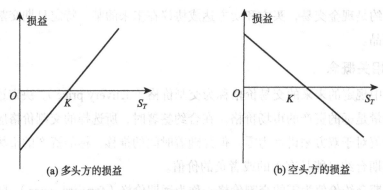

(a) 多头方的损益　　　　　　　　(b) 空头方的损益

图 9-1　远期合约的损益分析

任何一个远期合约的损益都是一条穿过交割价格 K 点的 45 度直线。显然，当到期日的即期价格等于合约的交割价格时，该合约价值为零；当到期日的即期价格大于合约的交割价格时（价格在 K 点的右边），该合约对于买方（多头）有价值，所以多头损益线处在横轴的上方，相对称地，卖方（空头）的损益线处在横轴的下方；而当到期日的即期价格小于合约的交割价格时（价格在 K 点的左边），该合约对于卖方（空头）有价值，其损益线处在横轴的上方，此时买方（多头）的损益线处在横轴的下方。正如前面的叙述一样，一方的盈利来自另一方的亏损。

远期合约是非标准化合约。签署之前，双方就交割地点、时间、价格、合约规模等细节进行谈判，所以灵活性较大，这是远期合约的主要优点。但远期合约也有明显的缺点，首先，由于远期合约主要是场外交易，没有固定集中的交易场所，不利于形成信息交流和传递，所以不利于形成统一的市场价格，市场效率较低。其次，由于每

份远期合约千差万别，这就对远期合约的流通造成较大的不便，因此远期合约的流动性差。最后，远期合约的履行缺乏制度性保证，当价格变动对一方有利时，交易对手却可能无力或无诚意履行合约，因此，远期合约的违约风险较大。

为了克服远期合约的种种问题，芝加哥期货交易所在19世纪60年代开始了期货合约的交易。

二、期货合约的概念

期货合约（futures contract）是买方和卖方的一个标准化协议，双方同意在未来某一指定日期以事先商定的条件（价格、地点、方式）买入或卖出一定标准数量的某种金融工具。期货合约与远期合约不同，它是一种对所交易商品的质量、数量、交货地点、时间都有统一规定的标准化合约。双方同意的价格叫作"期货价格"，交货日期叫作"交割日期"，买卖双方必须承担合约规定的条件和买卖的义务。一般情况下，期货交易的最终目的不是商品所有权的转移，而是通过买卖期货合约，规避现货价格风险。

拓展阅读9-1：我国期货发展史

金融期货合同都是标准化的，其主要内容涉及以下几方面。

每份期货合同的数量和数量单位是相同的，并且这一标准化的数量由期货交易所统一规定。例如，美国标准普尔股票指数S&P 500的每份期货合同的数量是股票指数的500倍。交易单位的标准化极大地简化了期货交易的过程，提高了市场效率。

最小变动价位亦称"刻度"或"最小波幅"，是期货交易所公开竞价过程中，商品或金融期货价格报价的最小变动数值。最小变动价位乘以合约交易单位，就可得到期货合约的最小变动金额。期货品种不同，最小变动价位也不同。有了最小变动价位，期货交易就以最小变动价位的整数倍上下波动，便于交易者核算盈亏。

交割地点也不同，由于金融期货是以现金结算方式进行交割的，因而交易所在期货合同中就指定某家银行作为固定的交割地点。

期货交易所事先规定了交割日期和停止交易日。例如，美国大部分期货合同的交割期为3月、6月、9月、12月。交期月份的第一个交易日为交割的第一个通知日。

期货交易所还规定了每个交易日的最高价和最低价，不能突破限价。其目的是防止价格狂涨和暴跌，稳定市场。

（一）期货合约与远期合约的比较

尽管期货合约与远期合约有许多相似的地方，但具体来讲还是存在不少差异。

1. 两者在交割条件上不同

与远期合约不同，期货合约的交制日（月）和交割物的数量都是标准化的，并且只能在有组织的交易所内交易。期货合约并不总是指定确切的交易日期。期货合约是按交期月划分，由交易所指定在交割月中必须进行交割的交割期限。对商品来说，交割期限通常为整个交割月。合约空头方有权在交割期限中选定他将要进行交割的时间。通常，在任何时候，不同交割月的期货合约都有交易。交易所指定一份合约应交割的资产数额、期货价格的标价方法，并且可能规定任何一天中期货价格可以变化的范围。

而远期合约则通常是非标准化的（也就是说，每份合约的条件都是买卖双方单独议定的），也没有清算所，而且通常没有二级市场，即使有的话，交易也极其清淡。远期合约是一种在柜台交易的工具。

尽管期货合约和远期合约都规定了交割条件，但期货合约并不旨在通过实物交割来清算合约。实际生活中，一般只有不到2%的未清算合约是通过实物交割来清算的。与此相对照，远期合约则意在交割。

2. 两者在盯市（marking to market）要求上不同

期货合约在每个交易日的终了都要调整至市价，因此期货合约会伴有期间现金流量：在价格发生不利变动时需要追加保证金；在价格发生有利变动时可以提取现金。远期合约可能需要也可能不需要调整至市价，这取决于双方当事人的意愿。不必调整至市价的远期合约，因为不需要追加保证金，所以也不会有期间现金流量。

3. 两者在违约风险上不同

因为远期合约的每一方当事人都有可能违约，所以他们都面临着信用风险。而期货合约的违约风险是非常小的，因为与交易所相联系的清算所保证了交易的另一方履约。

假设逐日盯市制度下，某投资者2019年9月1日买入黄金期货合约，12月到期。价格为400美元/盎司，数量为100盎司，则此项投资涉及的总金额为40 000美元。但期初并不需要这么多的资金，假定期货交易所规定初始保证金为5%，维持保证金是初始保证金的75%。此时该投资者只需要存入初始保证金2 000美元，其中包含维持保证金1 500美元。如若市场上，黄金的价格涨为418美元/盎司，则投资者即赚了1 800美元，可将其提现。但是如果黄金的价格跌为385美元/盎司，则投资者的亏损为1 500美元，此时该投资者保证金账户上只有500美元，不够维持保证金的水平，投资者必须追加1 500美元，使保证金达到2 000美元的要求，否则，交易所会强行平仓，将该期货合约卖出。

（二）期货价格和现货价格的关系

期货价格变化机理：①期货与现货价格运行趋势相似；②随着到期日的接近，期货价格和现货价格趋于一致。期货合约价格与现货价格的关系如图9-2所示。

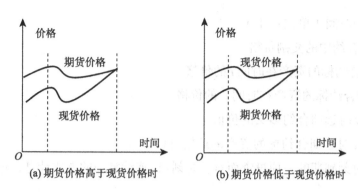

图 9-2 期货合约价格与现货价格的关系

当到达交割期限时,期货价格等于或非常接近于现货价格。否则,市场将存在一个明显的无风险的套利机会。不妨假设在交割期间,期货价格高于现货价格,则按以下投资策略必然会盈利:卖空期货合约,买入资产,进行交割。

如果忽略交易费用,其盈利额等于期货价格高于现货价格的那部分。由于金融市场是完全开放透明的,交易者将很快发现这一套利机会,大量地卖空期货合约,并在现货市场上买入资产进行交割,结果导致期货价格下降、现货价格上升,直至两者相等,套利机会消失。反之亦然。

三、远期合约的价值分析

(一)基本知识

1. 基本假设

为分析简便起见,我们首先做如下假设。

(1)不计交易费用和税收,即市场不存在摩擦。

(2)市场参与者能够以相同的无风险利率借入和贷出资金。

(3)允许现货卖空。

(4)远期合约没有违约风险。

(5)当套利机会出现时,市场参与者将在利润动机的驱使下迅速参与套利活动,即市场不存在套利。

(6)期货合约的保证金账户支付同样的无风险利率。这意味着任何人均可不花成本地取得远期和期货的多头和空头地位。

(7)所有的交易收益(减去交易损失后)使用同一税率。

2. 基本符号

本章中将要用到的符号及含义如下。

T:远期合约到期的时间(单位:年)。

t：现在的时间（单位：年）。

K：远期合约中的交割价格。

S：远期合约标的资产在时间 t 的价格。

S_T：远期合约标的资产在时间 T 的价格。

f：时刻 t 时远期合约多头的价值。

F：时刻 t 时远期合约标的资产的远期价格。

r：对 T 时刻到期的一项投资而言，时刻 t 以连续复利的方式计息，r 为无风险利率。

（二）无收益证券的远期合约

最简单的远期合约是基于不支付收益证券的远期合约，因而也是最容易定价的。无收益证券主要是指到期前不产生现金流量的证券，如不支付红利的股票、贴现债券等。

下面可以通过无套利定价法来说明现货—远期平价定理。其基本思路为：构建两种投资组合，令其终值相等，则其现值一定相等。这样，就可根据两种组合现值相等的关系求出远期价格。

首先，构建如下两个组合。组合 A：一份远期合约多头加上一笔数额为 $Ke^{-r(T-t)}$ 的现金；组合 B：一单位标的资产。

在组合 A 中，$Ke^{-r(T-t)}$ 的现金以无风险利率投资，投资期为 $(T-t)$。到 T 时刻，其金额恰好为

$$Ke^{-r(T-t)}e^{r(T-t)} = K$$

在远期合约到期时，这笔现金刚好可以交割价格用来买入一单位标的资产。这样，在 T 时刻，两种组合都等于一单位标的资产。根据无套利原则：终值相等，则现值一定相等，这两种组合在 t 时刻的价值必须相等，即

$$f + Ke^{-r(T-t)} = S$$

因此有

$$f = S - Ke^{-r(T-t)} \tag{9-1}$$

式（9-1）表明，无收益资产远期合约多头的价值等于标的资产现货价格与交割价格现值的差额。也可以这样理解，一单位无收益资产远期合约多头等价于一单位标的资产多头和 $Ke^{-r(T-t)}$ 单位无风险负债的资产组合。

由于远期价格就是使远期合约价值为零的交割价格，即当 $f = 0$ 时，$K = F$。据此可令 $f = 0$，则此时的远期价格

$$F = Se^{r(T-t)} \tag{9-2}$$

这就是无收益证券标的资产的现货—远期平价定理。

（三）支付已知现金收益证券的远期合约

现在考虑另一种远期合约，该远期合约的标的资产将为持有者提供可完全预测的现金收益。支付已知现金收益的证券主要是指到期前会产生确定的现金流量的证券，如付息债券、支付已知现金红利的股票。

设 I 为远期合约有效期间所得收益（现金红利和债券利息等）的现值，贴现率为无风险利率。如果考虑存储成本，则可将其看作负收益。此种情况的证明中，我们只需将组合 B 换为：一单位标的资产加上以无风险利率借入期限为 ($T-t$)、数额为 I 的资金。

由于证券的收益可以用来偿还借款，因此在 T 时刻远期合约到期时，组合 B 与一单位的标的资产具有相同的价值。组合 A 在 T 时刻也具有同样的价值。因此，在 t 时刻，由于不存在套利机会，这两种组合应具有相同的价值，即

$$f + Ke^{-r(T-t)} = S - I$$

因此有

$$f = S - I - Ke^{-r(T-t)} \tag{9-3}$$

在式（9-3）中令 $f=0$，则此时的远期价格

$$F = (S-I)e^{r(T-t)} \tag{9-4}$$

（四）提供已知收益率证券的远期合约

正如将在以后讨论的那样，可以认为货币和股票指数都是提供已知股息收益率的证券。我们将对基于这类证券的远期合约进行一般性分析。

股息收益率（q）表示在一段时期内，按证券价格百分比计算的收益。为确定此种远期合约的价值，可将组合 B 更改为持有 $e^{-q(T-t)}$ 单位标的资产，并且所有的收入都再投资于该证券。

组合 B 中拥有证券的数量随着获得股息的增加而不断增长，因此，到时刻 T 时，正好拥有一个单位的该证券。在时刻 T 时，组合 A 和组合 B 的价值相等，在 t 时刻两者也必然相等，可得

$$f + Ke^{-r(T-t)} = Se^{-q(T-t)}$$

因此有

$$f = Se^{-q(T-t)} - Ke^{-r(T-t)} \tag{9-5}$$

在式（9-5）中令 $f=0$，则此时的远期价格

$$F = Se^{(r-q)(T-t)} \tag{9-6}$$

（五）一般结论

远期合约签署时，协议的交割价格就是当期的远期价格，因此远期合约的初始价值为 0。随着时间的推移，远期合约的价值会变为正值或负值。对所有的远期合约，下式都是正确的：

$$f = (F - K)e^{-r(T-t)} \tag{9-7}$$

四、期货合约的价值分析

下面介绍几种主要的期货合约的价值分析。

（一）股票指数期货

股票指数（stock index）反映的是某个假想的、按照一定方式组成的股票组合的价值变化。每种股票在组合中的权重等于组合投资中该股票的比例。组合中的股票可以有相同的权重，或权重以某种方式随时间变化。股票指数通常不因派发现金红利而调整。也就是说，大多数的指数在计算其百分比变化时，不考虑股票组合收到的任何现金红利。

股票指数期货是指买入或卖出相应股票指数面值的期货合约，而股票指数面值则定义为股票指数乘以某一特定货币金额所得的值。所有的股票指数期货合约是现金交割，而不是实物交割。

大部分股票指数可以看作支付股息的证券，这里的证券就是计算指数的股票组合，证券所付股息就是该组合的持有人收到的股息。因此，可以认为股票指数是提供已知股息收益率的证券。

根据合理的近似，可以认为股息是连续支付的。设 q 为股息收益率，可得股指期货价格 F 为

$$F = Se^{(r-q)(T-t)} \tag{9-8}$$

（二）外汇期货合约

外汇的持有人能获得货币发行国的无风险利率的收益（例如持有人能将外汇投资于以该国货币标价的债券）。因此，外汇与提供已知股息收益率的证券是一样的。这里的"股息收益率"就是外汇的无风险利率。

设 r_f 为外国无风险利率且连续计复利，变量 S 代表以本国货币表示的一单位外汇的即期价格，则可得外汇期货价格为

$$F = Se^{(r-r_f)(T-t)} \tag{9-9}$$

这就是国际金融学中的利率平价关系。当外汇的利率大于本国利率时（$r_f > r$），

从式（9-9）可知 F 始终小于 S，且随着合约到期日 T 的增加，F 值减小，即远期外汇贴水。同样，当外汇的利率小于本国利率时（$r_f < r$），从式（9-9）可知 F 始终大于 S，且随着合约到期日 T 的增加，F 值也增加，即远期外汇升水。

关于商品期货合约和利率期货合约，均可采用类似的方法研究其合约价值，在此不再赘述。

第二节　互换的价值分析

互换市场起源于 20 世纪 70 年代，当时的货币交易商为了逃避英国外汇管制而开发了货币交换。如今，互换是金融领域应用最广泛的衍生证券。通过互换，可以降低筹资者的融资成本、提高投资者的资产收益，同时还可以促进全球金融一体化的实现。

一、互换合约的概念和特征

（一）互换合约的概念

金融互换（financial swaps）是约定两个或两个以上当事人按照商定条件，在约定的时间内，交换一系列现金流的合约。互换是一种按需定制的交易方式。互换的双方既可以选择交易额的大小，也可以选择期限的长短。只要互换双方愿意，从互换内容到互换形式都可以完全按需要来设计，由此而形成的互换交易可以完全满足客户的特定需求。

金融互换产生的理论基础是比较优势理论。该理论是英国著名经济学家大卫·李嘉图（David Ricardo）提出的。他认为，在两国都能生产两种产品，且一国在这两种产品的生产上均处于有利地位，而另一国均处于不利地位的条件下，如果前者专门生产优势较大的产品，后者专门生产劣势较小（具有比较优势）的产品，那么通过专业化分工和国际贸易，双方仍能从中获益。

互换交易正是利用交易双方在筹资成本上的比较优势而进行的。具体而言，互换产生的条件可以归纳为两个方面：①交易双方对对方的资产或负债均有需求；②交易双方在这两种资产或负债上均存在比较优势。

（二）互换合约的特征

通过互换，交易双方可以达到筹资、避险、套利等不同的目的。金融互换之所以成为金融衍生品一个重要组成部分，与其特征密切相关。

第一，金融互换产生与发展的基点在于比较优势。这里的比较优势是指交易双方在不同的金融市场拥有的信誉、信息等优势，利用这些优势能以更有利的条件获取某种商品。金融互换的本质在于分配由比较优势产生的经济利益。

第二，金融互换主要是债务人之间的债务交换。互换作为债务交换，是指其经济意义上诸如币种、利率等的交换，而不影响债务人与债权人之间的法律关系。

第三，金融互换的交易双方可以利用自己的筹资优势，间接地进入某些金融市场，筹集到所需要的币种、利率等条件的资金。

第四，金融互换合约大多是非标准化的，可以通过客户之间的双边协议而定，也可以通过投资银行等金融机构进行，体现了灵活性和广泛性。

二、金融互换的种类

（一）利率互换

利率互换（interest rate swaps）是指双方同意在未来的一定期限内根据同种货币的同样的名义本金交换现金流，其中一方的现金流根据浮动利率计算出来，而另一方的现金流根据固定利率计算。它是不包括本金交换的两组利息现金流的互换。由于利率互换只交换利息差额，因此，信用风险很小。

【例题 9-1】 利率互换实例

假定 A、B 公司都想借入 5 年期的 1 000 万美元的借款，A 想借入与 6 个月期 LIBOR（伦敦同业拆借利率）相关的浮动利率贷款；B 想借入固定利率贷款。但两家公司信用等级不同，故市场向它们提供的利率也不同，具体利率如表 9-2 所示。

表 9-2　A、B 公司在不同市场的借款利率

融资公司	固定利率	浮动利率
A 公司	10.00%	6 个月期 LIBOR+0.30%
B 公司	11.20%	6 个月期 LIBOR+1.00%

如果 A 公司按照浮动利率借入资金，B 公司按照固定利率借入资金，则每家公司都能够达到目的。但是通过利率互换不仅让它们达到自己的目的，还可以降低各自的成本。

从表 9-2 中可以看出 A 公司的借款利率均低于 B 公司，即 A 公司在两个市场都具有绝对优势。但是比较一下，我们会发现：在固定利率市场上，A 公司存在 1.20 个百分点的优势；而在浮动利率市场上，A 公司仅存在 0.70 个百分点的优势。因此我们可以得出，A 在固定利率市场存在比较优势，而 B 在浮动利率市场存在比较优势。那么双方就可以利用各自的比较优势为对方借款，然后互换，从而达到共同降低筹资成本的目的。

具体做法是：A 公司按照 10.00%借入固定利率资金 1 000 万美元，B 公司以 LIBOR+1.00%借入浮动利率资金 1 000 万美元。由于本金相同，故双方不必交换本金，

而只需交换利息的现金流，即 A 向 B 支付浮动利息，B 向 A 支付固定利息。

通过发挥各自的比较优势并互换，双方总的筹资成本降低了 0.50 个百分点 [11.20%+6 个月期 LIBOR+0.30%−（10.00%+6 个月期 LIBOR+1.00%）]，这就是互换利益。互换利益是双方合作的结果，理应由双方共同分享。具体分享比例由双方谈判来决定。我们假定双方各分享一半，则双方筹资成本分别降低 0.25 个百分点，即双方最终实际筹资成本分别为：A 支付 LIBOR+0.05%的浮动利率，B 支付 10.95%的固定利率。利率互换的流程如图 9-3 所示。

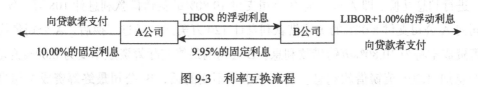

图 9-3　利率互换流程

（二）货币互换

货币互换（currency swaps）是指交易双方按照事先商定的规则，相互交换不同货币、相当金额的本金及其利息支付，到期后再换回本金的交易。货币互换中涉及的现金流交换与利率交换中的基本相同，但它是以两种不同货币计值的。货币互换与利率互换不同的是，它是以借款或资产为基础的交换，互换中不仅包括利息支付的互换，也包括本金互换。

拓展阅读 9-2：货币互换——美元霸权的掘墓铲

【例题 9-2】　货币互换实例

假设目前市场汇率为 1 英镑=1.50 美元。A 公司想借入 5 年期的 1 000 万英镑借款，B 公司想借入 5 年期的 1 500 万美元借款。但是由于 A 公司的信用等级高于 B 公司，两国金融市场对 A、B 两公司的熟悉状况不同，市场向它们提供的固定利率也不同（表 9-3）。

表 9-3　A、B 公司在不同市场的借款利率

融资公司	美元市场利率	英镑市场利率
A 公司	8.00%	11.60%
B 公司	10.00%	12.00%

从表 9-3 中可以看出，A 公司的借款利率均比 B 公司低，即 A 公司在两个市场都具有绝对优势，但绝对优势大小不同。A 公司在美元市场上的绝对优势是 2.00%，在英镑市场上只有 0.40%。这就是说，A 公司在美元市场上有比较优势，B 公司在英镑市场上有比较优势。这样，双方就可以利用各自的比较优势借款，然后通过互换得到自己想要的资金，并通过分享互换收益（1.60%）降低筹资成本。

于是，A 公司以 8.00%的利率借入 5 年期 1 500 万美元的借款，B 公司以 12.00%的利率借入 5 年期 1 000 万英镑的借款。然后，双方先进行本金的交换，即 A 公司向 B 公司支付 1 500 万美元，B 公司向 A 公司支付 1 000 万英镑。

假定 A、B 公司商定双方平分互换收益，则 A、B 公司都将使筹资成本降低 0.80%，即双方最终实际筹资成本分别为：A 公司支付 10.80%的英镑利率，B 公司支付 9.20%的美元利率。

下一步，双方就可根据借款成本与实际筹资的差异计算各自向对方支付的现金流，进行利息互换。即 A 公司向 B 公司支付 10.80%的英镑借款利息计 108 万英镑，B 公司向 A 公司支付 8.00%的美元借款利息计 120 万美元。经过互换后，A 公司最终实际筹资成本将为 10.80%英镑借款利息，B 公司的最终实际筹资成本变为 8.00%美元借款利息加 1.20%英镑借款利息。若汇率水平不变的话，B 公司最终筹资成本相当于 9.20%的美元借款利息。在贷款期满后，双方要再次进行借款本金的互换，即 A 公司向 B 公司支付 1 000 万英镑，B 公司向 A 公司支付 1 500 万美元，到此，货币互换结束。若不考虑本金问题，上述货币互换流程如图 9-4 所示。

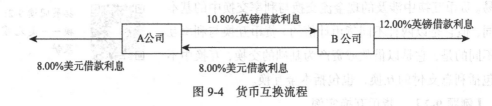

图 9-4　货币互换流程

由于货币互换涉及本金交换，因此当汇率变动很大时，双方就将面临一定的外汇风险和信用风险。若担心未来汇率水平的变动，B 公司可以通过购买美元远期或期货来规避汇率风险。

三、利率互换的价值分析

在利率互换中，一方（甲方）收到固定利率，支出浮动利率；而另一方（乙方）收到浮动利率，支出固定利率。相当于在确定了名义本金后，一方（甲方）使用浮动票息换取固定票息；另一方（乙方）使用固定票息换取浮动票息。在整个交换期限内，双方只交换票息，而不交换名义本金。

因此，对于收到固定利率，支出浮动利率的一方（甲方）来讲，利率互换的价值等于

$$V = B_{fix} - B_{fl} \qquad (9\text{-}10)$$

式中，B_{fix} 为利率互换中与固定利率对应的利息流入的现值；B_{fl} 为利率互换中与浮动

利率对应的利息流出的现值。而对于收到浮动利率，支出固定利率的一方（乙方）来说，头寸性质正好相反。

影响利率互换价值的因素主要包括以下方面。

1. 固定利率和浮动利率的选取

对收到固定利率、支出浮动利率的企业来说，在互换中收到的固定利率越高、支出的浮动利率越低，互换的价值也就越高。对另一方而言，结论恰恰相反。

在这里，应该指出的是，企业最终的净收益不仅受互换中的固定利率与浮动利率的选项的影响，还受到企业从金融市场上为获得融资而付出的利率的高低的影响。例如，对于表9-2中的B公司而言，它从市场上获得浮动利率贷款的方式有两种：一种是直接与银行签订协议以获取以LIBOR为参照的浮动利率贷款；另一种是通过发行商业票据（commercial paper，CP）获取以CP为参照的浮动利率贷款。如果企业采取后一种贷款方式，那么还面临着CP与LIBOR间利率差变化的风险，并且要考虑发行新票据的成本（因为商业票据是短期的，要不断发行新的票据来偿付旧的票据）。甚至，在极端的情况下，B公司可能会由于信用评级下降，难以从商业票据市场继续获得融资，而出现违约风险。

2. 中介机构的存在

在现实中，要寻找两家借款金额相同并且借款期限相同的公司是十分困难的。这就要求有金融机构介入，发挥中介作用。这意味着总的潜在收益（在表9-2的例子中为0.5%）就要在A、B和金融中介之间分配。

此时，尽管A与B得到的现金收益之和下降了，由于金融机构分别与A和B签订了两份合约，如果其中一家公司违约，金融机构仍要履行与另一家的协议，所以，通过金融中介的安排，A和B将信用风险转移给了中介机构。因此，中介机构的存在是影响利率互换价值的一个重要因素。

四、货币互换的价值分析

互换合约为系列现金流交换，货币互换也可以看成不同货币固定收益证券现金流的交换。因此，货币互换的定价与利率互换定价相似，只是增加了即期汇率和远期汇率（forward exchange rate）问题。货币互换签约时，对于双方的价值应该等于0（不考虑交易成本）。在签约后，随着时间的变化，金融市场可能发生各种变化，导致对于签约双方的价值不等于0。对于签约后，互换价值的计算，仍然可以使用上述利率互换价值的计算公式。

在不考虑违约风险的情况下，与利率互换的方式相似，货币互换也可以分解为用两种债券表示的情况。考察图 9-4 中 B 公司的情况，一个是支付 10.80%年利率英镑债券的多头，另一个（A 公司）是支付 8.00%利率美元债券的空头。如果用 V 表示图 9-4 中互换的价值，对外支付外币利率的那一方而言：

$$V = B_D - SB_F \tag{9-11}$$

式中，B_F 为在互换中以外币形式衡量的外币债券价值；B_D 为在互换中本币债券的价值；S 为即期汇率（以每单位外币等于若干本国货币数量来表示）。因此，互换的价值可以由本国货币的利率期限结构、外币的利率期限结构以及即期汇率来确定。

第三节 期权的价值分析

期权在金融市场中具有独特的地位，其本身是一种衍生金融工具，与其他金融产品融合，又可以构造出各种各样的混合金融工具，在现代金融中应用得十分广泛。关于期权的知识，已经成为金融理论和实务工作的必要知识。

一、期权合约

（一）期权的概念

期权（option）又称为选择权，是指赋予期权购买者在规定期限内按双方约定的价格（简称协议价格，即 striking price）或执行价格（exercise price）购买或者出售一定数量的某种金融资产（称为潜在金融资产或标的资产）的权利。

期权实际上是一个合约，合约签订的双方分别为合约的权利人（期权购买者）和义务人（期权出售者）。合约规定在将来一定时期内或将来某个特定的日期，权利人对特定标的资产所拥有的处置选择权，义务人则需要满足权利人对于标的资产处置的要求。具体来说，这里的处置选择权就是对特定标的资产购买或出售的权利。

期权合约有如下四个构成要件：第一，期权标的资产，即期权合约在未来执行权利和义务的对象；第二，权利类型，也就是权利人所拥有的权利，是购买还是出售；第三，行权价格，即期权规定的权利人在购买或者出售标的资产时，按照什么价格实施；第四，行权期限或行权日（expiration date），即期权的权益什么时候实施。第一要件和第二要件合起来，规定了权利人未来可以做什么。第三要件和第四要件规定了如何实施。上述四个要件构成期权合约，也就是期权合约需要对四个方面进行约定。

（二）期权的分类

期权合约要件规定不同，期权就会不同，所以期权可以按照要件进行分类。常见的分法有：按期权持有者所拥有的权利类型，期权可划分为看涨期权（call options）和看跌期权（put options）两种基本形式。按期权持有者可以执行期权的时限，期权可划分为欧式期权（european options）和美式期权（american options）。

1. 看涨期权和看跌期权

看涨期权又称认购期权、买入期权或买权，是指期权的买方向期权的卖方支付一定数额的权利金后，即拥有在期权合约的有效期内，按事先约定的价格向期权卖方买入一定数量的期权合约规定的标的资产的权利，但不负有必须买进的义务。而期权的卖方有义务在期权规定的有效期内，应期权买方的要求，以期权合约事先规定的价格卖出期权合约规定的标的资产。

拓展阅读 9-3：期权发展之"期权的起源"

看跌期权又称认沽期权、卖出期权或卖权，是指期权的买方按事先约定的价格向期权卖方卖出一定数量的期权合约规定的标的资产的权利，但不负有必须卖出的义务。而期权卖方有义务在期权规定的有效期内，应期权买方的要求，以期权合约事先规定的价格买入期权合约规定的标的资产。

2. 欧式期权和美式期权

欧式期权是指购买或出售标的资产的权利只能在执行日的当天行使，而不能在执行日之外的任何时间行使。美式期权是指购买或出售标的资产的权利能够在期权合约规定的有效期内任何时候行使。显然，美式期权的执行要比欧式期权灵活得多。如果其他条件均相同，美式期权的价值不应小于欧式期权的价值。

在分析过程中，我们经常将这两种分类结合，即欧式期权、美式期权与看涨期权、看跌期权相结合，形成如下四种不同的期权：欧式看涨期权、欧式看跌期权、美式看涨期权和美式看跌期权。

（三）期权的盈亏分析

1. 看涨期权的盈亏分析

期权到期时，看涨期权多头和空头的价值与利润如下。

看涨期权多头的价值是标的资产的市价与期权执行价格之差与 0 之间的较大者，即

$$\text{payoff} = \max\{S - X, 0\} \tag{9-12}$$

看涨期权多头的利润是多头期权价值减去期权费，即

$$\text{profit} = \text{payoff} - C \tag{9-13}$$

看涨期权空头的价值是期权执行价格与标的资产的市价之差与 0 之间的较小者，即

$$\text{payoff} = -\max\{S - X, 0\} = \min\{X - S, 0\} \tag{9-14}$$

看涨期权空头的利润是空头期权价值加上期权费，即

$$\text{profit} = \text{payoff} + C \tag{9-15}$$

式中，C 为购买一单位标的资产的看涨期权的价格。从式（9-12）～式（9-15）可以看出，看涨期权多头和空头的价值与利润分别为镜像关系。所以说期权合约是一种"零和博弈"，可以帮助投资者实现风险转移。

看涨期权的买方，其亏损是有限的，以期权费为上限，而盈利却可能是无限的。看涨期权的卖方，亏损可能无限大，最大盈利限度是期权价格。看涨期权买者的盈亏分布如图 9-5（a）所示，看涨期权卖者的盈亏分布如图 9-5（b）所示。X 表示看涨期权的协议价格，S 表示标的资产的市场价格。

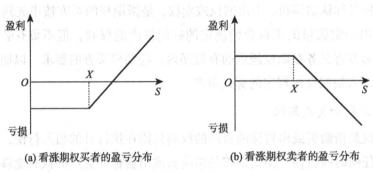

(a) 看涨期权买者的盈亏分布　　(b) 看涨期权卖者的盈亏分布

图 9-5　看涨期权的盈亏分析

容易看出，如果不考虑时间因素，期权的价值取决于标的资产的市价与协议价格的差距。对于看涨期权，把 $S > X$ 时的看涨期权称为实值期权(in the money)，把 $S = X$ 的看涨期权称为平价期权(at the money)，把 $S < X$ 的看涨期权称为虚值期权(out of the money)。

2. 看跌期权的盈亏分析

期权到期时，看跌期权多头和空头的价值和利润如下。

看跌期权多头的价值是期权执行价格与标的资产的市价之差与 0 之间的较大者，即

$$\text{payoff} = \max\{X - S, 0\} \tag{9-16}$$

看跌期权多头的利润是多头期权价值减去期权费，即

$$\text{profit} = \text{payoff} - P \tag{9-17}$$

看跌期权空头的价值是标的资产的市价与期权执行价格之差与 0 之间的较小者，即

$$\text{payoff} = -\max\{X - S, 0\} = \min\{S - X, 0\} \tag{9-18}$$

看跌期权空头的利润是空头期权价值加上期权费，即

$$\text{profit} = \text{payoff} + P \tag{9-19}$$

式中，P 为购买一单位标的资产的看跌期权的价格。从式（9-16）～式（9-19）可以看出，看跌期权多头和空头的价值与利润仍旧为镜像关系。

看跌期权的买方，其亏损是有限的，以期权费为上限，而盈利却可能是无限的。看跌期权的卖方，亏损可能无限大，最大盈利限度是期权价格。看跌期权买者的盈亏分布如图 9-6（a）所示，看跌期权卖者的盈亏分布如图 9-6（b）所示。

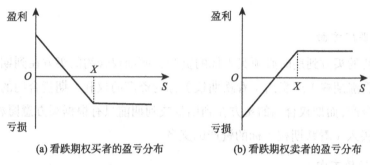

(a) 看跌期权买者的盈亏分布　　(b) 看跌期权卖者的盈亏分布

图 9-6　看跌期权的盈亏分析

同样，对于看跌期权，把 $X > S$ 时的看跌期权称为实值期权（in the money），把 $X = S$ 的看跌期权称为平价期权（at the money），把 $X < S$ 的看跌期权称为虚值期权（out of the money）。

（四）期权交易与期货交易的区别

1. 权利和义务方面

期货合约的双方都被赋予相应的权利和义务，除非用相反的合约抵消，这种权利和义务在到期日必须行使，也只能在到期日行使，期货的空方甚至还拥有在交割月选择在哪一天交割的权利。而期权合约只赋予买方权利，卖方则无任何权利，他只有在对方履约时进行对应买卖标的物的义务。特别是美式期权，买者可在约定期限内的任何时间执行权利，也可以不行使这种权利；卖者则随时准备履行相应的义务。

2. 标准化方面

期货合约都是标准化的，它们都是在交易所中交易的，而期权合约则不一定。在美国，场外交易的现货期权是非标准化的，但在交易所交易的现货期权和所有的期货期权是标准化的。

3. 盈亏风险方面

期货交易双方所承担的盈亏风险都是无限的。而期权交易中卖方的亏损风险可能是无限的（看涨期权），也可能是有限的（看跌期权），而盈利却是有限的（以期权费为限）；期权交易中买方的亏损风险是有限的（以期权费为限），盈利风险可能是无限的（看涨期权），也可能是有限的（看跌期权）。

4. 保证金方面

期货交易的买卖双方都需缴纳保证金。期权的买者则无须缴纳保证金，因为他的亏损不会超过他已经支付的期权费，而在交易所交易的期权卖者则需要缴纳保证金，这跟期货交易是一样的。场外交易的期权卖者是否需要缴纳保证金则取决于当事人的意见。

5. 买卖匹配方面

期货合约的买方到期时必须买入标的资产，而期权合约的买方在到期日或到期前则有买入（看涨期权）或卖出（看跌期权）标的资产的权利。期货合约的卖方到期必须卖出标的资产，而期权合约的卖方在到期日或到期前只有根据买方意愿相应卖出（看涨期权）或买入（看跌期权）标的资产的义务。

6. 套期保值方面

运用期货进行套期保值，在把不利风险转移出去的同时，也把有利风险转移出去。而运用期权进行套期保值时，只把不利风险转移出去而把有利风险留给自己。

二、期权价格的基础知识

为了对期权的价格有一个比较全面的理解，并为介绍二叉树期权定价模型和 Black-Scholes 期权定价模型做准备，下面将介绍期权合约的内在价值和时间价值、期权价格的影响因素以及看涨期权与看跌期权之间的平价关系。

（一）期权合约的内在价值和时间价值

期权价格（或者说价值）等于期权的内在价值加上时间价值。

1. 期权的内在价值

期权的内在价值（intrinsic value）是指多方行使期权时可以获得的收益的现值。对于欧式看涨期权来说，因多方只能在期权到期时行使，因此其内在价值为（$S_T - X$）的现值。这里 X 的现值就是 $Xe^{-r(T-t)}$，其中 r 表示无风险利率；T 表示期权到期时间；t 表示现在的时间。对于无收益资产而言，S_T 的现值就是当前的市价 S；而对于支付现金收益的资产来说，S_T 的现值为 $S - D$，D 表示在期权有效期内标的资产现金收益的现值。因此，无收益资产欧式看涨期权的内在价值等于 $S - Xe^{-r(T-t)}$，而有收益资产欧式看涨期权的内在价值等于 $S - D - Xe^{-r(T-t)}$。

对于无收益资产美式看涨期权而言，虽然多方可以随时行使期权，但可以证明，在期权到期前提前行使无收益美式期权是不明智的，因此无收益资产美式看涨期权价格等于欧式看涨期权价格,其内在价值也就等于 $S - Xe^{-r(T-t)}$。有收益资产美式看涨期权的内在价值也等于 $S - D - Xe^{-r(T-t)}$。

同样道理,无收益资产欧式看跌期权的内在价值都为 $Xe^{-r(T-t)} - S$,有收益资产欧式看跌期权的内在价值都为 $Xe^{-r(T-t)} + D - S$。美式看跌期权由于提前执行有可能是合理的,因此其内在价值与欧式看跌期权不同。其中,无收益资产美式看跌期权的内在价值等于 $X - S$,有收益资产美式看跌期权的内在价值等于 $X + D - S$。

当然,当标的资产市价低于协议价格时,期权多方是不会行使期权的,因此期权的内在价值应大于等于 0。

2. 期权的时间价值

期权的时间价值(time value)也称外在价值,是指在期权有效期内标的资产价格波动为期权持有者带来收益的可能性所隐含的价值,即是指期权合约的购买者为购买期权而支付的权利金超过期权内在价值的那部分价值。时间价值,名为时间,但是不仅仅和时间有关,而是受到两个因素的影响:时间的长短、标的资产波动率的大小。一般来讲,到期期限越长,则期权的时间价值越大;到期期限越短,则期权的时间价值越小。随着时间越来越接近到期期限,期权的时间价值会逐渐衰减,到期时,期权的时间价值为 0。标的物的波动率越大,则期权的时间价值越大;波动率越小,则期权的时间价值越小。

(二)影响期权价格的主要因素

在期权价值的基础上,市场对期权合约的供需关系决定了期权的市场价格,即权利金。从期权要素来看,期权价格通常会受到标的资产的市场价格、行权价、合约到期期限、市场无风险利率、标的资产价格的波动率和标的资产在有效期内的收益六个主要因素的影响。

1. 标的资产的市场价格与行权价

由于看涨期权在执行时,其收益等于标的资产当时的市价与协议价格之差。因此,标的资产的市场价格上涨、行权价下跌时,则看涨期权的价格上涨;反之,则看涨期权的价格下降。

而对于看跌期权,其收益等于协议价格与标的资产当时的市价之差。因此,标的资产的市场价格下跌、行权价上涨时,则看跌期权的价格上涨;反之,则看跌期权的价格下降。

2. 合约到期期限

对于期权来说,期权到期期限越长,期权买方获利的可能性越大,期权卖方须承担的风险也越大，因此期权价格越高。从另外一个角度看，期权到期期限越长，期权的时间价值也就越高。

3. 市场无风险利率

无风险利率对期权价格的影响可从两个角度来考察。

首先可以从比较静态的角度考察，即比较不同利率水平下的两种均衡状态。如果某种状态的无风险利率较高，则标的资产的预期收益率也应较高，这意味着对应于标的资产现在特定的市价，未来预期价格较高。同时由于贴现率较高，未来同样预期盈利的现值就较低。这两种效应都将减少看跌期权的价值。但对于看涨期权来说，前者将使期权价格上升，而后者将使期权价格下降。由于前者的效应大于后者，因此对于较高的无风险利率，看涨期权的价格也较高。

其次可从动态的角度考察，即考察一个均衡被打破到另一个均衡建立的过程。在标的资产价格与利率呈负相关时（如股票、债券等），若无风险利率提高，原有均衡被打破，为了使标的资产预期收益率提高，均衡过程通常是通过同时降低标的资产的期初价格和预期未来价格来实现（前者的降幅更大）。同时贴现率也随之上升。对看涨期权来说，两种效应都将使期权价格下降。而对于看跌期权来说，前者效应为正，后者效应为负，由于前者效应通常大于后者，因此其净效应是看跌期权价格上升。

可以注意到，从两个角度分析得到的结论刚好相反。因此在具体运用时要结合实际情况，注意区别分析的角度。

4. 标的资产价格的波动率

标的证券价格的波动率是用来衡量标的证券未来价格变动不确定性的指标，简单地说，标的证券价格波动率越高，期权合约到期时成为实值期权的可能性就越高，因此相应合约具有更高的价格。

波动率分为历史波动率和隐含波动率，前者是从标的证券价格的历史数据中计算出的收益率的标准差，后者是通过期权现价反推出来的波动率，反映的是市场对未来存续期内标的证券价格波动的判断。就像在股票市场中，投资者习惯用市盈率判断股票价格一样，在期权市场中，可以用隐含波动率来判断期权价格。例如，投资者可以通过比较隐含波动率和历史波动率，判断期权价格被高估还是低估，从而进行卖出或买入的操作。

波动率是期权投资中一个非常重要的指标，一名专业投资者对于波动率的关注往往高于对期权价格本身的关注，这就是为什么期权交易也被称为"波动率"交易。

5. 标的资产在有效期内的收益

在期权有效期内，标的资产的分红付息将使标的资产的价格下降，因此看涨期权的价格将下降，看跌期权的价格将上升。所以看涨期权的价格与标的资产在有效期内收益的大小成反向变动，看跌期权的价格与此成正向变动。

（三）期权价格的上限和下限

为了推导出期权定价的精确公式，先研究期权价格的上下限。

1. 期权价格的上限

（1）看涨期权的价格上限。在任何情况下，期权的价值都不会超过标的资产的市场价格，否则套利者就可以通过买入标的资产并卖出期权来获取无风险利润。因此，对于美式和欧式看涨期权来说，标的资产的市场价格是看涨期权价格的上限，即

$$c \leqslant S, C \leqslant S \quad (9\text{-}20)$$

式中，c 为欧式看涨期权价格；C 为美式看涨期权价格；S 为标的资产的市场价格。

（2）看跌期权的价格上限。由于美式看跌期权的多头执行期权的最高价值为协议价格 X，因此，美式看跌期权价格 P 的上限为 X，即

$$P \leqslant X \quad (9\text{-}21)$$

由于欧式看跌期权只能在到期日（T 时刻）执行，在 T 时刻，其最高价值为 X，因此，欧式看跌期权价格 p 不能超过 X 的现值，即

$$p \leqslant X e^{-r(T-t)} \quad (9\text{-}22)$$

式中，r 为 T 时刻到期的无风险利率；t 为现在时刻。

2. 期权价格的下限

由于确定期权价格的下限较为复杂，仅给出欧式期权价格的下限，并区分无收益标的资产与有收益标的资产两种情况。

（1）欧式看涨期权价格的下限。先考虑无收益资产欧式看涨期权价格的下限。为此，构建如下两个组合：组合 A 为一份欧式看涨期权加上金额为 $Xe^{-r(T-t)}$ 的现金。组合 B 为一单位标的资产。

在组合 A 中，如果现金按无风险利率投资则在 T 时刻将变为 X，即等于协议价格。此时多头要不要执行看涨期权，取决于 T 时刻标的资产价格（S_T）是否大于 X。若 $S_T > X$，则执行看涨期权，组合 A 的价值为 S_T；若 $S_T \leqslant X$，则不执行看涨期权，组合 A 的价值为 X。因此，在 T 时刻，组合 A 的价值为

$$\max\{S_T, X\}$$

而在 T 时刻，组合 B 的价值为 S_T。由于 $\max\{S_T, X\} \geqslant S_T$，因此，在 t 时刻组合 A 的价值也应大于等于组合 B，即

$$c + Xe^{-r(T-t)} \geqslant S$$

由于期权的价值一定为正，因此无收益资产欧式看涨期权价格下限为

$$c \geqslant \max\{S - Xe^{-r(T-t)}, 0\} \quad (9\text{-}23)$$

将期权有效期内标的资产产生的收益现值记为 D，采用类似的推导，就可得出有收益资产欧式看涨期权价格下限为

$$c \geqslant \max\{S - D - Xe^{-r(T-t)}, 0\} \quad (9\text{-}24)$$

（2）欧式看跌期权价格的下限。仍旧先研究无收益资产欧式看跌期权价格的下限。考虑以下两种组合：组合甲是一份欧式看跌期权加上一单位标的资产；组合乙为金额为 $Xe^{-r(T-t)}$ 的现金。

在 T 时刻，如果 $S_T < X$，该期权将被执行，组合甲的价值为 X；如果 $S_T \geqslant X$，该期权将不被执行，组合甲的价值为 S_T。即组合甲的价值为

$$\max\{S_T, X\}$$

假定组合乙的现金以无风险利率投资，则在 T 时刻组合乙的价值为 X。由于组合甲的价值在 T 时刻大于等于组合乙，因此组合甲的价值在 t 时刻也应大于等于组合乙，即

$$p + S \geqslant Xe^{-r(T-t)}$$

由于期权价值一定为正，因此无收益资产欧式看跌期权价格下限为

$$p \geqslant \max\{Xe^{-r(T-t)} - S, 0\} \quad (9\text{-}25)$$

采用类似的方法，容易得到有收益资产欧式看跌期权价格的下限为

$$p \geqslant \max\{D + Xe^{-r(T-t)} - S, 0\} \quad (9\text{-}26)$$

从以上分析可以看出，欧式期权的下限实际上就是其内在价值。

（四）看跌期权与看涨期权之间的平价关系

1. 欧式看涨期权与看跌期权之间的平价关系。

（1）无收益资产的欧式期权。在标的资产没有收益的情况下，为了推导 c 和 p 之间的关系，我们考虑如下两个组合。

组合 A：一份欧式看涨期权加上金额为 $Xe^{-r(T-t)}$ 的现金。

组合 B：一份有效期和协议价格与看涨期权相同的欧式看跌期权加上一单位标的资产。

经过类似的分析可知，在期权到期时，两个组合 A 和 B 的价值均为 $\max\{S_T, X\}$。由于欧式期权不能提前执行，因此两组合在时刻 t 必须具有相等的价值，即

$$c + Xe^{-r(T-t)} = p + S \quad (9\text{-}27)$$

这就是无收益资产欧式看涨期权与看跌期权之间的平价关系（parity）。它表明欧式看涨期权的价值可根据相同协议价格和到期日的欧式看跌期权的价值推导出来，反

之亦然。

如果式（9-27）不成立，则存在无风险套利机会。套利活动将最终促使式（9-27）成立。

（2）有收益资产的欧式期权。在标的资产有收益的情况下，只要把前面的组合 A 中的现金改为 $D + Xe^{-r(T-t)}$，就可推导有收益资产欧式看涨期权和看跌期权的平价关系：

$$c + D + Xe^{-r(T-t)} = p + S \tag{9-28}$$

式中，D 为在期权有效期内标的资产产生的收益的现值之和。

2. 美式看涨期权与看跌期权之间的平价关系

（1）无收益资产的美式期权。对于无收益资产美式看涨期权来说，由于 $P > p$，$C = c$，代入式（9-27）可得

$$C + Xe^{-r(T-t)} < P + S$$

即可得

$$C - P < S - Xe^{-r(T-t)} \tag{9-29}$$

得到了 $C - P$ 的上限，下面讨论 $C - P$ 的下限。为了推导出 C 和 P 更严密的关系，考虑以下两个组合：组合 A 是一份欧式看涨期权加上金额为 X 的现金；组合 B 是一份美式看跌期权加上一单位标的资产。

如果美式期权没有提前执行，则在 T 时刻组合 B 的价值为 $\max\{S_T, X\}$，而此时组合 A 的价值为 $\max\{S_T, X\} + Xe^{-r(T-t)} - X$。因此组合 A 的价值大于组合 B。

如果美式期权在 τ 时刻提前执行，则在 τ 时刻，组合 B 的价值为 X，而此时组合 A 的价值大于等于 $Xe^{-r(\tau-t)}$ 因此组合 A 的价值也大于组合 B。

这就是说，无论美式组合是否提前执行，组合 A 的价值都高于组合 B，因此在 t 时刻，组合 A 的价值也应高于组合 B，即

$$c + X > P + S$$

由于 $C = c$，$C + X > P + S$，因此结合式（9-29）有

$$S - X < C - P < S - Xe^{-r(T-t)} \tag{9-30}$$

由于美式期权可能提前执行，因此得不到美式看涨期权和看跌期权的精确平价关系，但可以得出结论：无收益美式期权必须符合式（9-30）的不等式。

（2）有收益资产的美式期权。同样，只要把组合 A 的现金改为 $D + X$，就可得到有收益资产美式期权必须遵守的不等式：

$$S - D - X < C - P < S - D - Xe^{-r(T-t)} \tag{9-31}$$

三、期权定价模型

在这部分，我们来研究使用得最为广泛的两种期权定价模型：Black-Scholes 期权定价模型（简称 B-S 模型）和二叉树期权定价模型。

（一）Black-Scholes 期权定价模型

20 世纪 70 年代初，Black 和 Scholes 取得了一个重大的突破，他们推导出基于无股息支付股票的任何衍生证券的价格必须满足的微分方程，并运用该方程推导出欧式看涨期权和看跌期权的价值。该模型的假设条件包括以下几个。

（1）标的资产收益率服从对数正态分布。

（2）在期权有效期内，市场无风险利率是恒定不变的。

（3）市场不存在无风险套利机会，市场无摩擦，所有证券都是完全可分的。

（4）标的资产在期权有效期内无红利及其他所得。

（5）该期权是欧式期权，即在期权到期前不可实施。

（6）允许股票卖空，且无惩罚。

（7）证券交易是连续的，价格波动也是连续的。

在标的资产无收益的情况下，式（9-32）给出了无收益资产欧式看涨期权的定价公式：

$$c = S\Phi(d_1) - Xe^{-r(T-t)}\Phi(d_2) \qquad (9\text{-}32)$$

其中

$$d_1 = \frac{\ln S - \ln X + (r + \frac{\sigma^2}{2})(T-t)}{\sigma\sqrt{T-t}}, \quad d_2 = d_1 - \sigma\sqrt{T-t} = \frac{\ln S - \ln X + (r - \frac{\sigma^2}{2})(T-t)}{\sigma\sqrt{T-t}}$$

式中，S 为标的资产的现价；X 为期权的执行价格；r 为连续复利的无风险利率；T 为期权的到期时刻；t 为当前时刻；σ 为标的资产收益率的波动率；$\Phi(x)$ 为标准正态分布的分布函数，满足 $\Phi(-x) = 1 - \Phi(x)$。

由于 $C = c$，式（9-32）也就给出了无收益资产美式看涨期权的定价公式。进一步，根据欧式看涨期权和欧式看跌期权的平价关系，可以得到欧式看跌期权的价格公式为

$$p = c + Xe^{-r(T-t)} - S = Xe^{-r(T-t)}\Phi(-d_2) - S\Phi(-d_1) \qquad (9\text{-}33)$$

但是对于美式看跌期权，还没有一个准确的定价公式。

那么，对于有收益的标的资产，其期权定价公式是什么呢？在收益已知的情况下，可以把标的资产分解成两部分：期权有效期内已知现金收益的现值部分和有风险部分。当期权到期时，现值部分将由于标的资产支付现金收益而消失。因此，只要用 S 表示有风险部分的证券价格，σ 表示风险部分遵循随机过程的波动率，就可直接套用

式（9-32）和式（9-33）分别计算出有收益资产的欧式看涨期权和看跌期权的价值。

当标的证券已知收益的现值为 I 时，只要用 $S-I$ 代替式（9-32）和式（9-33）中的 S 即可求出固定收益证券欧式看涨和看跌期权的价格。

当标的资产的收益为按连续复利计算的固定收益率 q（单位为年）时，只要用 $Se^{-q(T-t)}$ 代替式（9-32）和式（9-33）中的 S 就可求出支付连续复利收益率证券的欧式看涨和看跌期权的价格，从而使 Black-Scholes 欧式期权定价公式适用欧式货币期权和股价指数期权的定价。

从 Black-Scholes 期权定价模型的基本假设中可以看出：现实中，这些假设显然都是无法成立的。并且该模型无法对美式看跌期权进行精确的定价，因此介绍另一种定价模型。

（二）二叉树期权定价模型

二叉树期权定价模型也称二项式模型，它将期权期限划分成若干个短区间，在每个短区间内股票价格仅有两种变化：上涨和下降，也就是股票价格表现出二叉树形式的变化。首先研究单阶段模型，即假设在整个期权期限内，股票价格仅发生一次变化。

1. 单阶段模型

【例题 9-3】 单阶段二叉树模型

如果当前股票价格为 20 元，看涨期权执行价格为 20 元，期末股票价格按照同样的绝对收益率上涨或者下降。例如收益率为 10%，若期末上涨，则上涨 10%，为 22 元。若下降，则下降 10%，为 18 元。变化后的股票价格以及期权内在价值如图 9-7 所示，图中括号内的数字为期权在到期日的内在价值。当股票价为 22 元时，内在价值等于 22−20=2(元)。当股票价格为 18 元时，期权不行权，价值为 0。

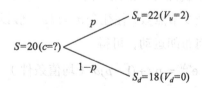

图 9-7 单期二叉树股票价格及期权价值

利用无套利条件构造投资组合。

使用标的股票和看涨期权可以组合成无风险资产，该组合由 1 份期权多头和 Δ 份股票空头构成（反过来也可用）。期初组合的价值为

$$20\Delta - c$$

将计算构造无风险资产组合时的 Δ 值。期末组合的价值有两种可能的变化。如果

股价从 20 元涨到 22 元，股票的价值为 22Δ，期权的价值为 2 元；如果股价从 20 元跌到 18 元，股票的价值为 18Δ，期权的价值为 0。但因为资产组合是无风险的，所以组合在期末只能有一个价值，即

$$22\Delta - 2 = 18\Delta$$

解得 $\Delta = 0.5$。因为组合是无风险资产，使用无风险利率折现。如果无风险年利率为 10%，则组合期末价值的折现值为

$$18\Delta e^{-r} = 18 \times 0.5 \times e^{-0.1} = 8.14(元)$$

该折现值应该等于此组合在年初的价值，即

$$20\Delta - c = 8.14(元)$$

所以得到，该看涨期权的价值 $c = 1.86$ 元。

一般地，假设标的资产的价格在期末上升和下降的乘数分别为 u 和 d（$u>1$，$d<1$），也就是股票的期末价格为 $S_u = Su$ 或者 $S_d = Sd$。相应地，股票价格上涨后和下降后期权期末价值分别为 V_u 或者 V_d。则期权的价值为

$$c = e^{-rT}[pV_u + (1-p)V_d] \qquad (9\text{-}34)$$

其中 $p = \dfrac{e^{rT} - d}{u - d}$。

根据上述计算过程，期权现在的价值可以使用将来期望值折现的方式来获得。在计算期望值时以 p 和 $(1-p)$ 作为权重，然后用连续无风险年利率折现。在这种方法中，权重 p 和 $(1-p)$ 仿造了一个无风险情境，称为风险中性方法，权重 p 称为风险中性条件下股票价格上涨的概率。

2. 多阶段模型

将期权期限内股票价格看成只有两种可能的变化过于简单，与实际相距甚远。将期权期限划分为多个阶段，仍然可以沿用单阶段计算方法。在多（n）阶段模型中，记步长为 $\Delta t = T/n$，为了减少节点数，往往令 $d = 1/u$。假设股票价格以无风险收益率 r 和标准差 σ 为参数做几何布朗运动，可得

$$e^{r\Delta t} = pu + (1-p)d \quad (\text{均值条件})$$

$$\sigma^2 \Delta t = pu^2 + (1-p)d^2 - [pu + (1-p)d]^2 \quad (\text{方差条件})$$

通过求解方程组，得到

$$u = e^{\sigma\sqrt{\Delta t}}, \quad d = \frac{1}{u}, \quad p = \frac{e^{r\Delta t} - d}{u - d}$$

式中，n 为阶段数量。当 n 很大时，上述二项分布的标准差等于 σ。

如果划分成两个阶段，以认购期权为例，结果如图 9-8 所示。第一阶段结束，股

票价格出现两种结果，分别为 $S_u = Su$ 或者 $S_d = Sd$，看涨期权价值分别为 $\max\{(Su-X), 0\}$ 和 $\max\{(Sd-X), 0\}$。第二阶段结束后，股票价格和期权价值出现三种结果（结果略）。

【例题 9-4】 两阶段二叉树模型

某公司股票当前市场价格为 110 元，期权行执行价格为 100 元，无风险年利率为 5%，距离到期日的时间为 1 年，公司股票价格年变化率的标准差为 28%。计算以该公司股票为标的资产的美式看涨期权的价值。按照两阶段模型，可得

$$u = e^{\sigma\sqrt{\Delta t}} = e^{0.28\sqrt{0.5}} = 1.22$$

$$d = \frac{1}{u} = 0.82$$

$$p = \frac{e^{r\Delta t} - d}{u - d} = \frac{e^{0.05 \times 0.5} - 0.82}{1.22 - 0.82} = 0.51$$

各个时期股票的价格分别为：$Su = 134.2$(元)，$Sd = 90.2$(元)，$Su^2 = 163.72$(元)，$Sud = 110$(元)，$Sd^2 = 73.96$(元)。根据股票价格，可分别得到各个时期期权价值：$V_u = 34.2$(元)，$V_d = 0$(元)，$V_{uu} = 63.72$(元)，$V_{ud} = 10$(元)，$V_{dd} = 0$(元)。

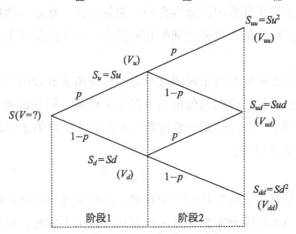

图 9-8 两阶段二叉树股票价格及期权价值

因为期权随时可能行权，对于期权价值的计算使用倒推法。首先，通过 V_{uu} 和 V_{dd}，计算一个 V_u，结果为 $V_u = e^{-r\Delta t}[pV_{uu} + (1-p)V_{ud}] = 36.47$(元)。将本段计算的 36.47 元和上一段中计算的 $V_u = 34.2$ 元比较，两个数值取大，作为 V_u 的最终取值，即 36.47 元。使用同样的方法计算得到最终的 V_d 为 4.97 元。从计算过程来看，不论股票价格在第一阶段末提高还是下降，都不执行期权，此时执行期权得到的价值低，分别得到 34.2 元和 0 元。只有在第二阶段末时，才执行期权。将第二阶段末期权价值求均值后折现，得到两个期权价值，36.47 元和 4.97 元，再将这两个价值求均值并折现，得到

$$V = \mathrm{e}^{-r\Delta t}[pV_u + (1-p)V_d] = \mathrm{e}^{-0.05 \times 0.5}[0.51 \times 36.47 + (1-0.51) \times 4.97] = 20.52(元)$$

即该美式认购期权的价值为 20.52 元。

拓展阅读 9-4: 金融衍生品发展沿革及其与金融危机关系分析

使用二项式模型，阶段划分得越多越细，计算结果越准确。一般将一年划分成 20~30 个阶段，计算结果已经具有较高的精度，与使用 B-S 模型计算结果基本一致。

即 测 即 练

本 章 小 结

本章逐一介绍了衍生证券中的远期合约、期货合约、互换和期权，重点讨论各种衍生证券的价格与其标的资产价格之间的相互关系，并在此基础上分析了各种衍生证券的价值。

远期合约是一个在确定的将来时间按确定的价格购买或者出售某项资产的协议。远期合约的价格是指使得该合约的价值为 0 的交割价格。根据远期合约中的交割价格 K 与当前的远期价格 F 给出 t 时刻一般远期合约的多头的价值 f 的表达式。对所有的远期合约，下式都是正确的：

$$f = (F - K)\mathrm{e}^{-r(T-t)}$$

期货合约是两个对手之间签订的一个在确定的将来时间按确定的价格购买或出售某项资产的协议。当无风险利率恒定且对所有到期日都不变时，两个交割日相同的远期合约和期货合约有同样的价格。主要的期货价格有：股票指数的期货的价格：$F = S\mathrm{e}^{(r-q)(T-t)}$ 和外汇期货的价格：$F = S\mathrm{e}^{(r-r_f)(T-t)}$。

金融互换是两个或两个以上当事人按照商定条件，在约定的时间内，交换一系列现金流的合约，包括利率互换和货币互换。利率互换是双方同意在未来的一定期限内根据同种货币的同样的名义本金交换现金流。由于只交换利息差额，因此信用风险很小。货币互换是将一种货币的本金和固定利息与另一货币的等价本金和固定利息进行交换。货币互换涉及本金互换，因此面临一定的信用风险。

期权是指赋予购买者在规定期限内按双方约定的价格购买或出售一定数量的某种金融资产的权利的合同。按期权持有者的权利，期权可分为看涨期权和看跌期权。按期权持有者可以执行期权的时限，期权可分为欧式期权和美式期权。影响期权价格的主要因素有：标的资产的市场价格和行权价、期权的期限、标的资产价格的波动率、市场无风险利率以及标的资产在有效期内的收益。此外还介绍了期权价格的上限、期权价格的下限以及看涨期权和看跌期权之间的平价关系。

使用最为广泛的两种期权定价模型分别是 Black-Scholes 期权定价模型和二叉树期权定价模型。由于 Black-Scholes 定价公式无法对美式看跌期权进行精确的定价，因此介绍了另一种定价模型——二叉树期权定价模型。在用二叉树表示股票价格的随机过程后，采用倒推法可以对以股票为标的的期权进行定价。

综 合 训 练

1. 远期合约与期货合约有哪些相同点和不同点？
2. 比较期货交易与期权交易的差别。
3. 试列举身边具有期权性质的约定。
4. 期权价值影响因素有哪些？如何影响？
5. 假设一种无股息支付的股票目前的市场价格是 20 美元，无风险连续复利为 11%，试求该股票 4 个月期远期价格。
6. 假设恒生指数目前为 10 000 点，香港无风险连续复利年利率为 10%，恒生指数股息收益率为每年 5%，求该指数 3 个月期的期货价格。
7. 某股票预计在 2 个月和 5 个月后每股分别派发 1 元股息，该股票目前市价为 40 元，假设所有期限的无风险连续复利年利率都是 6%，某投资者刚刚取得该股票 6 个月期的远期合约空头，请问：

（1）远期价格和远期合约的初始值等于多少？

（2）3 个月后，该股票的价格涨到 46 元，无风险连续复利年利率仍为 6%，此时远期合约价格和该合约的空头价值等于多少？

8. 假设目前白银价格为每盎司 80 美元，储存成本为每盎司每年 3 美元，每季度初执行，所有期限的无风险连续复利年利率为 10%，求 8 个月后交割的白银期货的价格。
9. 假设 A、B 公司面临的借款利率如表 9-4 所示。

表 9-4　A、B 公司在不同市场的借款利率

融资公司	A 公司	B 公司
美元（浮动利率）	LIBOR+1.0%	LIBOR+0.5%
欧元（固定利率）	5.0%	6.5%

假设 A 要用浮动利率借美元，而 B 要用固定利率借欧元，某金融机构为它们安排互换并要求获得 60 个基点的差价。如果要使该互换对 A、B 具有同样的吸引力，A、B 应各自支付多少利率？

10. A、B 公司在各自市场上的借款利率如表 9-5 所示（每年支付利息）。A 公司希望以固定利率借款美元，B 公司希望以固定利率借款日元。在当前汇率水平上，两家公司需求的资金等价。

表 9-5 A、B 公司在不同市场的借款利率

融资公司	日元	美元
A 公司	5.0%	9.6%
B 公司	6.5%	10.0%

设计一个有中介的互换交易，使得中介机构的盈利为 50 个基点，并且 A、B 两家公司不承担外汇风险。

11. 投资者购买欧式看跌期权，行权价格为 20 元，购买期权的权利金等于 3 元，在如下三种情况下，计算投资者投资期权的收益率：

（1）期权到期日股票价格等于 22 元；

（2）到期日股票价格等于 18 元；

（3）到期日股票价格等于 15 元。

12. 利用第 11 题中数据，将期权改为看涨期权，投资收益率分别为多少？

13. 股票目前价格为 40 元，该股票的一个欧式看涨期权的行权价格为 40 元，期权到期日股票价格变为 45 元，在到期日该期权合约的损益是多少？

14. 假设某一无股息支付股票的现货价格为 30 元，无风险连续复利年利率为 10%，求该股票协议价格为 25 元、有效期为 5 个月的看涨期权的价格下限。

15. 已知某股票的 6 个月期的看跌期权的价值为 3.82 元，执行价格为 52 元，股票现在的市场价格为 50 元，无风险利率为 8%。计算该股票 6 个月期看涨期权的价值。

16. 股票看涨期权到期日为 1 年，当前股票价格为 50 元，已知 $u=1.2$，$d=0.8$，无风险收益率为 10%，执行价格为 50 元，计算该看涨期权的价值。

17. 协议价格为 30 元、有效期为 6 个月的欧式看涨期权价格为 2 元，标的股票价格为 29 元，该股票预计在 2 个月和 5 个月后各支付 0.50 美元股息，设所有期限的无风险连续复利年利率均为 10%。请问该股票协议价格为 30 元、有效期 6 个月的欧式看跌期权价格等于多少？

18. 假设某种不支付股息股票的市价为 40 元，无风险利率为 10%，该股票的平均年波动率为 30%，求该股票协议价格为 50 元、期限 3 个月的欧式看跌期权价格。

19. 假设某种不支付股息的股票的市价为 25 元,年波动率为 25%,无风险利率为 5%,该股票期权的协议价格为 22 元,有效期 5 个月。

要求:

(1) 如果该期权为欧式看涨期权,求该期权的价格;

(2) 如果该期权为美式看涨期权,求该期权的价格;

(3) 如果该期权为欧式看跌期权,求该期权的价格。

第四篇 投资评价

第四篇　批评书札

第十章

投资评价

> 【本章学习目标】
>
> 通通过本章的学习,学员应能够:
> 1. 了解投资组合业绩评价的内容;
> 2. 熟悉时间加权收益率和资金加权收益率的含义与区别;
> 3. 熟悉算术平均收益率和几何平均收益率的含义与区别;
> 4. 掌握投资评价中夏普指标、詹森指标和特雷纳指标的含义与适用情况;
> 5. 熟悉风险管理的方法和 VaR 测度的含义。

引导案例:如何评价一只基金

目前,很多研究机构如券商、信托等都展开了公募/私募业绩评价,最终的评价结果用星号表示,星号越高,基金的综合评价就越高。不过,普通投资者通常很少参考这些指标,原因是既不懂这些评级具体代表什么,一些评级很高的基金业绩看上去又不是那么好。如何才能有效利用各研究机构作出的评级呢?这就需要投资者系统地了解基金评价机制以及其局限。

基金评价起源于美国。国际上最知名的第三方基金评价机构要数晨星(Morning Star),中国目前主流的基金评价机构有银河证券、海通证券、民生证券、上海证券等。基金评价,虽然每个机构的评判标准都略有差异,但总的来说由以下三部分组成。

第一部分,业绩评估。

业绩评估由基金的绝对/相对回报、风险水平以及各种衡量风险收益比的指标构成。

业绩回报包括一定时间内的绝对回报,以及较之业绩比较基准的相对回报数据。当然,回报率越高,得分越高。

风险水平主要由波动率来衡量。波动率即是统计学中的标准差。也就是说,在取得同样回报率的过程中,基金净值波动率越低,其性价比越高,即得分越高。

风险收益比用于衡量该基金在获取一单位收益时所承担的风险,或承担每一单位风险所能获取的回报。衡量该项性能最著名的指标就是夏普比率(Sharpe ratio),用于衡量每单位风险所获得的超额回报，当然该指标也是越高越好。围绕风险收益比还有其他一系列统计指标，如特雷纳比率等。

第二部分，业绩归因。

在衡量了基金业绩后，下一步要做的是业绩归因。一只基金业绩的好坏，除了基金经理的投资能力外，还与运气、时机有很大关系。虽然运气很重要，但相信没有哪个投资者愿意把钱交给一个靠运气制胜的投资经理。

业绩归因指利用基金交易底仓数据进行事后分析，它也由三部分构成：资产配置贡献——由资产配置带来的超额收益、选择贡献——由个股带来的超额收益、交互作用——由资产配置与个股交互所带来的贡献。

通过对业绩归因的持续跟踪，可以考察一只基金的长期回报主要由哪些因素构成。通过将这些因素与基金经理所宣称的投资理念、独特优势进行对比，即可以判断基金业绩究竟是实力的结果，还是运气成分居多。运气占比较高的，得分自然偏低。

第三部分，定性分析。

如果将上述的定量分析看作事后评价和事中监控，那么对基金经理及其团队的定性分析可以看成事前判断。投资最终是投人，基金公司与许许多多其他行业的公司一样，也需要具备良好的公司治理、企业文化、激励淘汰制度等，以保证团队的稳定性及团队间的良好协作。

综合以上各方面因素，就可得到一只基金的评级。除此以外，由于每个基金经理都会形成自己的风格，研究机构还根据其操作偏好设置了风格箱，描述这只基金偏好集中/分散持股，偏好蓝筹/价值/成长股。风格箱的作用一方面形象地描绘了基金的"面貌"；另一方面如果基金出现风格漂移，可以及时提示投资者注意相关风险。

（资料来源：https://www.jianshu.com/p/30ca8bca6467，作者：CKorz）

对于一个资产组合，该如何来评价其业绩呢？资产组合的平均收益似乎可以直接作为评价尺度，但其实并非如此。另外，以风险调整的收益作为评价尺度也带来了其他的一系列问题。在本章中，从确定基准投资组合，测算投资组合的收益率开始，然后转入讨论风险调整的常见方法，其中包括单因素与多因素的组合整体业绩评估方法。在实际金融市场上，投资组合大部分是以基金的形式出现的，因此，本章介绍的投资组合业绩评价方法与基金业绩评价方法基本上是一致的，如无特别说明，文中提到的资产组合等同于基金。

第一节 投资组合的业绩评价

投资组合业绩评价（portfolio performance evaluation）的目的是评价投资计划能在多大程度上实现投资目标；评价投资经理执行投资计划的结果，即投资经理执行投资计划的成功程度。在评价的过程中，首先要明确投资目标，以便根据此目标衡量投资的结果。为评价投资经理，也需要理解并清晰地表述投资过程的关键性因素，以利于制定一个框架用来判断投资经理在哪些方面、在多大程度上提高了投资计划的价值。

一、业绩评价概述

投资组合业绩评价是指事后对投资组合实际运营结果进行分析、评价。具体地说，投资组合业绩的评估包括以下内容。

第一，分析评价投资方针是否正确。这主要针对投资机构，大多数情况下，投资方针的制定与贯彻在组织上相分离，即各具体的负责部门会不相同。直接贯彻者有义务忠实地执行投资方针所决定的买卖指令，同时必须清楚地了解在既定投资方针下，直接经营者的职能和责任。即使在两种业务由同一部门负责的情况下，对投资方针的制定与实际政策的操作也应该分别进行评定。

第二，分析实际操作是否严格遵守投资方针，并由此决定具体投资行为。当实际操作者脱离既定的投资方针，而取得超乎寻常的投资成果时，不应该降低对投资结果的评价；相反，当严格遵守投资方针而带来严重后果时，就应该查咎投资方针制定部门的责任。有关投资方针所制定的约束条件越多、越严格，实际操作者自由活动的余地就越小，对其评价领域也就越窄。

第三，在对上述相关项目进行评估的基础上，对投资损益水平进行分析，这也是本章主要讨论的内容。例如，在对变动性大的股票投资进行评价时，就要分析这些投资是否获得了超过市场平均收益的超额收益，所获得的超额收益是偶然因素所致，还是操作者能力所得，以及所获得的收益是否与风险水平相匹配，交易成本是否合适，等等。

由于短期投资容易受各种偶然因素的影响，评估期间较短，往往难以作出正确的评价，所以投资组合绩效评估不是针对短期投资成果的评价。从证券价格的循环变动周期看，评价周期一般以 3～5 年为宜，并将之与较短期限的评价相结合。

投资组合的业绩评价，在投资管理中处于十分重要的地位。首先，它能够使投资者判断投资组合的经营管理者是否达到了预定的经营目标，是否有效地控制了风险；其次，它能使投资者对不同投资组合经营管理者进行比较评价，从而选择更加有利的投资对象；最后，它提供了一种发现投资过程不足及改进这些不足的机制。所以，投资组合业绩评价不仅是对投资组合管理的价值进行评价，而且作为投资管理机制中重要的组成部分，发挥着促进组合投资管理水平提高的作用。

二、投资组合收益率的衡量

评价投资组合的业绩的第一步，是计算出在有关可比期间内的投资回报率，即收益率。在评价投资组合的表现时，大多数评价方法的评价基础数据都是投资收益率，因此投资收益率计算的准确性是确保投资组合业绩评价结果合理的一个重要基础。

投资回报定义为在评价期间投资组合（基金）的资产价值的变化加上在同一期间所获得的任何收益。投资组合的收益一般包括两部分：一部分是资本利得，即投资管理人利用证券二级市场价格波动而获得的买卖差价；另一部分是投资组合资产在评估期间获得的利息、红利等收益。

（一）资金权重收益率与时间权重收益率

资金权重收益率，即利用贴现现金流的方法，使得投资期内（n年内）的现金流入现值和现金流出现值相等的平均收益率。公式为

$$a_1 + \frac{a_2}{1+r} + \cdots + \frac{a_n}{(1+r)^{n-1}} = \frac{b_1}{1+r} + \cdots + \frac{b_n}{(1+r)^n} \quad (10\text{-}1)$$

式中，$a_1, \cdots, a_n$分别为投资组合第1年初、…、第n年初的现金流入；$b_1, \cdots, b_n$分别为投资组合第1年末、…、第n年末的现金流出；r为投资收益率。这个值称为"内部收益率"，即投资的资金权重收益率亦称美元权重收益率（dollar-weighted rate of return）。

时间权重收益率，与内部收益率并列，亦称时间加权收益率（time-weighted return）。这种方法忽略了不同时期所持股数的不同。方法是先计算出每一年的收益率（收益除上年初资本），然后再对这每一年的收益率求出平均值即为所求的时间加权收益率，即

$$r_A = \frac{1}{n}\sum_{i=1}^{n} r_i \quad (10\text{-}2)$$

式中，r_i为资产组合在第i年的收益率；r_A表示时间加权平均收益率。这个平均收益率只考虑了每一期的收益，而忽略了每一期股票投资额之间的不同。

一般来说，资金权重和时间权重的收益率是不同的，孰高孰低亦是不确定的，这取决于收益的时间结构和资产组合的成分。

哪种测算方法更好一些呢？显然，资金权重收益率应该更准确些，毕竟当一只股票表现不错时投入越多，收回的钱也就越多。因此，相关的业绩评估指标应该反映这个事实。

但是，时间权重的收益率有它自己的用处，尤其是在资金管理行业。在很多重要的实际操作过程中，资产组合的管理者并不能直接控制证券投资的时机和额度。养老基金的管理者就是一个很好的例子：他所面对的现金流入是每笔养老金的注入，而现

金流出则是养老金的支付。很显然，任何时刻的资金流入或者资金流出都会因为管理者无法控制的原因而各不相同。由于投资额并不完全依赖于管理者的决定，因此，在测算其资金管理能力时采用资金加权的收益率是不恰当的。为此，资金管理机构一般用时间加权的收益率来评估其业绩。

（二）算术平均收益率与几何平均收益率

上述时间权重收益率实际是对 n 年的年收益率取了算术平均数。除此之外，还有一种方法是取几何平均，用 r_G 表示：

$$r_G = \sqrt[n]{(1+r_1)(1+r_2)\cdots(1+r_n)} - 1 = \sqrt[n]{\prod_{i=1}^{1}(1+r_i)} - 1 \qquad (10\text{-}3)$$

式中，r_i 为资产组合在第 i 年的收益率。这种计算方法来源于复利计算规则。由数学原理可知：几何平均收益率绝不会超过算术平均收益率，只有当每期的收益率相等的时候，几何平均收益率才会和算术平均收益率相等。

更进一步说，每期的收益率差距越大，两种平均方法的差别也就越大。一般的规则是，当收益率以小数（而不是百分比）表示时，有下面的公式成立：

$$r_G \approx r_A - \frac{1}{2}\sigma^2 \qquad (10\text{-}4)$$

式中，σ^2 为收益率的方差。当收益率为正态分布时，上面的公式是精确的。

那么在算术平均和几何平均收益率中，哪一种方法能更好地测算投资组合的业绩呢？几何平均收益率意味着必须保持一个稳定的收益率，以配合过去几年投资的实际业绩，它是一个测算过去业绩的好方法。而算术平均则更注重未来业绩，因为它是资产组合预期收益的无偏估计（假定预期收益不随时间变动）。相反，因为长样本期的几何平均收益率往往小于算术平均收益率，它就成为股票预期收益的保守估计，即算术平均收益率是预期未来业绩的正确方法。

三、投资组合的风险调整回报率

回报率的计算只能初步评价一项投资的好坏，还应针对所面临的风险不同对回报率进行风险调整。

（一）单因素绩效评价模型

1. 夏普指标评估模型

夏普指标（Sharpe index）就是以均衡市场条件下的资本市场线为基准的一种风险调整的绩效评价指标，是资本市场线表达式中的斜率项，用 S_P 表示，表达式如下：

$$S_P = \frac{R_P - R_f}{\sigma_P} \tag{10-5}$$

式中，σ_P 为投资组合的总风险，即收益率的标准差；R_P 为投资组合在样本期内的平均收益率；R_f 表示样本期内的平均无风险收益率；$R_P - R_f$ 为投资组合在样本期内的平均风险溢价。

可以看出，夏普指标是用投资组合的总风险去除投资组合的风险溢价，反映的是该投资组合每单位总风险所带来的收益。因此，夏普指标值越大，表明基金绩效越好。

2. 特雷纳指标评估模型

特雷纳指标（Treynor index）以均衡市场假定下的资本资产定价模型或证券市场线为基础，并假定投资风险由两部分组成：一是由整个市场波动而产生的风险；二是由组合中单个证券的波动而产生的风险。对基金绩效的考核应以经风险调整后的报酬率为准。

特雷纳认为，基金应是风险分散良好的组合，应不包括非系统性风险。以基金的系统性风险 β_P 作为评鉴，特雷纳指标指承担每单位系统性风险所能获得的超额平均报酬率，用 T_P 表示，表达式如下：

$$T_P = \frac{R_P - R_f}{\beta_P} \tag{10-6}$$

特雷纳数值越大，代表基金 P 的绩效越好，即承担每单位系统性风险所获得的超额收益率越大。

特雷纳还引入一种大风险资产，该资产可与不同的投资组合结合形成一条评定的投资组合可行线。他指出，理性的风险规避型投资者总是倾向于那些具有较大斜率的投资组合可行线，因为具有较高斜率的可行线能够使投资者位于较高的无差异曲线上，这一投资组合可行线的斜率就是特雷纳指标。

特雷纳指标作为一种相对绩效的评价方法，是用系统性风险而不是用总风险对投资收益进行评价。由于系统性风险一般只是总风险的一部分，并且β变量是测量风险的，不能反映一个投资组合的风险分散水平，即特雷纳指标隐含地假设了一个完全分散的投资组合，这意味着系统性风险是相关的风险衡量尺度，非系统风险被完全分散掉了。因而特雷纳指标反映的是单位系统性风险所获得的收益，它能反映投资基金的市场调整能力，但不能反映其分散和降低非系统风险的能力。

3. 詹森指标评估模型

标准资本市场理论认为，任何资产的期望报酬率都不可能超越市场标准的收益率，但实际上，资本市场并不那么有效率，具有选股和选时能力的基金经理人可能会获得超越市场标准的收益率。詹森于1968年修改了证券市场线，形成詹森指标（Jensen index）用以评价具有优良绩效的基金或投资组合。用公式表示如下：

$$\alpha_P = R_P - [R_f + \beta_P(R_m - R_f)] \quad (10\text{-}7)$$

式中，α_P 为詹森绩效指标；R_m 为市场投资组合的收益率；R_P 为基金投资组合 P 的收益率；R_f 为无风险收益率；β_P 为基金投资组合 P 所承担的系统风险。若 $\alpha_P > 0$，则基金投资组合 P 具有超越市场收益标准的优良绩效；若 $\alpha_P < 0$，则基金投资组合 P 的绩效低于市场收益标准；若 $\alpha_P = 0$，则基金投资组合 P 具有与市场收益标准相当的收益水平。因此，α_P 值越大，基金的业绩越好。

詹森指标评估模型是至今为止使用最广泛的模型之一。但是，用詹森指标评估基金整体绩效时隐含了这样一个假设，即基金的非系统风险已被彻底地分散掉，因此，该指标只反映了收益率和系统风险因子之间的关系。如果基金并没有完全消除非系统风险，则詹森指标可能给出错误信息。詹森指标仅对投资基金的风险溢价能力做了考察，并没有对基金的风险分散能力进行估计。

拓展阅读 10-1：浅谈基金的业绩评价与归因

另外，在使用詹森指标时，要求在样本期间内每一个不同的时间间隔期采用不同的无风险利率。例如，为了分析一个 10 年期间的投资基金的业绩，以每年为一个间隔期，分析该基金的年收益与每年的无风险收益之差，并将其与市场组合的收益和相同的无风险收益的差额相比较。

（二）多因素绩效评价模型

1. APT 方法

这一方法是由 Lehmann 和 Modest 第一次提出的，即运用套利定价理论（APT）确定基准证券组合进行证券组合评价。以 CAPM 模型为基础的单因素评估模型无法解释按照股票特征，如市盈率、股票市值、账面价值比市场价值及过去的收益等进行分类的证券组合的收益之间的差异，所以研究者们采用多因素模型来代替单因素模型进行证券组合绩效的评估。其中，Lehmann 和 Modest，Fama 和 French，Carhart 等的多因素模型最具代表性。多因素模型的一般数学表达式如下：

$$R_i = \alpha_i + b_{i1}I_1 + b_{i2}I_2 + \cdots b_{ij}I_j + \varepsilon_i \quad (10\text{-}8)$$

式中，I_1，I_2，$\cdots$，I_j 分别为影响证券 i 收益的各因素值；b_{i1}，b_{i2}，$\cdots$，b_{ij} 分别为各因素对证券 i 收益变化的影响程度；α_i 为证券收益率中独立于各因素变化的部分。

该模型有两个基本假设：一是任意两种证券剩余收益 ε_i，ε_j 之间均不相关；二是任意两个因素 I_i，I_j 之间及任意因素 I_i 和剩余收益 ε_i 之间均不相关。

在 Lehmann 和 Modest 的多因素模型中,他们认为影响证券收益的因素为:市场平均指数收益、股票规模、公司的账面价值比市场价值、市盈率、公司前期的销售增长等。Fama 和 French 在 CAPM 模型的基础上,认为影响证券收益的因素除了上述因素外,还应包括按照行业特征分类的普通股组合收益、小盘股收益与大盘股收益之差、高公司的账面价值比市场价值收益与低公司的账面价值比市场价值收益之差(HML)等。Carhart 在以上因素的基础上,引入证券组合所持股票收益的趋势因素,即前期最好股票与最差股票的收益之差。

2. 格鲁伯—夏普方法

该方法是由格鲁伯和夏普提出的,是一种选取代表不同投资风格的基准证券组合对证券组合收益率进行拟合的方法。采用该方法时,可以随意选择多个基准证券组合,每个基准证券组合代表某一投资风格或选股模式。证券组合的收益率公式为

$$R_{Pt} - R_{ft} = \alpha_P + \sum_{j=1}^{n} \beta_{jP}(R_{mjt} - R_{ft}) + \varepsilon_{Pt} \quad (10\text{-}9)$$

在评价证券组合时,只需使各基准证券组合能够最好地描述证券组合收益率,即满足

$$\min\left\{(R_{Pt} - R_{ft}) - [\alpha_P + \sum_{j=1}^{n} \beta_{jP}(R_{mjt} - R_{ft})]\right\} \quad (10\text{-}10)$$

因此,采用格鲁伯—夏普方法时只需求得上式优化模型中的 β_{jP} 就可以得到证券组合收益表现的 α 系数,即证券组合的历史表现评价结果。在采用格鲁伯—夏普方法评价证券组合时,只需要证券组合和相关基准证券组合的历史收益率数据,因此数据的取得比较容易。

第二节 投资组合的风险管理

一、投资组合风险管理的动因和功能

(一)风险管理的动因

运用衍生金融工具进行风险管理的上升势头的出现,并不能简单地归因于人们对于这些工具逐渐产生青睐之情。事实上,大量的对衍生金融工具的怀疑、不信任以及恐惧心理一直都存在。结果是,公司开始认识到,要对付年复一年日益动荡的市场,衍生金融工具的确是最好的工具。

风险管理实务最主要的渊源应当归到对利率、汇率、商品价格以及股票价格波动性的担忧上。企业通常只接受它们经营业务之内的风险,而竭力回避那些外部风险。

某些公司已经积极着手开展风险管理的业务，另外一些特定的公司由于没能做到这一点而不得不接受既令人苦恼又令人难堪的损失。

利用衍生工具管理风险的手段之所以一直处于成长之中，还有某些其他方面的原因。信息技术爆炸致使大量复杂的计算过程有可能实现，而这些计算量对于快速、低成本以及持续跟踪头寸变化的衍生金融工具定价是必不可少的。还有一个理由，即有利的监管环境。美国商品期货交易委员会（CFCT）在20世纪80年代初期，就表现出支持市场的姿态，为日后大量创新型期货合约的涌现铺平了道路，譬如欧洲美元和股票指数期货合约。此类合约滋生了一股强大的动力，激励着场内市场和场外市场更多的革新。

（二）风险管理的功能

下面来表述一下风险管理环境下的套期保值。

在 Modigliani - Miller 的观念中，没有税收，没有交易成本，信息传递没有任何成本，并能够为所有人知道，财务决策与股东行为无关。此模型认为，股东能够通过买进和卖出个人投资组合中的股票以及债券，很好地完成此类财务活动。风险管理又是一种财务决策。所以，理论上，风险管理可以由股东通过调整其个人投资组合实现，所以，公司无须执行风险管理活动。

该观点忽略了这样一个事实：大多数公司对于风险管理的操作比股东更有效，成本也更低。它们的规模和对于信息系统的投资为公司带来了超越股东之上的优势。同样，如果收益在多种税率等级之间波动，公司便能够从风险管理的过程中获利。在激进的纳税系统下，力求收益的稳定，公司将支出较低的税额。风险管理同样可以降低破产的概率，破产过程中发生的成本非常之大，司法系统将开始对公司价值施加偏颇的判断。因为公司管理者的财务水平和公司经营紧密相连，所以，只要管理者管好自身的风险，便能够完成一定的风险管理。

接近破产状态的公司将发现，它们缺乏投资于表面颇具吸引力的项目的积极性，这些项目能够提高公司偿清债务的能力，只对债权人有利。这就是所谓的投资不足问题，目前该问题已经在公司财务学教材中得到了更加深入的探讨。管理风险有助于避免出现这种情况，而且如上所说，也能提高公司一直投资于有吸引力的项目的概率，这对于整个社会而言，也是一桩好事。风险管理同样允许公司产生必要的现金流量，以维持投资项目持续进行。如果内部资金不足，那么需要找寻外部资金。有些公司则宁愿削减投资项目，也不愿引进新的资本。

强调风险水平降低的本身还不足以构成风险套期保值或者风险管理的理由，知道这一点相当重要。接受较低风险的公司从长期来看，将获得较低的收益。并且如果其股东真正希望降低风险，那么他们便会重新安排投资头寸，用低风险证券替换高风险证券。风险管理必须为股东创造价值,给予他们自身无法得到的利益。不管是从降低破产的高成本的角度,还是从节约税额的角度,都可以看出风险管理在很大程度上实现了价值创造。

二、资产组合风险测度方式

(一)VaR 测度

风险价值(value at risk,VaR)试图对金融机构的资产组合提供一个单一风险测度,而这一度量恰恰能体现金融机构的整体风险。这一概念最早由 J. P. Morgan 提出,现已经被各大银行的资产部、基金经理以及其他金融机构采用。VaR 已经被巴塞尔委员会用来计算世界上不同地区的银行的资本金。

风险价值也称在险价值,是指在正常的市场环境下,给定一定的置信水平 α,一项金融资产或证券组合在未来的 T 天内,预期的最大损失金额。VaR 是一个总结性的风险度量值,其刻画了资产组合价值下降的风险及其潜在的损失。当计算 VaR 时,首先要确定两个重要参数 α 和 T。不同的投资主体可以根据其需要选取不同的值。交易组合的 VaR 是两个变量的函数:时间展望期(T 天)及置信区间(α)。这两个变量对应于在今后的 T 天及在 α 的把握之下,交易损失的最大值。VaR 等于交易组合在 T 天后,价值变化分布中的第 $100(1-\alpha)$ 个分位数(收益对应于正的价值变化,损失对应于负的价值变化)。例如,当 $T=5$ 及 $\alpha=97\%$ 时,VaR 对应于交易组合在 5 天后、价值变化分布中的第 3 个分位数。

VaR 的概念比较容易理解,所以,在风险管理方面得到了广泛的应用。应用 VaR 时,所有的高级管理人员都应该关心的问题是"最坏的情况会是怎样",将各种对于不同种类的市场变量的敏感度压缩成一个数字会使管理人员的工作变得容易一些。

(二)风险测度的性质

银行计算出的资本金的测试可以理解为一定的现金(或资金)的数量,将这数量附加在银行面临的风险头寸之上,使得银行面临的整体风险可以被监管部门接受。风险测度的性质包括以下几方面。

(1)单调性:如果在所有的不同情形下,第一个交易组合的回报均低于另一个交易组合,那么这里的第一个交易组合的风险测试一定要比另一个大。

(2)平移不变性:如果在交易组合中加入 K 数量的现金,交易组合所对应的风险测度要减少 K。

(3)同质性:假定一个交易组合内含资产品种不变,但内含资产的数量增至原数量的 N 倍,此时新交易组合的风险应是原风险的 N 倍。

(4)次可加性:两个交易组合合并成一个新交易组合的风险测试小于最初两个交易组合的风险测试之和。

以上关于风险测试的前三个性质比较直截了当,很容易将风险测度理解为使得交易组合的整体风险变得可以接受的货币量,第四个性质是在说明风险分散可以降低风险:将两个风险测度加在一起,新的测度应该不变或者减小。显然 VaR 具备以上讨论中的前三个性质,但 VaR 并不一定永远具备第四个性质。因此,通常也利用其他工具来计量风险,如整体分布、条件 VaR、边际 VaR、递增 VaR、成分 VaR 和标准差等工具。在此不再一一展开论述。

三、资产组合的风险管理方法

(一)市场风险管理

市场风险又称为价格风险,是指由资产的市场价格(包括金融资产价格和商品价格)变化或波动而引起的未来损失的可能性。通常一个公司或者金融机构会面临多种市场风险,譬如股票价格风险、利率风险、汇率风险等。通过衍生品工具的交易,可以有效地改变资产头寸所蕴含的风险,实现投资者所希望达到的风险水平。

1. 股票价格风险

股票市场的波动性之大有目共睹,因此管理股票市场风险是每位投资者最关心的问题。对于拥有一篮子股票组合的投资者而言,他管理的是一个股票组合,而非单只股票。因此,在对股票组合进行风险管理时,往往使用基于某个股票指数的期货合约。但对于单只股票的风险管理,则更多地使用股票期权来实现。

如果投资者认为手中持有的股票组合风险过高或是过低,可以通过买入或者卖出相应的股指期货合约来达到合适的风险水平。例如,如果投资者要调高整个股票组合的风险水平,可以买入若干份股指期货合约。当股价上升时,持有的股票和期货合约的价格同时上升,投资者得到的收益也比不买期货的时候更多;相反,在股价下跌时,损失也更多,整个资产组合的风险上升了。同理,如果要降低股票组合的风险水平,可以通过卖出股指期货来实现。

2. 利率风险

利率风险是每个投资者都要面对的一种风险。在利率风险管理中发挥重要作用的是远期利率协议等衍生品。远期利率协议(FRA)的一个重要特点是它可以帮助投资者(借款人和贷款人)锁定利率(借款利率和贷款利率)。FRA 实质上是在一个固定利率下的远期对远期贷款,只是没有发生实际的贷款支付,也就是说,FRA 的多头同意在未来的某个时刻以一个固定的利率向空头借钱,而空头则同意借出这笔钱,但是双方在约定的那个时刻并没有真正交换借款，而是交换了利息差。如果市场利率上升，多头在市场上的借款成本就会增加，此时空头就会向多头支付这部分差额，所以 FRA 实际上给多头提供了利率上限的保护。当市场利率下跌时，空头贷款的利润下降，此时多头就向空头支付利息差，所以 FRA 也给空头提供了利率下限的保护。

3. 汇率风险

汇率风险也是金融风险中一种常见的风险。通常情况下，人们习惯于使用外汇远期而不是外汇期货来管理汇率风险。这主要是因为投资者手头需要规避汇率风险的外汇额度和期限通常是不同的，所以标准化的期货合约很难满足投资者的需要。外汇远期因其灵活性而更受欢迎，外汇远期市场的规模也因此很大。不过，有时候投资者也会使用外汇期货来管理持有的外汇资产组合。

综上所述，通过衍生品的交易可以有效地减少由于价格波动性而造成的市场风险，从而为银行、企业营造一个相对稳定、安全的商业环境。

（二）信用风险管理

信用风险是指债务人或交易双方未能履行合同所规定的义务或者信用质量发生变化，影响金融工具的价值，从而给债权人或金融工具的持有者带来损失的风险。信用风险分为两类：现实信用风险（current credit risk）和潜在信用风险（potential credit loss）。现实信用风险指的是对于交易一方来说，另一方无法在当前到期日做出偿付行为。现实信用风险只有衍生金融工具交易的一方需要面对，即作为一项资产而持有合约的交易方。潜在信用风险则是交易对手可能在未来违约而导致的风险。

用于信用风险管理的主要方法是限制某一交易方的敞口金额。交易对手信用质量越高，可操作的业务量就越大。这和分散化的原则有几分相似之处。某一交易方可将其交易扩展至无数最终用户或者交易商。该方法有一种极端情况，即无论如何也不和信用水平低于最低水平的交易对手做业务。另一种广泛用于降低违约风险的程序是净值结算。

金融机构可以利用信用衍生工具降低信用风险。常见的信用衍生工具主要有四种，每一种都具备某些特征，尽管不能很完美地涵盖其特点，但也指出了把市场风险从信用风险中分离出来的问题。

（1）总收益互换（total return swap）。互换交易的交易方同意支付某一种特定参照物的总收益，譬如由私人借款人发行的特定债券，另外总收益的收入方同意向付出方支付通常利率为 LIBOR 的收益外加差额收益的利息。总收益包括任何利息支出和未实现的资本利得。假如债券出现资本损失，持有信用衍生工具的交易方就会收进源于信用衍生工具出售方的等额付款。实际上，持有另一交易方发行债券的一方承诺向另一方支付债券总收益，以及相应收入利息，这样，就能使其自身驾驭和利率波动无关的因素引发的风险。事先假定，这类价格变动将主要来自借款人信用风险的变化。但是，请注意，虽然互换交易的设计初衷是免除信用风险，但交易双方均需要承担对方的信用风险。

（2）信用互换（credit swap）。信用互换有时也称"信用违约互换"（credit default swap），尽管在一般情况它可归类为一类互换交易，但实际上它更像是一种保险政策。持有债券或者贷款的交易方向另一方作出一系列的定期支付。如果发生参照物债券或者贷款违约以及信用评级降低的情况，负有保险义务的交易方应当向交易对手偿付一定的金额，作为对其损失的补偿。尽管该交易被称为"互换"，它也很明显只是一种定期支付费用的保险政策，保险人补偿被保险人发生的一切信用损失。

信用风险要求对触发资金支出的时间实行审慎的定义。信用时间多种多样，可在合约当中明确规定。它们包括在一个合理的可接受期同作出利息或者计划本金的支出、宣告破产、欠债不还、借款人声明由于某些法律问题取消借款、借款人的其他债务重组以及其他债务的加速等。这些可能性均必须在合约条款中列示清楚。

（3）信用差额期权（credit spread option）。它是基于某种债券与参照物之间的一种差额交易。正常情况下，在债券市场中，债券收益率同可比有效期间的无风险债券（如国库券）的收益率之间的差额称为"收益率差额"。它根据投资者针对市场信用风险的辨识而上下浮动。假设借款人当前的信用风险指出，他应当支付债券与可比有效期的无风险债券收益之差为 50 个基点。债券持有者很可能买进执行利率为 60 个基点的信用差额期权合约。至到期日，若为美式期权下提前执行日，如果信用差额超过 60 个基点，那么期权合约就应当有利可图。当然，只有在市场确认信用风险升高的前提下，这种情况才会发生。此时，持有者将提前支付权利金。所以，该工具类似于普通期权合约，但是，基础性工具是债券和另一笔可比无风险债券的收益率差额。

（4）信用联动证券（credit linked security）。该工具看上去几乎就是普通的债券或者票据，利息和本金支付一般无二。然而，隐藏在票据背后的还有第三方的信用质量。如果第三方在特定的金融工具或者债务上违约，信用联动的付款金额将少于全部本金额。比如说，交易方 A 从交易方 B 中买进信用联动证券，交易方 B 又持有交易方 C 发行的票据。如果交易方 C 无法对交易方 B 作出清偿，那么后者可以减少其对于交易方 A 的债务。在这方面，交易方 A 将承担交易方 B 和 C 的某些信用风险。交易方 B 通常是银行，一次能够转嫁一部分不愿承担的信用风险。当然，交易方 A 会针对作为风险补偿的票据而收取更高的利息。

（三）操作风险管理其他类型风险的管理

操作风险（operational risk）指的是衍生金融工具程序或者风险管理系统操作失败的风险。此类风险实际上在任何经营业务操作中都存在，但是，由于衍生金融工具交易一般都比较复杂，而且往往涉及巨大的交易金额，避免这类问题就变得更加关键。

1. 预期损失与意外损失

第一步，资本费用应根据预期操作损失来权衡。这些费用能够揭示漏洞和衡量改进管理所能获得的收益。借助这个信息，金融机构可以评估投资于衡量方法改进的损益。而在更广泛的公司水平上，这些费用可以产生更重要的战略性决策信息。高级管理层可能会发现，一旦将操作损失考虑在内，那么原来看上去很吸引人的业务可能事实上难以盈利。

第二步，金融机构必须确定如何去补偿意外损失。

2. 操作风险的控制

通过比较各种行为的损益，操作风险可以得到更好的控制。一旦漏洞得以确定，则采取下列措施：一是减损。当损失发生时，减少其损失程度。二是降低损失发生的频率。三是避险，这是防损的极端情况，行为完全被避免。防损可以通过购买更好的设备以降低事故率，或重建衡量方法来减少出错的可能性，如制造业中的"全面风险管理"或"6σ 质量控制系统"，衡量操作风险本身为操作方法改进铺平了道路。另一种防损的方法是反复和自动控制系统。例如，"直通"程序连接了前后台系统，这样，进入前台的交易可以直接发送到后台，从而减少人为干预和人为错误的可能性。现在，有些系统还对在一定额度以上的交易进行双重确认。

减损需要通过制定减轻由操作失误引起损失的策略来实现。例如，意外事故计划。尽管购买保险可以抵御火灾、水灾、地震等自然灾害，但它多局限于对建筑物提供赔偿。如果金融机构缺乏足够的后援设备，那么当灾难袭来时，交易损失可能非常巨大。

更一般地说，控制操作风险的关键在于控制系统和有能力的经理人。事实上，巴塞尔银行监管委员会在《新巴塞尔协议》中的许多建议都有助于营造一个安全的内部环境。金融机构首先需要对风险有明确的策略，有独立的风险管理部门，并赋予其设立和检测风险限额的权利。市场风险管理系统的实施也有助于防范如不良交易、欺诈等的操作风险。

3. 操作风险补偿

一旦合适的控制系统投入使用，操作风险管理就转到了另一个方面：补偿意外损失。这体现在选择损前准备还是损后补偿。

拓展阅读 10-2：威廉·夏普（William F. Sharpe）

损前准备则根据对损失概率的预测来建立准备金，这种概率可以是不变的，也可以是变化的；损后补偿即简单地以可用资本来弥补损失。

金融机构可以通过自保来化解意外损失，即设立内部准备金来消化损失（自我风险化解），或者通过购买外部保险来化解损失（转移风险）。在考虑外部风险时，最明显的问题在于保费的定价是否合理。有人认为自保比较便宜,毕竟根据内部的损失记录作出的资本分配比保险公司的最佳推测还要准一些。这些问题只有通过对大量的损失分布进行分析才能系统地解决。

即 测 即 练

本 章 小 结

本章主要研究投资组合的业绩评价,从确定基准投资组合,测算投资组合的收益率开始,然后转入讨论风险调整的常见方法,其中包括单因素与多因素的组合整体业绩评估方法。考虑到投资组合管理人的时机选择与证券选择能力是产生投资收益差额的根本原因,因此由这一角度对投资组合业绩进行评估的方法也纳入本章的内容。

投资组合业绩评价的目的是评价投资计划能在多大程度上实现事先设定的投资目标。评价投资组合业绩的第一步,是计算出有关可比期间内的投资回报率,即收益率。回报定义为在评价期间投资组合(基金)的资产价值的变化加上在同一期间所获得的任何收益。在计算回报率时要用时间加权来调整这一时期内投资的各项现金流入和流出。同时资金权重收益率在测度投资组合的业绩时也是重要的指标之一。

投资组合业绩评价仅仅考虑投资回报率并不完全,还应综合考虑风险的大小。为对收益率进行风险调整,经典的单因素资本市场理论提供了一个清晰的框架。借助证券市场线以及不同的风险度量方法,得到夏普测度、詹森测度、特雷纳测度等单因素业绩评估指标。

在本章的最后还探讨了资产组合的风险管理问题,包括风险管理的动因、风险测度方法——VaR 测度和具体的风险管理方法。

综 合 训 练

1. 简述投资组合业绩评价的内容。
2. 什么是时间加权回报率?为什么需要对一般的投资收益率进行时间加权调整?

3. 比较评价夏普测度、詹森测度、特雷纳测度业绩评价指标，它们分别适用于哪种情况？

4. 比较算术平均收益率、几何平均收益率和资金加权收益率的含义。

5. 经风险调整的投资业绩评价指标有哪些？各有什么特点？

6. 简述 VaR 的含义。

7. 简述资产组合常见的风险管理方法。

8. 用 2 000 美元投资 2 年，第 1 年年末的收益为 150 美元，第 2 年年末收回原投资另外还收益 150 美元，这项投资的内部收益率是多少？

9. 某基金年初的单位净值为 50 元，在 6 月 30 日单位净值变为 60 元，同时分红每单位 10 元，到年末单位净值为 70 元。请计算该基金当年的时间加权收益率和资金加权收益率。

10. 表 10-1 为市场组合和两个假设基金的投资回报及风险情况。

表 10-1　A、B 基金的投资回报及风险情况

基金名称	收益率/%	无风险收益率/%	标准差/%	β 系数
A	5	3	15	0.67
B	12	3	33	1.50
M（市场组合）	8	3	20	1.00

请分别计算夏普测度、詹森测度、特雷纳测度，将包括市场指数在内的三种基金的业绩进行排序。

11. 某投资经理进行为期 3 期的投资，持有的组合在第 1 期的期初价值为 100 万元，在第 1 期的期末得到 50 万元的红利，此时组合的价值上升为 1 150 万元。在第 2 期的期初（第 1 期的期末）再增加投入 2 300 万元买入同一组合，在第 2 期的期末得到 180 万元的红利。在第 3 期的期末得到 140 万元的红利，在第 3 期的期末投资经理以 4 000 万元出售全部组合。

要求：

（1）计算各子期的收益率；

（2）计算投资的算术平均收益率。

12. 针对第 11 题，计算投资的几何平均收益率。

13. 针对第 11 题，计算投资的资金加权收益率。

参考文献

[1] FAMA E. The behavior of stock market prices [J]. Journal of business, 1965(38):34-106.
[2] FAMA E, FISHER L, JENSEN M, et al. The adjustment of stock prices to new information [J]. International economic review, 1969(10): 4-25.
[3] FAMA E. Efficient capital markets: a review of theory and empirical work [J]. Journal of finance, 1970(25): 383-417.
[4] LAWRENCE F, JAMES L. Some studies of variability of returns on investments in common stocks [J]. Journal of business, 1970, 43(2): 99-134.
[5] FULLER R J, HSIA C C. A simplified common stock valuation model [J]. Financial analysts journal, 1984(5): 49-56.
[6] HODGES S D, BREALEY R A. Portfolio selection in a dynamic and uncertain world [J]. Financial analysts journal, 1973(3-4): 50-65.
[7] LINTNER J. The valuation of risk assets and the selection of risky investments in stock portfolios and capital budgets [J]. Review of economics and statistics, 1965(47): 1.
[8] MOSSIN J. Equilibrium in a capital asset market [J]. Econometrica, 1966(34): 768-783.
[9] ROSS S. Return, risk and arbitrage [M]// FRIEND I, BICKSLER J. Risk and return in finance. Cambridge: Ballinger Pub. Co., 1976: 189-217.
[10] SHARPE W F. Capital asset prices: a theory of market equilibrium under conditions of risk [J]. Journal of finance, 1964(19): 425-442.
[11] SHARPE W F. Likely gains from market timing [J]. Financial analysis journal, 1975(3-4): 60-69.
[12] 施罗德. 滚雪球：巴菲特和他的财富人生 [M]. 北京：中信出版社，2009.
[13] 格雷厄姆，多德. 证券分析 [M]. 6版. 北京：中国人民大学出版社，2013.
[14] 芒格. 穷查理宝典 [M]. 北京：中信出版社，2010.
[15] 法博齐. 固定收益证券手册 [M]. 6版. 北京：中国人民大学出版社，2005.
[16] 法博齐. 债券市场：分析与策略 [M]. 9版. 北京：中国人民大学出版社，2016.
[17] 卢米斯. 跳着踢踏舞去上班 [M]. 北京：北京联合出版公司，2017.
[18] 塔勒布. 随机漫步的傻瓜 [M]. 北京：中信出版社，2012.
[19] 罗斯，威斯特菲尔德，杰富. 公司理财（原书第9版）[M]. 北京：机械工业出版社，2012.
[20] 博迪，凯恩，马库斯. 投资学（原书第9版）[M]. 北京：机械工业出版社，2012.
[21] 博迪，凯恩，马库斯. 投资学（第9版）习题集 [M]. 机械工业出版社，2015.
[22] 博迪，凯恩，马科斯. 投资学精要 [M]. 北京：中国人民大学出版社，北京大学出版社，2003.
[23] 曹志广，韩其恒. 投资组合管理 [M]. 上海：上海财经大学出版社，2005.
[24] 方先明. 证券投资学 [M]. 3版. 南京：南京大学出版社，2018.
[25] 胡金焱. 证券投资学 [M]. 3版. 北京：高等教育出版社，2017.
[26] 黄福广，李西文. 投资学 [M]. 北京：清华大学出版社，2016.

[27] 霍文文. 证券投资学 [M]. 5版. 北京：高等教育出版社，2017.
[28] 金德环. 投资学 [M]. 北京：高等教育出版社，2007.
[29] 类承曜. 固定收益证券 [M]. 2版. 北京：中国人民大学出版社，2008.
[30] 李冰清. 投资学 [M]. 北京：中国财政经济出版社，2011.
[31] 李治. 投资学 [M]. 厦门：厦门大学出版社，2009.
[32] 林茂. 证券投资学 [M]. 北京：中国人民大学出版社，2010.
[33] 刘德红. 证券投资学 [M]. 北京：清华大学出版社，2012.
[34] 刘红忠. 投资学 [M]. 3版. 北京：高等教育出版社，2015.
[35] 上海财经大学金融学院编写组. 投资学教程 [M]. 2版. 上海：上海财经大学出版社，2014.
[36] 圣才考研网. 博迪《投资学》（第9版）笔记和课后习题详解 [M]. 北京：中国石化出版社，2015.
[37] 田剑英. 投资学 [M]. 北京：中国财政经济出版社，2011.
[38] 吴晓求. 证券投资学（精编版）[M]. 4版. 北京：中国人民大学出版社，2015.
[39] 杨德勇. 证券投资学 [M]. 北京：中国金融出版社，2009.
[40] 杨胜刚，吴立源. 非理性的市场与投资：行为金融理论述评 [J]. 财经理论与实践，2003(24)：48-52.
[41] 张中华. 投资学 [M]. 4版. 北京：高等教育出版社，2017.
[42] 周柏成. 投资学 [M]. 2版. 北京：清华大学出版社，2017.

附录

席勒：我给金融毕业生的寄语

罗伯特·希勒

（2013年诺贝尔经济学奖获得者，耶鲁大学经济学和金融学教授）

每年的这个时候是美国和其他国家的毕业季，即将离校的毕业生经常会在取得学位前听到最后的讲话和建议。对那些有志于在金融界，以及相关的保险、会计、审计、法律和公司管理界打拼的同学，我有一些建议。

你们都是幸运儿，即将离开学术界，前往自己所选择的金融业打拼。华尔街和其他金融机构正等着你们大展宏图。你们在金融理论、经济学、数学和统计学方面所受的训练将让你们如虎添翼。但你们在历史、哲学和文学方面的造诣同样重要，因为你不仅必须拥有正确的工具，同时也不能忘记，金融业所追求的最高目标是社会效益。

即使你没有受过最基础的金融学训练，你也知道，金融部门正在遭受口诛笔伐——从相当程度上说罪有应得——因为它将世界拖入自大萧条以来最严重的危机中。只消打量一下你周围参加过席卷全球的"占领"运动的同班同学，你就能感到普遍存在的对金融家和收入最高的1%人群的不满情绪。而事实上，这个群体正是他们所拼命迎合，并通常正是他们身之所属的。

这些批评中不乏言辞过激和无的放矢者，但确实击中了金融制度和行为需要改革的核心。金融一直是市场民主国家繁荣的核心动力，这也是当前金融业问题必须解决的原因所在。你们对于我们的互相联系和多元化的需求早已有了充分的认识，有能力完成金融业的改革。这正是你们所面临的职业挑战，你们应该将这视为一次良机。

金融业年轻才俊需要熟悉银行史，明白银行业只有在为不断扩张的社会服务时才能繁荣。在这方面，19世纪英国和欧洲的储蓄银行运动以及20世纪以孟加拉国格莱珉银行为先驱的微金融运动树立了榜样。如今，最正确的前进方向是升级金融和通信技术，为低收入者和穷人提供全面、新颖的银行服务。选择从事按揭银行业务的毕业生将面临不同的，但同样关键的挑战：设计新的、更有弹性的贷款，以更好地帮助业主抵御眼下将千百万人拖入债务深渊的经济波动。

投资银行年轻才俊将面临千载难逢的良机，设计出更具参与性的风险资本形式——如新出现的大众集资网站——以刺激创新性小企业的成长。与此同时，进入保险业的同学们也不会错过机会，你们可以设计为芸芸众生规避风险的新方法，这绝不是一件小事——事关他们的工作、生活和住房价值。

除了投资银行和券商之外，现代金融还有公共和政府部门的维度，最近的金融危机明确地显示，这一维度也需要推倒重建。设计游戏规则，打造稳健的、对社会有用的金融部门从来都是第一等大事。立法和行政管理机构需要新鲜血液分析金融基础设施和新的监管方法，以求社会效益最大化。

新一代政治领导人需要理解金融文化的重要性，能够找出为需要的公民提供法律和财务建议的办法。与此同时，经济决策面临设计新金融制度，如基于代际风险共担的退休金制度和公共福利制度所带来的重大挑战。

如果你们有志于在经济和金融学术界发展，那么你们需要提出对资产泡沫的更好的理解，以及更好地将你的理解与金融学界同行的普罗大众交流。在此次危机中，华尔街的影响不可谓不大，危机之滥觞便是房价永不下跌这一广为流传的信条，在这一信条的助推下，社会染上了愈演愈烈的传染病。研究如何识别这些泡沫并在蔓延到整个经济之前处理掉它们将是新一代金融学者的主要挑战。

你们已经掌握了从资产定价模型到复杂期权定价公式的成熟金融思想，一定非常想在金融界闯出一番成就，这再正常不过了，没有什么好扭扭捏捏的，而你们在金融界的成就很大程度上将体现于你们为雇主创造利润的效率。但是，可能大家没有注意到，华尔街，或者更一般地说，整个金融界对成功的奖赏正在发生变化，这亦是理所当然，正如金融的定义必须作出改变，如果金融界想赢回崇高的社会地位以及公民和领导人的信任的话。

真正的好金融从业者绝不仅是风险管理者，还必须是社会资产的看守者和社会价值的支持者。新一代从业者不仅将获得报酬，还将获得最真实的奖赏——来自金融民主化的进步，亦即给最需要的人带去金融服务所产生的满足感。这是新一代所面临的新挑战，需要你们充分开动想象力和所学技能。

祝你们在改造金融业的过程中好运。世界需要你们的成功。

教师服务

感谢您选用清华大学出版社的教材！为了更好地服务教学，我们为授课教师提供本书的教学辅助资源，以及本学科重点教材信息。请您扫码获取。

》 教辅获取

本书教辅资源，授课教师扫码获取

》 样书赠送

财政与金融类重点教材，教师扫码获取样书

 清华大学出版社

E-mail: tupfuwu@163.com
电话：010-83470332 / 83470142
地址：北京市海淀区双清路学研大厦 B 座 509

网址：http://www.tup.com.cn/
传真：8610-83470107
邮编：100084

教学服务

感谢您选用清华大学出版社的教材!为了提供好地服务教学,我们为授课教师提供本书的教学辅助资源,以及本学科重点教材信息。请您点击以下。

> 教辅获取

本书有教辅资源,授课教师请点击以下获取。

> 样书赠送

财经与金融类重点教材,教师可以申请免费样书

清华大学出版社

E-mail: tupfuwu@163.com
电话: 010-83470352 / 83470142
地址: 北京市海淀区双清路学研大厦 B 座 509
网址: http://www.tup.com.cn/
传真: 8610-83470107
邮编: 100084